역사의 키워드
아리랑과 알파벳

오 광 길 지음

'아리 아리랑 쓰리 쓰리랑 아랄이가 났네.'와
'알파벳 A'가
부신처럼 짝을 이루자, 잊혀졌던 역사가 밝혀진다.

아리아 인(아리랑)과 수메르 인(쓰리랑)은
중앙 아시아의 아랄 해(Aral Sea) 일대에서 태어났다.
수메르 인이 이동하여
세계 4대 고대 문명들을 탄생시켰다.
아리아 인이 이동하여
그리스·로마 문명의 주체가 되었다.
이제, 아리랑과 알파벳의 뜻을 모르고는
세계의 고대사를 바르게 이야기할 수 없다.

도서출판 씨와알

ⓒ copyright 도서출판 씨와알

이 책의 저작권은 저자와의 계약에 따라 도서출판 씨와알이
소유하고 있습니다. 저작권법의 보호를 받는 저작물이므로
무단 전재와 무단 복제를 금합니다.
단, 상업적 활용이라고 볼 수 없는,
저술과 학술 목적에 일부(5쪽 이내)를 인용하고자 할
경우에는 출처를 밝히고 자유롭게 활용할 수 있습니다.

역사의 키워드
아리랑과 알파벳

차례

책 머리에   누가 아리랑의 깊은 뜻을? 6

제1장 아리랑과 알파벳의 뜻
'아리랑'은 '아리안(Aryan)'이다. 13
알파벳은 그림 문자다. 25
'섹시(sexy)'와 '색시'는 어원이 같다. 46

제2장 수메르 인과 아리아 인의 탄생과 이동
역사는 아랄(Aral)에서 잉태되었다. 65
고인돌은 수메르 인의 유적이다. 74
수메르 인이 세계 4대 고대 문명들을 창건했다. 84
수메르 인과 아리아 인의 이동 물결 108

역사의 키워드 아리랑과 알파벳

*

제3장 한국으로 이동한 수메르 인과 아리아 인

'조선'은 '조이 선(joy sun)'이다. 121
'서울'은 '소울(soul)'이다. 137
한국 고대 국가들의 이름은 아리아 어다. 144
신라의 헤라클레스 · 박혁거세 153
첨성대 · 참 별꼴이야[peculiar] 158
'낙동강 오리알'은 '낙동강 아리안'이다. 162
한국의 '행주산성'과 영국의 '스톤헨지' 167
『환단고기』의 뿌리는 역사다. 172
니나 노 닐리리야(Nina know Nilerea) 180
김치의 어원 193
'갓'은 '갓(god)', '상투'는 '세인트(saint)' 198
백두산 · 베어 헤드(Bear-head)산 213
위대한 혼혈 · 한국인 220

역사의 키워드 아리랑과 알파벳

*

제4장 고대 한국어의 보고 · 『일본서기』
  일본 신화 시대의 신들은 고대 한국인이다. 229
  천손강림신화는 고대 한국인의 일본 침략사다. 240
  일본 천황의 시조는 대가야 출신이다. 248
  『일본서기』에 기록된 고대 한국어 노래들 252
  '사무라이'는 '수메르 인'이다. 258
  스모 경기 용어는 아리아 어다. 271
  아이누는 아프리카 인의 후예다. 279
  왕따 당한 아이누(Ainu) 284

* * *

맺음말 294
주해, 참고 도서 298
찾아보기 314

책 머리에

누가 아리랑의 깊은 뜻을?

　고고학의 발달로 이집트·메소포타미아·인도·중국·그리스 등의 고대 문명들에 관한 많은 정보가 축적되면서, 이들 고대 문명들이 서로 유사한 형식의 신화와 종교 의식 등을 갖고 출발했다는 견해가 역사학계 일각에 자리잡게 되었다. 어떻게 이런 유사성이 서로 멀리 떨어진 지역들에서 여러 고대 문명들이 각각 탄생하던 초기 단계에 발생할 수 있었을까? 이런 유사성이 우연이나 문명의 전파로 발생했다고 보기는 어렵다. 그래서 고대 문명들을 탄생시킨 근원지가 태고 시대에 어딘가에 있었다는 주장이 나오게 되었다. 그러나 이 주장은 근원지가 어디였는지를 밝힐 수 있는 자료가 없어 인정을 받지 못하고 답보 상태에 있다.

　그런데 한국의 '아리랑'과 그리스의 '알파벳'이 고대 문명들의 근원지가 어디였는지를 밝히는 키워드가 되었다. 아리랑의 노랫말 "아리 아리랑 쓰리 쓰리랑 아랄이가 났네."는 "아리아 인과 수메르 인은 중앙 아시아의 아랄 해(Aral Sea) 일대에서 태어났다."라는 뜻이고, 그리스 알파벳의 첫 글자 '알파(A α)'는 '아랄 해와 이곳으로 흐르는 아무 다리아와 시르 다리아 두 강을 그린 그림 문자'로 해석되기 때문이다. 헛소리 같지만, 역사학계가 부정할 수 없는 역사적 사실로 굳어지고 있다.

그 동안 한국은 아리랑의 뜻을, 유럽은 알파벳 A의 기원을 잃어버리고 있었다. 그런데도 한국은 아리랑을 지금까지 열심히 불러왔고, 유럽은 알파벳 A를 으뜸·최초란 뜻으로 대접해 왔다. 이런 역사성을 제외하곤, 아리랑과 알파벳 A는 출생지가 다르고 존재의 의미가 다르기 때문에 상호 비교될 이유가 없었다. 그런데 '아랄이가 났네'의 '아랄'은 중앙 아시아의 '아랄 해 일대'이고 'A'는 '아랄 해 일대를 그린 지도'라고 보게 되자, 한국어가 용틀임한다. 그리스 알파벳을 비롯하여 세계의 고대 문명들이 남긴 전통 어휘들이 영어를 도우미로 하여 한국어로 해석된다. 이렇게 해석해서 얻은 자료들을 기존의 역사 자료들에 접합시켜 보면, 기원전 5000년경에서 기원전 3000년경의 태고 시대에 중앙 아시아의 아랄 해 일대에서 거대 종족들이 탄생하여 집단 문명을 일구었고, 이들이 세계 가지로 이동하여 고대 문명들을 창건했다는 사실을 비롯하여, 잊혀졌던 고대사의 참 모습들이 다음과 같이 자연스럽게 밝혀진다.

【지금으로부터 1만여 년 전에 빙하기가 끝나고 지구의 기온이 상승하면서, 중앙 아시아의 아랄 해로 흐르는 아무 다리아와 시르 다리아 두 강 일대에 거대한 초원이 형성되었다. 이곳으로 많은 동물들이 모여들면서 그 뒤를 따라 동쪽과 서쪽에서 많은 종족들이 이주하게 되었다. 기온이 가장 상승하여 비가 많이 내렸던 기원전 5000년경을 전후한 시기의 이곳 자연 환경은 큰 집단이 형성되기에 매우 적합하였기 때문에, 이곳으로 모여든 여러 원시 종족들이 두 강 유역에서 두 개의 거대 집단으로 성장하면서, 문명이 탄생하게 되었다. 이 문명이 '알알 문명'이다.

알알 문명을 일구었던 두 거대 집단은, 아랄 지역으로 이주한 여러 원시 종족들이 융화되며 새롭게 형성된, 동방계 수메르 인과 서방계 아리아 인이었다. 수메르 인들이 기원전 3500년경부터 이집트·메소포타미아·인도·중국 등지로 이동하여 고대 문명들을 탄생시킴으로써 인류의 역사 시대가 시작되었다. 아리아 인들은 기원전 2000년경부터 유럽과 인도로 이동하여 인도유럽 어족의 언어들을 형성시켰고, 그리스·로마 문명의 주체가 되었으며, 일부는 중국의 황하 유역으로 이동했다.

한국의 고인돌은 수메르 인이 남겼고, 단군 조선은 아리아 인이 세운 나라였다. 이것은 황하 유역으로 이동했던 수메르 인과 아리아 인의 주류가 한반도로 이주하여 쓰리랑과 아리랑이 되었고, 수메르 인과 아리아 인의 언어가 한국어의 기초가 되었다는 뜻이다. 그래서 한국어는 수메르 인과 아리아 인이 세계 고대 문명들 속에 남긴 전통 어휘들을 해석할 수 있는 것이다.】

기존의 역사관으로는 선뜻 받아들이기가 어려운 주장들이지만, 잘못이 있다면 그것은 이 분야의 전문가들이 이런 시각으로 고대사를 보지 못한 편견 그 자체다.

나라마다 자국 위주의 자의적인 역사 평가가 판을 지배하는 것이 현실이다. 하지만, 역사는 진실을 추구하기 때문에 왜곡은 드러나게 마련이다. 『역사의 키워드 아리랑과 알파벳』은 세계의 거의 모든 고대 문명들이 알알 문명이란 하나의 태고 문명에서 기원했다는 역사적 사실을 밝힘으로써, 각국의 고대 문명들에 대한, 자국 중심의 역사 왜곡을 바로잡는 계기가 될 것이다.

고려의 명승 일연(一然 1206~1289)이 편찬한 『삼국유사』에 단군 신화와 고대사에 관한 기록들이 없었다면, '아리랑'의 어원이 '아리안(Aryan)'과 같다는 주장은 나오기 힘들었을 것이고,

세계 고대 문명들이 남긴 어휘들을 한국어로 해석할 생각조차 할 수 없었을 것이다. 정사인 『삼국사기』가 기피한 고대사를 당당하게 기록했다는 것은 용기 있는 일이었고, 그 기록을 통해 한국을 비롯하여 세계의 고대사를 바르게 볼 수 있게 되었으니 업적을 기리지 않을 수가 없다.

『역사의 키워드 아리랑과 알파벳』은 『알알 문명』의 개정판이다. 아직 부족한 점이 많지만 역사학계에 새 바람을 일으키기에는 충분할 것 같다. 이래도 바람이 일지 않는다면, 하늘 탓이 아니고, 태어나기 위해서는 깨야 할 벽이 있다는 뜻일 것이다.

문헌에 기록되어 있어야만 역사가 되는 것은 아니다. 아리랑과 알파벳은 기록 그 이상의 역사적 가치를 지니고 있다. 항상 옆에 두고도 너무 오래되어 역사를 잊어버림으로써 그 뜻을 몰랐던 것이지, 새로 만든 것들은 아니기 때문이다. 그러므로 아리랑과 알파벳은 살아있는 기록이다. 살아있는 기록에 근거한 이 책을 한국 역사・언어학계가 거들떠보지도 않는다면, 비난받을 날이 올 수 있다. '알알 문명'이 역사적 실체라면 새로운 증거들이 속속 밝혀질 것이고, 그 때는 너무 늦기 때문이다.

이제, '아리랑'과 '알파벳'의 해석은 한국 역사・언어학자들의 몫이다. '내 전공이 아니라서'라는 무관심을 접고, 소신을 밝힐 수 있는 학자들이 언제쯤에나 나오게 될까? 장르가 없어진 것도 아닌데 문외한이 아직도 떠벌려야 하는, 기가 막힌, 현실이 안타깝다. 누가 아리랑의 깊은 뜻을? 역사여 말하라!

2002년 7월　오 광 길

대전제

"아리 아리랑 쓰리 쓰리랑 아랄이가 났네."의 뜻은
"아리랑은 아리아 인, 쓰리랑은 수메르 인,
이들의 원주지는 중앙 아시아의 아랄이다."이다.

아랄 해 지도

제 1 장

아리랑과 알파벳의 뜻

'아리랑'은 '아리아 인(Aryan)'이고,
'쓰리랑'은 '수메르 인(Sumerian)'이다.
그리스 알파벳은 그림 문자에서 기원했다.
'섹시(sexy)'와 '색시'는 어원이 같다.

토의를 원하신다면,
www.soon.or.kr을 방문하시길 바랍니다.

'아리랑'은 '아리안(Aryan)'이다.

"한국인은 노래를 하지 않고는 견딜 수가 없어서 새처럼 노래한다. …… 한국인에게 아리랑은 쌀이다. 아리랑은 쌀이다." 이 말은 19세기말 한국에서 기독교 선교 활동을 하던 미국인 선교사 헐버트(H.B. Hulbert) 박사가 당시에 발간된 한 선교 잡지에 기고한 글의 일부다. (주 1-1)

"한국인은 새처럼 노래한다."라는 말에 공감이 간다. 옛 문헌에도 한국의 선조들이 노래와 춤을 좋아했다는 기록이 있다. 이런 전통이 있어, 한국인들은 지금도 노래방과 관광 버스 속에서 노래하기를 좋아한다고 할 수 있다. 이렇게 공감이 가는 지적을 한 것으로 볼 때 "한국인에게 아리랑은 쌀이다."라는 말 또한 올바른 지적이었다고 보지 않을 수가 없다. 당시에 한국 사람들이 아리랑을 얼마나 자주 즐겨 불렀고, 얼마나 일상 생활화되어 있었던 노래였으면 이런 표현을 다 했을까? 두고두고 음미해 볼 가치 있는 기록이다.

'아리랑'은 무슨 뜻일까? 아리랑의 기원에 관한 몇 가지 설이 있지만, 정설은 없다. 설마다 역사성이 미흡하고, 아리랑에 관한 옛 기록이 거의 없어 고증하기가 어렵기 때문이다. 아리랑에 관한 이야기가 담겨 있는, 지금까지 알려진 가장 오래된 문헌은 19세기초의 것이다. (주 1-2)

19세기초에 나온 노래가 19세기말 전국에 유행되어 외국인이 한국인의 쌀이라고 평가했을 정도로 많이 불리어졌다면, 시간적으로 볼 때, 노래에 얽힌 사연들이 전해져야 마땅하다. 하지만 아리랑의 기원이 전해지지 않고 있는 것으로 볼 때, 기원을 잃어버릴 만큼 아리랑의 역사가 오래된 것은 아닐까? 그렇다면 19세기 이전의 문헌이나 노래 책에 아리랑이 없는 이유는 무엇일까? 당시에는 아리랑이 인기가 없었을까? 기원을 잃어버릴 만큼 오래된 노래가 쌀이라고 이를 만큼 일상 생활 속에서 자주 불리어졌다면, 너무 통속적이고 흔해서 책에 수록할 필요성이 없었던 노래였기 때문이란 역설이 가능하다.
    아리랑은 종류가 많고 내용이 다양하지만, 가사에 "아리랑 아리랑 아라리요"나 "아리 아리랑 쓰리 쓰리랑 아라리가 났네."란 노랫말이 있다.
    이 노랫말들은 무슨 뜻일까? 소리가 있으면 뜻이 있게 마련인데 전해지는 것이 없어 알 수가 없다. 하지만, 이 노랫말들 속에 깊은 뜻이 담겨 있었다고 보지 않을 수가 없다. 그렇지 않았다면, 아리랑이 86 아시안 게임 · 남북 정상 회담 · 김대중 대통령 노벨 평화상 시상 · 2002 월드컵 등과 같은 굵직한 행사장에서 울려지고 불리어질 수 없었을 것이다. 세월이 흐르며 잊혀졌지만, 콧소리로 보기엔 생명력이 너무 강하고, 쌍소리로 보기엔 친근성이 너무 크다. 분명한 것은 아리랑이 서로를 끌어당기는 한국적 끈끈한 정으로 자연스럽게 의식화되었다는 사실이다. 오래되었다는 사실 하나로 이 끈끈한 정이 생겼다고 보기는 어렵다. 아리랑의 노랫말들 속에 처음부터 끈끈한 정이 담겨 있어 어려울 때 서로를 끌어당기는 힘이 됨으로써, 아리랑은 끈질기고도 강한 생명력을 갖게 되었다고 볼 수 있다.

'쓰리랑', 이 또한 수수께끼다. 아리랑이란 노래는 있어도 쓰리랑이란 노래는 없지만, 그래도 아리랑과 쓰리랑은 "아리 아리랑 쓰리 쓰리랑 아라리가 났네."에서 동격으로 쓰였다. 그러므로 아리랑에 잊혀진 역사가 있다면, 쓰리랑에도 잊혀진 역사가 있을 것이다.

아리랑과 쓰리랑에 잊혀진 역사가 있다면, "아리 아리랑 쓰리 쓰리랑 아라리가 났네."를 해석해 보면 찾을 수가 있을 것이다. 왜냐 하면, '났네'의 원형을 '나다'로 보면 '아라리가 났네'의 뜻을 알 수 없지만, '났네'의 원형을 '낳다'로 보면 '아라리가 났네'의 뜻은 '아라리가 낳았네'가 되므로, 이 노랫말은 "아리랑과 쓰리랑은 아라리가 낳았네."가 되기 때문이다. 그렇다면 아라리는 아리랑과 쓰리랑의 부모였다는 말일까? 그러나 부모로 보면 문제가 생긴다. "아리랑 아리랑 아라리요."에서 '아리랑'과 '아라리'는 격이 같으므로, '아라리'는 아리랑의 부모가 될 수 없기 때문이다. 그러므로 '아라리'는 사람의 이름이 아니고 지명이라고 보아야 한다.

지명이라면, '아라리'란 곳은 없지만, 중앙 아시아에 아랄 해(Aral Sea)가 있는 것으로 보아, '아라리'의 원형은 '아랄이'라고 할 수 있다. 이렇게 보면, '아랄이'의 '이'는 '복순이'의 '-이'처럼 자음으로 끝나는 일부 고유 명사에 붙어 어조를 고르는 구실을 하는 접미사가 되므로, '아라리가'는 '아랄이가'로 표기되어야 옳다. 이럴 때 "아리랑 아리랑 아랄이요."는 "아리랑은 아랄 지역 출신이요."로 해석되고, "아리 아리랑 쓰리 쓰리랑 아랄이가 났네."는 "아리랑과 쓰리랑은 아랄에서 태어났다."로 해석된다.

'아리랑'은 '아리안(Aryan)'이다.

이래야 말이 되고 뜻이 통한다. 그래서 이 책은 '아라리'를 '아랄이'로 표기하고 이야기를 전개했다.

아리랑과 쓰리랑이 아랄 해 일대에서 살다가 한반도로 이주했다면, 아리랑과 쓰리랑은 종족들의 이름이라고 보아야 말이 된다. 왜냐 하면, 아리랑과 쓰리랑이 한반도로 이주한 시기는 이동의 역사가 잊혀진 것으로 보아 까마득한 옛날이었고, 이렇게 오래된 역사가 노래 속에 담겨 있는 것으로 볼 때, 특정 개인들의 이름을 노래에 실어 이렇게 오래도록 끈질기게 불렀다고 보기는 어렵기 때문이다. 또, "아리 아리랑 쓰리 쓰리랑 아랄이가 났네."의 이면에는 아리랑과 쓰리랑은 아랄 지역에서 태어난 동향 출신들이니 서로 싸우지 말고 단합하자는 뜻이 담겨 있어, 대외적으로 어려울 때 서로를 끌어당기는 힘이 되어, 애창되었다고 볼 수 있기 때문이다.

중앙 아시아에 아랄 해(Aral Sea) 일대에서 아리랑과 쓰리랑이란 두 종족이 태어났다는 기록은 어디에도 없다. 하지만, 아랄 해와 이곳으로 흐르는 아무 다리아(Amu Darya)와 시르 다리아(Syr Darya) 두 강 일대의 지형이 예사롭지 않은 점으로 볼 때, 가능성이 있어 보인다. (10쪽, 62쪽 지도 참고) (주 1-3)

그렇다면 그들은 어떤 종족들이었고 언제 한반도로 이주했을까? 중국이나 한국의 고대사에서 아리랑과 쓰리랑의 이동에 관한 기록을 찾기는 어렵다. 너무 오래 전에 있었던 일이어서 이동의 역사가 잊혀졌기 때문에 정사에는 기록이 없고, 신화나 야사로 전해지고 있을지 모른다. 그러나 신화와 야사에 아리랑과 쓰리랑의 잊혀진 역사가 전해지고 있더라도 식별해 내기는 어려울 것이다. 그러므로 아리랑과 쓰리랑의 역사를 찾기 위해서는 세계로 눈을 돌려 다각적으로 조사해 볼 필요가 있다.

 아스라하니 먼 옛날에 아리랑과 쓰리랑이란 종족들이 아랄해 일대에서 살다가 동쪽으로 수 만리 떨어진 한반도로 이동했다면, 그들의 일부는 아랄의 서쪽과 남쪽으로도 이동했을 것이다. 그곳에는, 한국에 아리랑이 있듯이, 그들의 이동을 확인할 수 있는 역사적인 자취들이 있을 것이다. 그 자취들을 찾아서 그것들을 한국의 신화와 역사에 접합시켜 보면, 아리랑과 쓰리랑의 실체와 잊혀진 역사를 밝힐 수가 있을 것이다. "아리 아리랑 쓰리 쓰리랑 아랄이가 났네."가 역사적 사실이라면 길이 있을 것이다.

 '아리랑'·'아리안(Aryan)', '쓰리랑'·'수메리안(Sumerian)' 소리가 비슷하다. 아리안은 인도유럽 어족의 언어들을 파종한 종족이고, 수메리안은 메소포타미아에서 수메르 문명을 탄생시킨 종족이다. 이 4종족 사이에 어떤 역사적인 연관성이 있을까? 기존의 역사관으로 보면 무모하기 짝이 없는 어이없는 발상이다. 더구나 '아리안'과 '수메리안'이란 이름들이 근대에 생겼다면, 망신을 면하기는 어려울 것이다.

 그러나 "아리랑과 쓰리랑은 아랄에서 태어났다."가 역사적 사실이라면 사정은 달라진다. '아리안'과 '수메리안'이 근대에 생긴 이름들이라고 하더라도 '아리랑'은 '아리안', '쓰리랑'은 '수메리안'과 기원이 같을 가능성이 매우 높다. 왜냐 하면, 옛날부터 많은 종족들이 있었지만 종족의 이름들이 이렇게 쌍을 이루고 유사할 확률은 매우 희박하고, 그런 전례도 없기 때문이다. 그러므로 이런 유사성이 생긴 까닭은 '아리안'과 '수메리안'이 역

'아리랑'은 '아리안(Aryan)'이다. 17

사 용어로 처음 사용될 때, 역사적 근거가 있는 어휘들 중에서 선택되었고, 그 어휘들이 '아리랑'·'쓰리랑'과 기원이 같았기 때문이었다고 볼 수 있다. 그렇지 않았다면 이 책의 이야기는 중심을 잃고 벌써 중단되었을 것이고, 앞으로 더 이상 써 나갈 수도 없을 것이다.

'아리랑'은 '아리안'과 같고 '쓰리랑'은 '수메리안'과 같다면, 두 종족은 인원수가 매우 많았고, 이동 규모와 범위가 대단히 크고 넓었다고 보지 않을 수 없다. 그러므로 그들의 자취가 어떤 형태로든 세계의 고대사 속에 남아 있을 것이다.

아리아 인(Aryan)이란 종족이 기원전 2000년경부터 유럽과 인도로 이주하였기 때문에 인도유럽 어족의 여러 언어들이 생겼다는 설이 나온 지는 200여 년 되었다. 그러나 이 설은 아리아 인의 원주지가 밝혀지지 않아 정설로 확고하게 자리를 굳히지 못하고 있다. (주 1-4)

수메르 인(Sumerian)이란 종족이 고대에 존재했었고, 그들이 기원전 3200년경부터 시작된 메소포타미아 고대 문명을 탄생시켰다는 사실이 알려진 지는 100여 년 되었다. 수메르 인은 메소포타미아로 이주한 동양계 종족으로 밝혀졌지만, 그들의 원주지가 어디였는지는 캄캄한 수수께끼다.

대전제

기존의 역사학적 방법으로는 아리아 인과 수메르 인의 원주지를 찾기가 어렵다. 그들이 원주지에 남긴 유물과 유적이 있다고 하더라도, 그것들이 그들의 것인지 또는 현재 그 지역을 장악하고 있는 종족들의 것인지를 구별하여 입증할 수 있는 증거를 찾기가 어렵기 때문이다.

그러므로 그들의 원주지를 찾기 위해서는 새로운 시도가 필요하다. 이제부터는 "아리랑은 아리안, 쓰리랑은 수메리안과 기원이 같다."고 보고, 여기에 기초하여 "아리 아리랑 쓰리 쓰리랑 아랄이가 났네."를 확대 해석한 "아리랑은 아리아 인, 쓰리랑은 수메르 인, 이들의 원주지는 중앙 아시아의 아랄이다."를 역사적 사실로 보고, 이것을 대전제로 하여 세계의 상고 시대 역사를 추리해 볼 필요가 있다. 대전제가 실제로 있었던 역사라면, 추리한 결과를 이미 잘 알려진 여러 고대 문명들의 역사 자료들과 접합시켜 볼 때, 아랄 해 일대가 수메르 인과 아리아 인의 원주지였다는 것을 증명할 수 있는 길이 열릴 것이다.

대전제에 기초한 가설들

대전제는 다음과 같이 확대 해석될 수 있다. "중앙 아시아의 아랄 해 일대에서 거대한 집단을 이루고 살던 아리아 인과 수메르 인이 세계로 이동할 때 그 일부가 동쪽으로도 이동하게 되었고, 그 중 일부가 한반도로 이주하여 아리랑과 쓰리랑이 되었다." 이러한 해석이 역사적인 사실이라면, 여기에 기초하여 필연적으로 자연스럽게 다음과 같은 가설들이 줄을 잇게 된다. 이 가설들이 역사적 사실로 확인된다면, 대전제가 역사적 사실이었음이 증명될 것이다.

(1) 한국어의 뿌리는 수메르 어와 아리아 어다.

수메르 인(쓰리랑)과 아리아 인(아리랑)이 아랄에서 이동할 때 그 일부가 한반도로 이주했기 때문에 "아리 아리랑 쓰리 쓰리랑 아랄이가 났네."란 노래가 지금까지 전해지고 있다면, 노래가 갖고 있는 끈질긴 생명력으로 볼 때, 수메르 인과 아리아 인은 한국인의 뿌리가 되었고, 그들의 언어는 한국어의 기초가 되었다고 볼 수 있다. 그러므로 한국어는 수메르 인과 아리아 인이 이주지에 남긴 어휘들을 해석할 수 있을 것이다. 따라서, 여러 고대 문명들이 남긴 전통 어휘들을 한국어로 해석해 보면, 수메르 인과 아리아 인의 이동 역사를 밝힐 수 있는 언어 증거들을 찾을 수가 있을 것이다.

(2) 황하 문명에 수메르 인과 아리아 인의 자취가 있다.

수메르 인들의 일부가 아랄 지역에서 동쪽으로 이동하여 한반도에 정착했다면, 그들이 황하 유역에 머무르지 않고 한반도로 곧장 이주했을 리가 없다. 메소포타미아로 이동한 수메르 인들이 기원전 3200년경부터 수메르 문명을 탄생시켰듯이, 비슷한 시기에 동쪽으로 이동한 수메르 인들은 황하 문명의 탄생을 주도했다고 볼 수 있다. 그러므로 황하 문명 속에는 수메르 인들이 남긴 자취들이 있을 것이다.

기원전 2000년경부터 아랄 지역에서 이동을 시작한 아리아 인들의 일부가 동쪽으로도 이동하여 한반도에 정착했다면, 그들은 한반도로 이주하기 이전에 황하 유역에서 한동안 머물렀을 것이다. 그러므로 황하 문명 속에는 아리아 인들이 남긴 자취들이 있을 것이다.

(3) 수메르 인이 이집트 문명을 탄생시켰다.

수메르 인들은 아랄 지역에서 메소포타미아로 이동할 때, 흑해와 에게 해를 거쳐 지중해 동쪽 연안을 따라 남하하다가 지금의 시리아 지역을 경유했을 것이다. 당시 아랄 해 남쪽의 산악지대는 거의 원시 상태여서, 큰 집단이 통과하여 남하하기는 어려웠다고 볼 수 있기 때문이다. (62쪽 지도 참고) 그렇다면 시리아 지역에 도착한 수메르 인들이, 메소포타미아로 가기보다 더 쉬웠을, 이집트로 가지 못할 사정이 있었다고 보기는 어렵다. 그러므로 이집트 문명 속에는 수메르 인들이 남긴 자취들이 있을 것이다. 이집트와 메소포타미아의 초기 문명들이 갖고 있는 유사성들은 수메르 인들이 이집트로도 이주했다는 증거다.

(4) 수메르 인이 그리스의 초기 고대 문명을 주도했다.

서쪽으로 이동한 수메르 인들이 메소포타미아와 이집트에서 고대 문명을 탄생시켰다면, 크레타와 그리스 고대 문명의 탄생에도 수메르 인들이 깊이 관여했다고 볼 수 있다. 그러므로 크레타와 그리스의 초기 고대 문명 속에는 수메르 인들이 남긴 자취들이 있을 것이다.

(5) 수메르 인이 인더스 문명을 탄생시켰다.

수메르 인들이 메소포타미아·이집트·중국의 고대 문명들을 탄생시키는데 주도적인 역할을 했다면, 인더스 문명도 예외

일 수는 없을 것이다. 이것을 증명할 수 있는 언어 증거가 있다. 헐버트(H.B. Hulbert) 박사는 인도의 드라비다 어(Dravidian)와 한국어에는 어원이 같다고 볼 수 있는 어휘들이 200여자 있다고 지적하며, 두 언어는 기원이 같다고 주장했다. (주 1-5)

한국어와 드라비다 어의 유사성이 우연히 발생했다고 보기는 어렵다. 옛날에 인도에서 한국으로 또는 한국에서 인도로 이동한 종족이 있었기 때문에 생겼다고 볼 수 있는 역사적 근거는 없다. 그러므로 드라비다 어는 아랄에서 이동한 수메르 인들이 인더스 문명을 탄생시켰다고 볼 수 있는 하나의 증거다.

고고학의 발달로 이집트·메소포타미아·인도·중국·그리스 등의 고대 문명들이 비슷한 형식의 신화와 종교 의식 등을 갖고 출발했다는 사실이 밝혀지면서, 고대 문명들을 일으킨 문명의 근원지가 있었다는 주장이 등장했다. 하지만, 이 주장은 그 문명의 근원지가 어디였는지를 밝히지 못해 답보 상태에 빠져 있다. 그러나 이제 이 주장은 대전제에 기초한 앞의 가설들이 역사적 사실로 확인됨으로써 빛을 보게 되었다.

대전제에 기초한 가설들은 역사적 사실이다.

대전제를 역사적 사실로 보면, 한국어는 수메르 어와 아리아 어의 원형을 간직하고 있을 것이다. 영어는 아리아 어에 속하므로 아리아 어의 원형을 간직하고 있을 것이다. 그러므로 한국어와 영어를 활용하면 수메르 인과 아리아 인이 이동하여 탄생시킨 고대 문명들이 남긴 어휘들을 해석할 수가 있을 것이다. 여기에 기대를 걸고, 그리스 알파벳을 한국어와 영어로 해석해 보면 "알파벳은 그림 문자다."라는 사실을 알 수가 있다. 어떤 언어로도 해석되지 않았던 그리스 알파벳이, 영어를 도우미로 하여, 한국어로 이렇게 자연스럽게 해석되는 것을 역사학계는 직시해야 할 것이다.

영어에는 한국어와 뿌리가 같다고 볼 수 있는 어휘들이 최소 200여 개는 있다. 같은 언어권에서 이동한 종족들에 의하지 않고는 멀리 떨어진 지역들에서 이런 유사성이 일어날 수가 없다. 이것은 "아리랑은 아리안(Aryan)이다."라는 주장을 입증하는 증거들 중의 하나다.

아랄 해 일대를 홍수 시대의 시각으로 보면, 당시의 아랄은 많은 인구를 유지할 수 있을 만큼 자연 조건들이 잘 갖추어진 곳이었다. 그래서 이곳으로 동쪽과 서쪽에서 많은 종족들이 이동함으로써, 다양한 원시 문명들이 충돌·융화되며, 큰 집단이 필요로 하는 큰 집단을 위한 인류 최초의 거대 집단 문명이 탄생하게 되었다. 그래서 "역사는 아랄에서 잉태되었다."란 주장이 가능한 것이다.

아랄 해 일대에서 집단 문명을 일으켰던 종족들 중의 하나인 수메르 인이 세계로 이동하여, 인류의 역사 시대를 연 고대 문명들을 탄생시켰다. 왜냐 하면, 이집트의 전통 어휘들을 비롯하여 중국 삼황 시대 황제의 이름들이 한국어로 해석되고, 인도의 드라비다 어는 한국어와 뿌리가 같다고 볼 수 있고, 메소포타미아 문명은 수메르 인이 탄생시켰으므로, 이러한 사실들을 종합하면 "수메르 인들이 세계 4대 고대 문명들을 창건했다."라는 역사가 확인되기 때문이다.

그러므로 "역사는 메소포타미아의 수메르에서 시작되었다." 라는 기존의 주장은 수정되어야 한다. 인류 문명의 역사는 아랄에서 잉태되었고, 역사 시대는 아랄에서 이동한 수메르 인들이 탄생시킨 세계 4대 고대 문명들과 더불어 시작되었다고 보는 것이 옳기 때문이다. 순서를 따진다면, 이집트가 한 발 먼저란 사실을 역사학계는 인정하지 않을 수가 없을 것이다.

수메르 인의 이동과 고인돌을 연계시켜 보면 "고인돌은 수메르 인의 유적이다."란 확신이 생긴다.

이제 세계사는 기원전 5000년경부터 아랄 해의 두 강 유역에서 아리아 인과 수메르 인이 탄생하여 거대 집단으로 성장하며 문명을 일으켰고, 그 문명의 질이 생각 이상으로 발달되어 있었으며, 그들이 세계로 이동하여 거의 모든 고대 문명들을 탄생시켰다는 사실을 인정하지 않을 수 없게 되었다.

증거가 부족한 것이 아니다. 이러한 시각을 갖고 여러 고대 문명들을 비교 연구할 수 있는 기회가 없었고, 고고학만으로는 상고 시대에 있었던 종족들의 이동 역사를 밝히는 데 한계가 있었던 것이 문제였다. 앞으로 고대 문명들이 남긴 어휘들에 대한 비교언어학적인 연구가 더욱 진행되고, 신화를 비롯하여 고고학·인류학·풍속학·유전학·지구 과학 등 관련 분야의 연구가 더욱 활발해지면 앞에서 제시한 대전제와 가설들이 역사적 사실로 더욱 확고하게 자리를 잡게 될 것이다.

분명한 사실은 이제부터는 아리랑과 쓰리랑의 역사를 모르고는 세계의 고대사를 이야기하기가 어렵게 되었다는 것이다.

알파벳은 그림 문자다.

그리스 문자에 얽힌 한국어의 기막힌 사연들

그리스 문자 중에서 델타(delta, Δ δ)는 삼각주를 그린 그림 문자로 잘 알려져 있다. 델타가 그림 문자라면 나머지 문자들도 그림 문자일 것이다. 델타의 뜻이 대문자·소문자 모양의 뜻과 일치하듯이, 나머지 문자들도 소리의 뜻이 대·소문자 모양의 뜻과 일치하거나 연관성이 있을 것이다. 그러나 그리스 어를 비롯하여 인도유럽 어족의 어떤 언어로도 나머지 문자들의 소리와 모양에 어떤 뜻이 있는지를 설명할 길이 없다.

델타(delta, Δ δ)가 삼각주를 그린 그림 문자란 사실을 알 수 있었던 것은 '델타(delta)'의 뜻이 '삼각주'이기 때문에 가능했다. 나머지 문자들도 무엇을 그린 것들이겠지만 소리의 뜻을 모르기 때문에, 해석을 할 길이 없는 것이다. 'A'는 '소의 머리 모양을 그린 문자'란 해석이 있지만, 이 해석으로는 소문자 'α'가 소와 어떤 관계가 있는지를 설명할 길이 없다. 역사성이 없는 이런 해석은 이제 퇴장할 때가 되었다.

유럽은 알파벳의 뜻을 스스로 해석할 길이 없다. 한국어를 활용하지 않고는 그 뜻을 해석할 수 없는 기막힌 사연들이 현대 알파벳의 기원인 그리스 문자에 얽혀 있기 때문이다.

얼빠진 헛소리 같지만, 영어를 도우미로 하여, 한국어로 그리스 문자들을 해석하면 소리의 뜻이 대·소문자의 모양과 일치하거나 연관성이 있다는 것을 알 수 있다. 그리스 문자 하나 하나의 '소리·대문자·소문자'가 이렇게 자연스럽게 상통하는 해석을 우연이나 억지라고 한다면, 그것이 바로 얼빠진 헛소리다. 그리스 문자가 한국어로 해석됨으로써 "알파벳은 그림 문자다."라는 사실이 분명하게 밝혀졌다. 이것은 같은 언어권에서 살던 종족들이 그리스와 한국으로 이동한 역사가 있었음을 입증하는 하나의 증거다.

(1) 알파 (alpha, A α)
  모양 : 아랄 해(Aral Sea) 일대의 지도
  소리 : 아랄 평화[Aral peace] 『삼국유사』의 알평(謁平)

알파(A α)는 델타(Δ δ)와 비슷한 모양을 이루고 있다. 차이는 꼬리에 있다. 알파는 대·소문자에 꼬리가 각각 두 개씩 있고, 델타는 소문자에만 꼬리가 한 개 있다. 델타는 삼각주이므로 소문자(δ)의 꼬리는 강을 그린 것이다. 알파와 델타의 글자 모양이 비슷한 점으로 볼 때, 알파(A α)의 두 꼬리는 두 개의 강을 그린 것으로 볼 수 있다. 그러므로 델타는 하나의 강이 흐르는 곳에 있는 삼각주를 그린 그림 문자고, 알파는 두 개의 강이 한 곳으로 흘러드는 지역을 그린 그림 문자라고 할 수 있다.
 알파가 지역을 그린 그림 문자이면서 첫 번째 글자로 쓰였다는 것은 알파가 갖고 있는 의미가 대단히 크다는 뜻이다. 그러므로 알파는 자신들의 고향을 그린 지도라고 할 수 있다. 두 개의 강이 한 곳으로 흘러드는, 알파의 문자 모양과 같은 지역이 어딘가에 지금도 있을 것이다. 알파는 중앙 아시아의 아랄 해와 이곳으로 흐르는 아무 다리아와 시르 다리아 두 강 일대를 그린 그림 문자라고 할 수 있다. 알파의 문자 모양에서 세모나 둥근 부분은 아랄 해를 그린 것이고, 밖으로 나온 두 선은 두 강을 그렸다고 볼 수 있기 때문이다.

아랄 해 일대가 그리스 문자를 남긴 고대 그리스인들의 고향이었다면 그들은 어떤 종족이었을까? 대전제 "아리랑은 아리아 인, 쓰리랑은 수메르 인, 이들의 원주지는 중앙 아시아의 아랄이다."를 역사로 보면, 그리스 문자를 남긴 고대 그리스 인들은 아랄 해 일대에서 태어난 수메르 인과 아리아 인 중의 어느 하나이거나 둘 다일 것이다. 알파와 대전제가 만남으로써 분명해진 것은 아랄 해 일대가 아리아 인과 수메르 인의 원주지였고, 알파의 모양은 아랄 해 일대를 그린 지도란 사실이다.

알파는 무슨 뜻일까? '알파'의 '알'은 '아랄(Aral)'을 줄인 것이고 '파'는 영어로 평화라는 말인 '피스(peace)'와 어원이 같다고 볼 수 있으므로, '알파'의 뜻은 '아랄의 평화'다. 이렇게 볼 수 있는 근거는 『삼국유사』에 나오는 알평(謁平)이다. 알평은 고조선 계 여섯 마을 촌장의 명칭들 중에서 첫 번째로 기록되어 있다. 고조선은 동쪽으로 이동한 아리아 인들이 세운 나라였다. (121쪽. '조선'은 '조이 선(joy sun)'이다. 참고) 그러므로 알평은 아리아 어에서 기원했다고 볼 수 있다. 알파도 아리아 어에서 기원했다고 볼 수 있으므로, 알파와 알평은 기원이 같다고 볼 수 있다. '알평(謁平)'의 '평(平)'은 평화를 뜻하므로, '알파'의 '파'도 평화를 뜻한다고 볼 수 있다. 억지가 이렇게 자연스럽고 부드러울 수는 없

alpha(A α)	beta(B β)	gamma(Γ γ)
A α	B β	Γ r
아랄의 평화 (Aral peace)	활(battle)	위대한 말 (great mare)
delta(Δ δ)	epsilon(E ε)	zeta(Z ζ)
Δ δ	ἑ ε	Z ζ
삼각주(delta)	임신녀 (임신한 여인)	절터(기도하는 사람, 춤추는 무당)
eta(H η)	theta(Θ θ)	iota(I ι)
H η	Θ θ	I ι
이두(관공서 대문, 간청하는 사람)	씨름터 (theater)	일터 (농사용 기구)
kappa(K κ)	lambda(Λ λ)	mu(M μ)
K κ	Λ λ	M μ
갚아(은혜를 갚다)	덫(새끼 양을 미끼로 한 덫)	뫼(mountain)

nu(N ν)	xi(Ξ ξ)	omicron(O o)
$\mathcal{N}\; \nu$	$\Xi\; \xi$	$O\; o$
눈(눈보라, 눈에 미끄러진 사람)	글쎄(그사이, 꽁무니 빼는 사람)	나의 친구 (oh my crony)
pi(Π π)	rho(P ρ)	sigma(Σ σ)
$\Pi\; \pi$	$P\; \rho$	$\Sigma\; \sigma$
파이(pie) (바비큐, 화덕)	노(row)	새끼 말 (태 속 새끼 말)
tau(T τ)	upsilon(Υ υ)	phi(Φ φ)
$T\; \tau$	$Y\; \upsilon$	$\phi\; \phi$
도끼(ax)	을씨년(whore) 을씨년스럽다	피(blood)
khi(X x)	psi(Ψ ψ)	omega(Ω ω)
$X\; x$	$\Psi\; \psi$	$\frown\; \omega$
가위(scissors) 가위눌리다	부시다(push)	무덤 (Oh my God)

알파벳은 그림 문자다. 29

다. 그리스 문자에 '알파'가 첫 번째로 있고 고조선 촌장의 이름인 '알평'이 첫 번째로 있는 동질성으로 볼 때, 아리아 인들은 아랄 지역에서부터 '아랄의 평화'를 기원하며 '알파'라는 말을 '제일・으뜸'이란 의미로 취급한 전통을 갖고 있었다고 볼 수 있다. 이러한 전통이 있었기 때문에, 그리스로 이동한 아리아 인들은 알파를 첫 번째 글자로 사용했고, 영어에서도 A(a)가 첫 번째 글자로 쓰였다고 할 수 있다. 'A'와 닮은꼴인 한국의 지게는 아랄에서 전래된 것이 아닐까?

'peace'의 원래 발음이 '페아세'였다고 보면, 'peace'는 한국어로 '싸우지 말고 피하자'란 말인 '피하세'와 어원이 같다고 할 수 있다. 이러한 해석은 두 번째 글자인 베타(beta, B β)의 어원을 '빼틀레'로 보는 견해와 대조를 이루며 어울린다.

(2) 베타 (beta, B β)
  모양 : B는 얹은활, β는 부린활
  소리 : 빼틀레[battle, 전쟁]

베타의 대문자(B)는 시위를 걸어 놓은 얹은활을, 소문자(β)는 시위를 벗겨 놓은 부린활을 그린 글자다. 활은 싸움을 상징했다고 볼 수 있으므로, '베타'는 영어로 전쟁이란 말인 '배틀(battle)'과 어원이 같다고 볼 수 있다.

'배틀(battle)'의 어원은 한국어 '빼앗다'의 사투리 '빼틀다'의 명령형 '빼트러'・'빼틀레'와 같다고 볼 수 있다. '피스(peace)'는 '피하세', '배틀(battle)'은 '빼틀레'와 짝을 이루고 유사하다. 이런 기초 어휘들의 유사성은 한 언어권에서 살던 종족들이 이들 지역으로 이동한 역사가 있었기 때문에 생길 수 있는 것이다.
　알파를 첫 번째 글자로 베타를 두 번째 글자로 정한 것은 당시에 종족들간의 분쟁이 심하여 평화와 전쟁에 대한 관심이 대단히 높았다는 뜻이다.

(3) 감마 (gamma, Γ γ)
　모양 : 말의 머리를 옆에서 그린 그림
　소리 : 위대한 말[great mare], 『삼국유사』의 구례마(俱禮馬)

　감마의 대문자(Γ)와 소문자(γ)는 말의 머리를 옆에서 그린 그림이다. 대문자(Γ)는 성장한 말의 당당한 모습을, 소문자(γ)는 어린 말을 그린 것으로 볼 수 있다. 초기 그리스 문자에 지금은 사용되지 않고 있는 '디감마(digamma, F)'가 있었다. 이 분자는 성장한 말 두 마리를 겹쳐 그린 그림이라고 할 수 있다. 이 문자를 통해 당시에 말이 식용으로만 사육된 것이 아니고, 수레와 농경에 활용되었다는 것을 알 수 있다.
　감마의 글자 모양을 말의 머리를 옆에서 그린 그림이라고 보게 된 근거는 『삼국유사』에 나오는 고조선계 여섯 마을 촌장의 이름들 중에서 세 번째로 표기된 구례마(俱禮馬, 仇禮馬)다. '구례마'의 '구례'는 영어로 '위대한'이란 뜻인 '그레이트(great)', '마'는 암말이라는 뜻인 '메어(mare)'와 어원이 같다고 볼 수 있기 때문이다. 그러므로 '감마'의 뜻은 '위대한 말'이라고 할 수 있다. 영어의 '메어(mare)'는 한국어의 '말'과 소리와 뜻이 비슷하므로, 어원이 같다고 볼 수 있다.
　그리스 알파벳 중에는 소리와 뜻이 한자와 같다고 볼 수 있는 글자가 몇 개 있다. '감마(gamma, Γ γ)'의 '마'는 '마(馬)', 17번째 글자인 '로(rho, Ρ ρ)'는 배를 젓는 기구인 '노(櫓)', 지금은 사용되지 않고 있는 고대 그리스 문자인 '산(san, M)'은 '산(山)', '알파(alpha, Α α)'의 '파'는 '평(平)'과 어원이 같다고 볼 수 있다. 이 유사성은 하나의 언어권에서 살았던 종족들이 그리스·영국·중국·한국 등으로 각각 이동하여 그들의 언어를 파종했기 때문에 생겼다고 볼 수 있다. (주 1-6)

(4) 델타 (delta, Δ δ)
 모양 : 대문자는 삼각주, 소문자는 삼각주와 강
 소리 : 삼각주, 달 터(달콤한 땅)

삼각주을 뜻하는 델타(delta, Δ δ)가 네 번째 글자로 쓰였다는 것은 당시에 농경이 중시되었다는 뜻이다. 아랄 해로 흐르는 두 강의 삼각주 일대에서 농경이 발달했었음을 유추할 수 있다. '델타'의 '델'은 한국어의 '달다', '타'는 장소를 뜻하는 '터'와 어원이 같다고 볼 수 있다. 그러므로 '델타'의 원 뜻은 농사가 잘되는 '달콤한 터'·'기름진 땅'이라고 할 수 있다.

(5) 엡실론 (epsilon, Ε ε)
 모양 : 임신한 여인의 옆모습
 소리 : 임신녀(姙娠女), 임신한 여인

'엡실론(epsilon, Ε ε)'의 '론'과 20번째 '웝실론(upsilon, Υ υ)'의 '론'은 한국어로 여자를 지칭하는 말인 '년'과 어원이 같다고 볼 수 있다. 엡실론(Ε ε)은 임신한 여인의 옆모습이나 젖이 부른 가슴을 그린 문자라고 하면, 소리의 뜻은 '임신한 여인'으로 볼 수 있어, 소리와 모양의 뜻이 서로 통하기 때문이다. 그러므로 '임신'이란 말은 순수 한국어라고 할 수 있다. '웝실론(Υ υ)'의 경우도 '론'을 '년'으로 보면 그 뜻을 알 수가 있다.

(6) 제타 (zeta, Ζ ζ)
  모양 : Z는 무릎을 꿇고 고개를 숙이고 절하는 모습
        ζ는 춤을 추는 무당의 옆모습
  소리 : 절터

  그리스 문자 '델타·제타·에타·세타·이오타'의 '타'는 한국어로 장소를 뜻하는 말인 '터'와 어원이 같다고 보면, 이 어휘들의 뜻이 풀리게 된다.
  '제타(zeta, Ζ ζ)'는 한국어 '절터'와 어원이 같다고 볼 수 있다. 소리가 비슷하고, '절터'의 '절'과 '절하다'의 '절'은 순수 한국어이므로 둘은 어원이 같다고 볼 수 있기 때문이다. 어원이 같다면, '절터'의 원 뜻은 '절하는 터'로, 대문자(Z)는 무릎을 꿇고 머리를 숙이고 기도하는 사람의 옆모습을 그린 그림으로, 소문자(ζ)는 춤을 추는 무당의 모습을 그린 그림으로 볼 수 있어, 서로의 뜻들이 통하게 된다.
  고대 그리스 어에 '제타'란 말이 있는 것으로 볼 때 '절터'라는 말은 한국에 불교가 들어오기 이전부터 신전이 있는 곳을 이르던 말이었다고 볼 수 있다. (주 1-7)
  '절'의 어원은 무엇일까? '절'은 '잘 가시오'의 '잘'과 어원이 같다고 볼 수 있다. '잘'은 'ㅈ'과 '알'의 복합어라고 할 수 있다. 'ㅈ'은 '제우스·주피터·주인' 등의 첫소리와 어원이 같고 '제일'·'위대한'이란 뜻이었다고 한다면, '잘'의 원 뜻은 '위대한 알'이었다고 할 수 있다. 그러므로 '잘'은 난생 신앙을 갖고 있었던 종족들이 섬기던 신의 이름이었고, 최고 위대한 신인 '잘'에게 고개를 숙이고 빌었던 데서, '잘하다'와 '절하다'라는 어휘들이 생겼다고 볼 수 있다. 따라서, '잘 가시오'의 원 뜻은 '신의 가호가 있기를 비오니, 가시오'라고 할 수 있다. (주 1-8)

(7) 에타(eta, H η)
 모양 : H는 대문, η는 허리를 구부리고 있는 사람의 옆모습
 소리 : 관공서가 있는 곳, 관아 터, 이두(吏讀)

 '에타'는 '관공서가 있는 곳'이란 뜻이고, 한국어 '이두(吏讀)', 영어 'educate(교육하다)'의 'edu'와 어원이 같다고 볼 수 있다. 'educate'는 'edu에 가다'로 해석된다. 그러므로 관공서의 기원은 교육 기관이었다고 볼 수 있다. (주 3-6)
 대문자(H)의 모양은 당시의 관공서 앞에 세워진 문을 그린 것이라고 할 수 있다. 요즘도 이와 비슷한 형태의 문을 왕릉의 입구에서 볼 수가 있다. 문을 H자 모양으로 한 이유는 두 사람이 손을 맞잡고 있는 모양을 연상시켜서 사람들에게 협동과 화해의 정신을 고취하기 위함이었다고 볼 수 있다.
 소문자(η)의 모양은 서서 허리를 구부리고 팔을 앞으로 내리고 있는 사람의 옆모습이라고 할 수 있다. 무릎을 꿇고 허리를 구부리고 손을 뻗어 땅을 짚고 있는 모습 같기도 하다. 당시 사

람들이 관청에 가서 무엇을 간청하거나 심문을 받을 때, 소문자(η)의 모양과 같은 자세를 취했던 것으로 볼 수 있다.

대문자와 소문자의 모양들을 비교하여 보면, 소문자에는 동작을 나타낸 표현이 많다. 아마도 대문자는 명사로, 소문자는 동사로 쓰였다고 볼 수 있다. 그러므로 '관청'을 표기할 때는 대문자(H)를, '관청에 가서 무엇을 간청하다'란 뜻을 표기할 때는 소문자(η)를 썼다고 볼 수 있다.

(8) 세타(theta, Θ θ)
  모양 : 씨름 터, 공연장
  소리 : 씨름 터, 시어터(theater)

세타(theta, Θ θ)는 한국어 '씨름 터', 영어 '시어터(theater)'와 어원이 같다고 볼 수 있다. 소리가 비슷하고, 원은 씨름 터를, 원 속의 점과 선은 씨름 선수들을 그린 것이라고 할 수 있기 때문이다. 그러므로 극장의 기원은 야외 씨름 터였다.

(9) 이오타(iota, I ι)
  모양 : 농사용 기구
  소리 : 일터

'이오타'는 한국어 '일터'와 어원이 같다고 볼 수 있다.
대문자(I)는 씨앗을 밭에 심을 때 사용하던 막대기를 그린 그림이라고 할 수 있다. 막대기로 땅을 가볍게 내리눌러 구멍을 파고 거기에 씨앗을 넣고 흙을 덮었던 것으로 볼 수 있다. 지금도 동남아 지역의 산간 오지에는 이런 방식을 사용하여 씨앗을 심고 있는 소수 민족들이 있다.

소문자(ι)는 땅을 파는데 사용했던 기구라고 할 수 있다.

(10) 카파(kappa, Κ κ)
  모양 : 한쪽 발을 앞으로 내밀고 두 손으로 물건을 바치는
        사람의 옆모습
  소리 : 갚아, 은혜를 갚다.

'카파'의 뜻이 한국어 '갚다'의 명령형 '갚아'로 보게 된 동기는 초기 그리스 문자에 있었던 '코파(koppa, Ϙ ϙ)'다. '코파'의 모양과 뜻은 한국어 '꼽다'의 명령형 '꼽아'와 같다고 볼 수 있기 때문이다. '카파'는 '갚아', '코파'는 '꼽아'와 소리가 같고, 소리의 한국어 뜻이 글자 모양의 뜻과 상통한다. 이것을 우연이라고 말할 수는 없다. 이 유사성 역시 한국어와 고대 그리스 어가 같은 언어권에서 나왔다고 볼 수 있는 하나의 증거다.

대문자(Κ)의 모양은 선 자세에서 한쪽 발을 앞으로 내밀고 두 손으로 물건을 바치는 사람의 옆모습이다. 소문자(κ)의 모양은 두 발을 구부린 자세에서 한쪽 무릎은 땅에 대고 다른 쪽 발은 앞으로 내밀고 물건을 바치는 사람의 옆모습이다. 지금도 이런 자세는 낯설지가 않다.

(11) 람다(lambda, Λ λ)
  모양 : 덫
  소리 : 램(lamb 새끼 양)을 미끼로 맹수를 잡는 덫

람다(Λ λ)의 글자 모양은 덫이라고 할 수 있다. '람다'의 '람'은 영어로 새끼 양이란 말인 '램(lamb)'이고, '다'는 한국어의 '덫'과 어원이 같다고 볼 수 있다. 그러므로 '람다'의 뜻은 '어린양을 미끼로 맹수를 잡기 위하여 설치한 덫'이라고 할 수 있다.

(12) 뮤(mu, M μ)
  모양 : 산
  소리 : 뫼[산(山)]

대문자(M)는 산을, 소문자(μ)는 물이 흐르는 계곡을 그린 그림 문자라고 할 수 있다. '뮤'는 한국어에서 산의 고어인 '뫼'와 어원이 같다고 볼 수 있기도 하기 때문이다. 초기의 그리스 문자에 있었던 산(san, M)은 뮤(mu, M μ)와 글자 모양이 같다. 한자의 한국어음에는 아리아 어에서 기원했다고 볼 수 있는 것들이 많이 있다. 산(山)은 아리아 어에서 기원했다고 볼 수 있다. '산'이란 말인 '산(san, M)'에 '터'가 붙은 '산터'가 성인이란 말인 '세인트(saint)'·'산타(Santa)'가 되었다고 볼 수 있기 때문이다. 따라서, 뮤(mu, M μ)는 수메르 어에서 기원했다고 할 수 있다.

(13) 뉴(nu, N ν)
  모양 : N는 눈이 내리는 모습, ν는 미끄러지며 엉덩방아를 찧는 사람의 옆모습.
  소리 : 눈[설(雪)]

'뉴(nu, N ν)'는 한국어의 '눈[雪]'과 어원이 같다고 볼 수 있다.

대문자(N)의 모양은 눈이 펄펄 내리는 상태를 그린 것이고, 소문자(v)의 모양은 눈에 미끄러지며 엉덩방아를 찧는 사람의 옆모습을 그린 것이라고 할 수 있다. 해석이 너무 미끈해 억지 같지만, 눈이나 눈에 미끄러진 상태를 그림 문자로 표기하는데 있어서, 이보다 더 멋진 걸작은 없을 것이다.

이집트 신화에서 눈(Nun, Nu)은 태양신 라(Ra)의 아버지이며, 세상을 온통 에워싸고 있는 원초의 물이다. 하늘에서 비가 내려오는 까닭을 설명하기 위해서는 녹으면 물이 되는 눈이 높은 하늘에 가득 차 있다고 보지 않을 수가 없었을 것이다. 이러한 우주론적인 눈의 개념은 이집트 본래의 것이 아니고, 태양신 라(Ra)와 더불어 수메르 인들이 이집트로 이동하여 파종했기 때문에 생긴 것으로 볼 수 있다. (84쪽, 수메르 인이 세계 4대 고대 문명들을 창건했다. 참고)

그리스 알파벳의 '뉴', 이집트 신화의 '눈(Nun, Nu)', 한국어의 '눈'은 수메르 어에서 기원했다고 볼 수 있다. 이것은 수메르 인들이 그리스·이집트·한국으로 이주한 역사가 있었다는 것을 확인할 수 있는 증거들 중의 하나다.

(14) 크사이(xi, Ξ ξ)
  모양 : Ξ은 둘의 중간, ξ은 꽁무니를 빼는 사람의 옆모습
  소리 : 그 사이, 글쎄, 꽁무니를 빼다.

'크사이(xi, Ξ ξ)'는 '글쎄'·'그 사이'와 어원이 같다고 보면, 대문자(Ξ)와 소문자(ξ)의 두 모양이 상호 연계되면서, 글자의 뜻이 풀리게 된다. 대문자(Ξ)는 어느 쪽이 옳다고 해야 할지 결정

하기 어려운 심정을 둘 사이의 중간이란 뜻인 '그 사이'로 표현했다고 볼 수 있다. 그러므로 '크사이'·'글쎄'·'그 사이'는 기원이 같다고 볼 수 있다. 소문자(ξ)는 결정하기 어려워, 골치가 아파서, 꽁무니를 빼고 도망가는 사람의 옆모습을 그린 그림이라고 할 수 있다. 이렇게 해석되는 것이 꿈만 같다. 해몽이 좋은 것이 아니고, 고대인들의 발상이 현대를 뺨친다.

(15) 오미크론(Omicron, O o)
  모양 : 동그라미
  소리 : 오 나의 친구[Oh my crony]

  '오미크론(O o)'의 어원은 '오 마이 크로니(Oh my crony)'와 같다고 볼 수 있다. 크로니(crony)는 친구라는 뜻이므로, 'O'는 친구를 두 팔로 껴안을 때 생기는 두 팔의 둥근 모양을 그린 것이다. 좋으면 끌어안는 것은 자연스런 행동이다. 한국어 '동그라미'는 친애하는 친구라는 뜻인 '돈 크로니(Don crony)'와 기원이 같다고 볼 수 있다.
  맞으면 O, 틀리면 X로 표시하는 관습은 우연히 발생한 것이 아니다. 이 관습은 그리스 문자에서 유래되었다고 볼 수 있다. 오미크론(O o)은 친구를 뜻하고, 22번째 글자 카이(khi, X x)는 고문 기구를 뜻하기 때문이다.

(16) 파이(pi, Π π)
  모양 : 요리용 장치, 화덕
  소리 : 파이(pie)

대문자(Π)는 고기를 막대기에 달아매어 굽는 즉, 바비큐를 위한 장치를 그린 문자다. 소문자(π)는 파이(pie)를 굽기 위해 화덕에 넓적한 돌을 얹어 놓은 모양을 그린 문자다. 이 두 장치는 석기 시대에 불을 이용한 요리에 사용된 기본 형태들이다.

(17) 로(rho, Ρ ρ)
　모양 : 배를 젓는 노
　소리 : 영어의 로(row), 한국어의 노(櫓)

　대문자(Ρ)는 배를 젓는 노(櫓)란 뜻이고, 소문자(ρ)는 선의 부드러움으로 볼 때 배를 젓는 동작을 표현하는 데 사용한 문자였다고 볼 수 있다.
　로(rho, Ρ ρ)는 영어로 '배를 젓다'라는 말인 로(row)와 어원이 같고, 한자의 노(櫓)와 소리와 뜻이 같다. '노'란 말이 그리스 문자에도 있다는 것은 한국어의 '노'란 말은 한자에서 기원한 것이 아니라는 뜻이다. 이것은 아리아 어가 한자와 음에 영향을 주었다고 볼 수 있는 증거의 하나다.

(18) 시그마(sigma, Σ σ)
　모양 : 막 태어난 말
　소리 : 새끼 말[마(馬)]

　'시그마'의 '시그'는 한국어의 '새끼', '마'는 '말'과 어원이 같다고 볼 수 있으므로, '대문자(Σ)는 금방 태어난 새끼 말이 일어서지 못하고 누워있는 모양을 그린 것이고, 소문자(σ)는 어린 새끼가 태 속에 있는 모양을 그린 것으로 볼 수 있다. 그러므로 '시그마'의 뜻은 '새끼 말'이다. '시그마'의 '마', '감마'의 '마', 한자의 '마(馬)', 영어로 암말이라는 단어인 'mare', 한국어의 '말[馬]' 등은 어원이 같다고 볼 수 있다. 이 어휘들로 미루어 볼 때, 아랄 시절에 말이 사육되었다고 볼 수 있다.

(19) 타우(tau, Τ τ)
　모양 : 도끼 모양의 도구
　소리 : 도끼

'타우'는 한국어 '도끼'와 어원이 같다고 볼 수 있다. '도끼'는 '타우'에 전성 어미 '-기'가 결합된 것이라고 할 수 있다.

(20) 윕실론(upsilon, Υ υ)
　모양 : Υ는 여자의 국부, υ는 누워 다리를 올린 여자의 옆모습
　소리 : 을씨년스럽다, 음란한 여인, 창녀(?)

대문자(Υ)는 여자의 국부를 그린 그림이고, 소문자(υ)는 누워서 두 다리를 올리고 있는 여자의 옆모습을 그린 그림이라고 할 수 있다. 음담패설을 뜻하는 '와이담'의 '와이(Y)'나 'Y + I'의 뿌리가 '윕실론'과 무관하다고 보기는 어렵다.

　강원도 강릉시 강문에 있는 '진또배기'(겉표지 새 그림 참고)라는 이름의 솟대는 하늘의 여신(Y)과 땅의 남신(I)이 결합된 형상을 이루고 있다. 솟대는 종족의 중심지, 성스러운 장소를 뜻하는 표시였다고 볼 수 있다. (주1-9)

'윕실론'은 한국어 '을씨년스럽다'의 '을씨년'과 어원이 같다고 볼 수 있다. '을씨년스럽다'는 '보기에 쓸쓸하다, 보기에 군색한 듯하다'라는 뜻이다. 윕실론의 글자 모양과 '을씨년스럽다'의 뜻을 묶어 추리해 볼 때, 윕실론의 어원은 영어로 '음란한'이란 말인 '업신(obscene)'에 한국어로 여자를 뜻하는 말인 '년'이 붙은 것이고, 그 뜻은 '음란한 여인'이라고 할 수 있다. 원초에 '윕실론(upsilon, ϒ υ)'의 뜻은 '씨를 엎은 년' 즉 '아이를 못 낳는 년'이었고, '엡실론(epsilon, Ε ε)'의 뜻은 '씨를 업은 년' 즉 '임신한 년'이었다고 볼 수 있다.

(21) 피(phi, Φ φ)
　모양 : 가시에 찔려 상처가 난 모양
　소리 : 피[혈(血)]

　피(phi, Φ φ)는 가시에 살을 찔려 피가 나는 모양을 그린 그림문자라고 할 수 있다. '피(phi)'는 한국어의 '피'와 어원이 같다고 볼 수 있다. 'phi(Φ φ)'와 'pi(Π π)'를 둘 다 '파이'로 표기하면 구별하기가 어렵기 때문에, 'phi(Φ φ)'의 원래 소리가 '피'였다고 보고, 여기에서는 '피'로 표기했다.

(22) 카이(khi, Χ χ)
　모양 : 가위 모양
　소리 : 가위 모양의 고문 기구

　'카이(Χ χ)'는 한국어 '가위'와 어원이 같다고 볼 수 있다. 그러나 아랄 시절에 천을 자르는 가위가 있었다고 볼 수 없으므로, '카이'는 한국어 '가위눌리다'의 '가위'와 어원이 같다고 볼 수 있다. '가위눌리다'의 뜻은 "꿈에 몸을 마음대로 움직이지 못하고 답답함을 느끼다."이다. 이것은 무엇이 몸을 눌러 가슴이 답답하였다는 뜻이다. 그러므로 '카이'는 가위 모양의 고문 기구였다고 볼 수 있다. 이러한 역사가 있어 '카이'에서 기원한 엑스(X)는 나쁘다는 표시로, 오 나의 친구라는 뜻인 '오미크론'에서 기원한 오(O)는 좋다는 표시로 쓰이는 것이다.

아랄 시절에 고문 기구가 있었고, 베타(beta, B β) 즉 활이 빼틀[battle]기를 위한 도구로 창안되었던 것으로 보아, 당시 사회가 낙원은 아니었던 것 같다.

(23) 프시(psi, Ψ ψ)
 모양 : 막대기로 푹 찌르는 모습
 소리 : 한국어의 '부시다', 영어의 'push'

'프시'의 어원은 한국어 '부시다'의 '부시', 영어로 '밀다'라는 말인 'push'와 같다고 볼 수 있다. 프시(ψ)의 모양은 막대기로 푹 찔렀기 때문에 움푹 들어간 상태를 그린 것이다.

(24) 오메가(omega, Ω ω)
 모양 : 무덤
 소리 : 오 마이 갓(Oh my God)

대문자(Ω)는 무덤의 봉분 모양을 그린 것이고, 소문자(ω)는 무덤을 파고 시신을 안치한 모양을 그린 것이다. 한국어에서는 '오메가'와 어원이 같은 말을 찾을 수 없다. '오메가'는 영어로 '오 나의 신'이라는 말인 '오 마이 갓(Oh my God)'과 어원이 같다고 볼 수 있다. '오메가'에는 신에 대한 원망과 소망이 한데 어울린 절규가 담겨 있다고 할 수 있다. 오메가는 무덤을 그린 문자이기 때문에 마지막 글자로 쓰인 것이다.

'오미크론(Oh my crony!)'의 '오'는 반가울 때 나오는 고음이고, '오메가(Oh my God!)'의 '오'는 슬플 때 나오는 저음이다.

'Z'를 맨 뒤로 옮긴 까닭은?

영어 알파벳의 순서는 그리스 알파벳과 거의 같지만, 의도적으로 바꾸었다고 볼 수 있는 것이 있다. 그리스 알파벳에서는 여섯 번째 글자인 제타(zeta, Ζ ζ)가 영어에서는 맨 끝자리로 옮겨진 것이다. 그리스 알파벳에서 맨 끝은 죽음을 뜻하는 오메가의 자리다. 그 자리에 오메가를 없애고 제타(zeta, Ζ ζ)를 옮겨 놓은 까닭은 무엇일까?

그리스 문자에서 '오미크론'의 '오'는 높은 음이고 '오메가'의 '오'는 낮은 음이지만, 영어에서는 하나로 통합되면서 오메가는 사용되지 않게 되었다고 볼 수 있다. 하지만, 이것이 Z를 맨 뒤로 옮긴 이유였다고 볼 수는 없다.

Z로 시작되는 단어의 수가 적은 것이 원인이었다면, Z의 반도 되지 않는 X가 맨 끝이 되었어야 할 것이다.

의미가 없는, 우연한 일이라고 보기도 어렵다. '절터'라는 뜻으로 해석되는 제타(zeta, Ζ ζ)의 글자 모양에 원시 종교의 티가 있기 때문이다. 그러므로 Z를 맨 뒤로 옮긴 것은 원시 종교에 대한 일종의 탄압이었다. Z를 맨 뒤로 옮긴 사람들은 Z의 뜻을 잘 알고 있었기 때문에 이렇게 했을 것이다.

그리스 문자의 대·소문자를 합한 48자 하나 하나가 사실적으로 그려진 걸작들이어서, 글자의 모양들을 통해 당시의 생활상을 추리할 수가 있다. 이렇게 자연스럽게 그리스 알파벳이 모두 한국어와 영어로 해석된다는 것은 하나의 언어권에서 살던 종족들이 분산되어 그리스·영국·한국 등으로 이동한 역사가 고대에 있었다는 뜻이다.

그들은 어떤 종족이었을까? 현대 그리스 어가 아리아 어에서 기원했다고 해서, 그리스 문자를 아리아 인이 남겼다고 단정하기는 어렵다. 아리아 인들보다 먼저 이동한 수메르 인들이 그리스 문자의 형성에 영향을 주었을 가능성이 있기 때문이다. 인도 유럽 어족의 어떤 언어로도 해석되지 않던 그리스 문자가, 영어를 도우미로 하여, 한국어로 해석된다는 것은 그리스 문자가 수메르 어의 영향도 받았다는 증거가 된다.

왜 아리아 인들은 수메르 어의 어휘들을 버리지 않고 그대로 사용했을까? 이것은 아리아 인이 이동해 오기 이전부터 그리스에 살던 수메르 인들이 그림 문자를 표음 문자로 전환하여 사용하고 있었고, 그 뿌리가 깊었기 때문에, 뒤에 이주한 아리아 인들이 수용했다는 증거라고 할 수 있다. 또 이것은 당시 그리스가 아랄 지역보다 문화적으로 앞서있었다는 뜻이고, 고대 그리스 문명의 뿌리에 수메르 인들이 남긴 자취가 있다는 뜻이다.

'섹시(sexy)'와 '색시'는 어원이 같다.

영어와 한국어의 어휘들 중에는 '섹시(sexy)'와 '색시'같이 소리와 뜻이 둘 다 비슷한 것들이, 아래에 열거한 바와 같이, 최소 200여 개는 있다. 이 어휘들 하나 하나는 우연이나 억지와 다름 없지만, 우연과 억지의 이 같은 연속을 설명하기 위해서는 전체 속에 잊혀진 역사가 있다고 보지 않을 수 없다. 이것은 아스라하니 먼 옛날에 어느 한 지역에서 하나의 언어권을 형성하고 있었던 종족이 나뉘어 이동하여 한국과 영국으로 각각 이주한 역사가 있었다는 뜻이다.

영어가 인도유럽 어족에 속한다고 해서, 이 어휘들이 다 인도유럽 어족의 뿌리인 아리아 어에서 기원했다고 보기는 어렵다. 수메르 어에서 기원한 것들도 있을 것이다. 한국과 영국에 북방형 고인돌들이 있다는 것은 수메르 인들이 한국과 영국으로도 이동했다는 증거가 되고, 그들의 어휘들이 완전히 소멸되었다고 보기는 어렵기 때문이다. 그렇다고 이 어휘들 중에서 다른 인도유럽 어족의 언어에 없는 어휘들은 수메르 어라고 단정하기는 어렵다. 지역이 매우 넓어 원주지 아리아 어에 방언들이 있었을 것이기 때문이다.

많은 세월이 흘렀지만 한국어와 영어에 이 어휘들이 보존될 수 있었던 까닭은 지리적인 영향이 가장 컸을 것이다. 아랄 지역에서 제일 먼저 이동한 종족들은 뒤에 이동한 종족들의 파동에 밀리고 밀려 유라시아 대륙의 동쪽 끝 반도와 서쪽 끝 섬으로 이주함으로써, 외부와의 접촉이 비교적 적었기 때문에, 언어의 원형이 잘 유지되었다고 볼 수 있다.

이 어휘들은 선사 시대에 만들어진 것들이다. 많은 세월이 흘렀지만 대부분의 어휘들은 지금도 왕성하게 사용되고 있다. 하지만, 일부는 원래의 뜻이 현실과 어울리지 않게 되어, 잘 사용되지 않고 있는 것들도 있다.

agitate (뒤흔들다, 선동하다, 시끄럽게 논하다) : '아귀다툼'과 어원이 같다.

ail (앓다) : '앓다'와 어원이 같다.

all right (좋아, 훌륭히) : '옳다'와 어원이 같다.

all up (엉망이 되어) : '어렵쇼'의 '어렵'과 어원이 같다.

argle bargle (요란한 입씨름, 시끄러운 논쟁) : '와글 와글', '바글 바글'과 어원이 같다.

arm (팔) : 양팔을 펼쳐 껴안은 둘레라는 말인 '아름'과 어원이 같다.

axe (도끼) : '억세다'의 '억세'와 어원이 같다. '억세다'에는 '도끼같이 힘이 세다'는 뜻이 담겨 있다고 볼 수 있다.

baboon (원숭이의 일종) : '바보'와 어원이 같다. '바보 같다'는 원숭이 같다는 말이다.

back (뒤) : '바꾸다'의 '바꾸'와 어원이 같다.

bag (가방) : '바구니'와 어원이 같다.

balk (말 따위가 갑자기 멈추어 안 가려고 용쓰다. 장해) : '발칵 뒤집히다'의 '발칵'과 어원이 같다.

ball (무도회), ballad (민요), ballet (발레) : '발랄하다'의 '발랄'과 어원이 같다. '발랄하다'는 젊은이들이 밝고 활기 있게 춤을 추는 모습에서 유래되었다고 볼 수 있다.

ban (금지, 결혼 예고, 소집된 가신단) : '반(대)하다'의 '반'은 '금지', '(미모에)반하다'의 '반'은 '결혼 예고', '양반·반열'의 '반'은 '소집된 가신단'과 뜻이 통한다. 영어의 'ban'이 갖고 있는 3개의 서로 다른 뜻들이 한국어의 '반'에 그대로 있다는 것은 매우 흥미 있는 일이다. 한국어의 '반'과 영어의 '반'이 갖고 있는 3개의 뜻은 한자의 '반(反)·반(頒)·반(班)'과도 맥이 통한다. (143쪽 참고)

banquet (향연, 대접하다) : '반기다, 반갑다'와 어원이 같다.

bar (빗장, 창문 따위의 살, 방해하다) : '창문에 발을 치다'의 '발'과 어원이 같다.

bare (낡은) : '바래다'의 '바래'와 어원이 같다.

barley (보리) : '보리'와 어원이 같다.

barn (헛간, 곡식 창고) : '방'과 어원이 같다.

bath (목욕, 목욕하다) bathe(목욕시키다, 목욕하다) : '벗다'와 어원이 같다.

battle (전쟁) : '빼앗다'의 사투리인 '빼틀다'의 명령형 '빼트러', '빼틀레'와 어원이 같다. 전쟁은 빼앗기 위해 시작되었다고 볼 수 있다.

be coil (돌돌 감다) : '비꼬다'와 어원이 같다.

be quit (물러나다) : '비켜라'와 어원이 같다.
be root (뿌리를 내리다) : '비롯하다'와 어원이 같다.
be twist (꼬이다) : '비틀리다'와 어원이 같다.
bear (아이를 낳다, 참다, 곰) : '배다(be + ar)'와 어원이 같다고 볼 수 있다. (131쪽 참고)
bee (벌) : '벌'과 어원이 같다.
belly (복부) : '밸이 꼴리다'의 '밸'과 어원이 같다.
beverage (음료, 마실 것) : '배부르게'와 어원이 같다고 볼 수 있다. '배부르게 마시는 것'이란 뜻이다.
bill (새 주둥이) : '부리'와 어원이 같다.
bill (청구서, 계산서) : '빌리다'의 '빌'과 어원이 같다.
bitter (쓰다) : '뱉다'의 명령형 '뱉어'와 어원이 같다. 쓰니까 먹지 못하고 뱉다.
bloat (부풀다) : '부르트다'와 어원이 같다.
blow (불다) : '불다'와 어원이 같다.
boat (타는 배) : '배'와 어원이 같다.
borrow (차용하다) : '빌려'와 어원이 같다.
bottom (기초) : '바탕'과 어원이 같다.
bowel (창자) : '배알이 뒤틀리다'의 '배알'과 어원이 같다. belly(복부)와 맥이 통한다.
break (부수다, 부서지다) : '부러지다'와 어원이 같다.
bull (황소) : '뿔'과 어원이 같다. 뿔이 있는 소는 황소다.
busy run (빨리 달리다) : '부지런하다'의 '부지런', '바지런하다'의 '바지런'과 어원이 같다.
butcher (정육점) : '푸줏간'의 '푸줏'과 어원이 같다.

'섹시(Sexy)'와 '색시'는 어원이 같다. 49

calf (송아지) : '갈피를 못 잡다'라는 말의 어원은 '송아지도 못 잡고 어찌 할 줄을 모르다'라는 뜻이다. '갈피'는 'calf'와 어원이 같다. (202쪽 참고)

charge (지게 하다, 맡기다) : '차지하다'의 '차지'와 어원이 같다고 볼 수 있다.

charm (매력) : '마음씨가 참하다'의 '참', '춤추다'의 '춤'과 어원이 같다고 볼 수 있다.

chateau (저택) : '저택'과 어원이 같다.

chimere (영국 성공회 주교가 입는 헐겁고 소매가 없는 제의) : '치마'와 어원이 같다.

chum (친구, 밑밥을 주어 물고기를 낚다) : '신참·고참'의 '참'은 '친구'란 뜻의 'chum', '새참'의 '참'은 '밑밥을 주어 물고기를 낚다'란 뜻의 'chum'과 어원이 같다.

coil (돌돌 감다) : '고리'와 어원이 같다.

comate (동료, 친구, 한패) : co(함께) + mate(친구)로서 '고맙다'와 어원이 같다고 볼 수 있다. 따라서 '고맙다'라는 말은 '우리는 친구'라는 뜻이다.

cook (요리하다) : '국'과 어원이 같다.

corn (그 지방의 주요 곡물, 옥수수) : '콩'과 어원이 같다. 이것은 콩이 동쪽으로 이동한 아리아 인들의 주요 곡물이었다는 뜻이다. (207쪽 참고)

corvee (강제 노역) : 봉건 시대에 영주가 공익 사업을 위해 백성들에게 부과한 강제 노역, 부역이 'corvee'다 "죽을 고비를 넘겼다."라는 말은 "강제 노역의 어려운 시련을 넘겼다."는 뜻이다. '고비 사막'의 '고비'도 'corvee'와 어원이 같다.

couple (한 쌍) : '켤레'와 어원이 같다.

court (안뜰, 궁정, 법정) : '곳'과 어원이 같다. '곳'은 '아메리카'·'아스카'의 '카'와 어원이 같다.

cream (크림, 유지) : '기름'과 어원이 같다.

crony (친한 친구, 옛 친구) : '동그란'의 '그란'과 어원이 같다고 볼 수 있다. 친구를 반갑게 끌어안을 때 두 팔의 둥근 모양에서 '동그란(Don crony)', '동그라미'라는 말이 유래되었다고 볼 수 있다. 그리스 알파벳 '오미크론(O o)'의 '크론'과 어원이 같다고 볼 수 있다. (39쪽 참고)

curb (재갈, 고삐, 구속) : 소나 말의 '고삐'와 어원이 같다.

curve (곡선, 구부러지다) : '구부리다'의 '구부'와 어원이 같다.

cut (자르다) : '깨트리다'의 '깨트'와 어원이 같다.

dale (골짜기) : '들'과 어원이 같다고 볼 수 있다. 물이 풍부한 강 유역의 골짜기에서 농사가 시작되었기 때문에 'dale'은 한국어에서 '들'로 전의되었다고 볼 수 있다. 'valley(골짜기, 유역)'와 '벌'이 어원이 같다고 보는 것도 같은 이유다.

dancing (춤추다) : '덩실덩실'과 어원이 같다.

dead (죽은) : '뒈지다'와 어원이 같다.

doctor (박사, 박식하다) : '똑똑하다'의 '똑똑'과 어원이 같다.

dough (굽기 전의 빵 반죽) : '떡'과 어원이 같다.

drop (떨어지다) : '떨어지다'와 어원이 같다.

duck (오리) : '닭'과 어원이 같다고 볼 수 있다. 아랄 해 일대에 오리는 많았지만 닭은 없어서, 동쪽으로 이동한 초기의 아리아인들은 닭을 오리와 구별하지 않고 '닭[duck]'이라고 불렀다고 볼 수 있다. 뒷날 구별하여 부르게 되면서도, 닭을 닭

[duck]이라고 계속 부른 것이다. (80, 206쪽 참고)

dull (우둔한) : 새끼를 못 낳는 암소라는 말인 '둘소'의 '둘'과 어원이 같다.

dung (동물의 배설물) : '똥'과 어원이 같다.

early (일찍) : '이른'과 어원이 같다.

eat (먹다) : '익다'와 어원이 같다. '익어 먹게 되었다'란 뜻이다.

egg (계란) : '아기'와 어원이 같다. (72쪽 참고)

eunuch (거세된 남자) : '주눅들다'의 '주눅'과 어원이 같다.

evil (나쁜, 사악) : '에비'와 어원이 같다.

fan (부채) : '팽이'의 '팽'과 어원이 같다고 볼 수 있다.

flute (플루트, 피리를 불다) : '피리'와 어원이 같다.

fly (날다) : '파리'와 어원이 같다.

fragile (깨지기 쉬운), fragment (파편) : '지푸라기'의 '푸라기'와 어원이 같다.

fuse (녹이다) : '퍼지다'와 어원이 같다.

gag (익살, 농담, 속임수, 토하다) : '개구쟁이'의 '개구'와 어원이 같다. '토하다'란 뜻의 'gag'는 '게우다'와 어원이 같다고 볼 수 있다.

gangly (호리호리한) : '깡마른'의 '깡', '깡그리'와 어원이 같다.

Gaul (독일의 라인 강과 프랑스의 세느 강 일대의 옛 이름) : '우리 고을 사람'의 '고을'은 '골(Gaul)'과 어원이 같다고 볼 수 있다.

gentle (온화한, 가문이 좋은) : '젠체하다(잘난 체하다)'의 '젠'과 어원이 같다. '젠체하다'는 가문이 좋다는 뜻의 'gentle'과 어원이 같다.

giant (거인, 위대한) : '자랑스럽다'의 '자랑'과 어원이 같다.
gingerly (조심스럽게) : 생강[ginger]의 매운 맛에 놀랬던 데서 '진저리나다', '진저리치다'라는 말이 생겼다.
give (주다) : '기부하다'와 어원이 같다.
glut (실컷 먹이다), glutton (대식가) : '그릇'과 어원이 같다.
go (가다) : '가다'의 '가'와 어원이 같다.
god (신) : '갓'과 어원이 같다. 신에게 제사를 지내던 사람이 쓰던 모자에서 유래되었다. '갓'의 고어는 '갇'이다. '굿을 하다'의 '굿'도 'god'과 어원이 같다고 볼 수 있다. (198쪽 참고)
goose (기러기) : '구수하다'의 '구수'와 어원이 같다고 볼 수 있다. 기러기 고기 맛이 좋았던 것에서 '구수하다'라는 말이 유래되었다고 볼 수 있기 때문이다.
great look (위대한 모습) : '거룩하다'의 '거룩'과 어원이 같다.
harass (괴롭히다) : '하라'와 어원이 같다. '하라 하라'라고 자꾸 명령하며 괴롭게 한데서 기원했다고 볼 수 있다.
harm (손해, 손상) : '허름', '흠'과 어원이 같다. '허름하다'는 흠이 있는 물건이어서, 흠이 있는 물건처럼 싼 가격이라는 뜻이다.
hazard (위험, 장애물) : '해자(垓字)'와 어원이 같다. 영어로 해자란 말인 'moat'은 한국어 '못'과 어원이 같다. 아랄 시절부터 주거지 주위에 해자를 파고 장애물을 설치했다고 볼 수 있다. 따라서 '해자'는 한자에서 기원한 것이 아니다.
huddle (아무렇게나.....) : '허드렛물'의 '허드레'와 어원이 같다.
humble (겸손한, 천하게, 지위가 낮은) : '함부로 대하다'의 '함부로'와 어원이 같다. 그러므로 '함부로 대하다'라는 말의 원 뜻은 '지위가 낮은 사람으로 대하다'라는 뜻이다.

hush (조용히 하다) : '허수아비'의 '허수'와 어원이 같다.

jar (병, 항아리) : 물건을 담는 '자루'와 어원이 같다. 'bag'은 '바구니', 'sack'은 '소쿠리', 'jar'는 '자루', 'pot'는 '보따리'로 남아 있다. jar의 원 뜻은 천으로 만든 주머니였으나, 토기가 사용되면서 영어에서는 병이나 항아리를 이르는 말로 되었고, 한국어에서는 처음의 뜻이 그대로 보존되어 있다고 볼 수 있다.

jaw (턱, 잔소리하다), jaw jaw (길게 이야기하다) : '쩨쩨하다'의 '쩨쩨'와 어원이 같다.

jeopardize (위험에 빠트리다), jeopardy(위험) : '자빠뜨리다'와 어원이 같다.

jerk (갑자기 잡아당김) : '쩍 달라붙다'의 '쩍'과 어원이 같다고 볼 수 있다.

jolt (거칠게 흔들다, 급격한 충격) : '쫄딱 망하다'의 '쫄딱'과 어원이 같다. '쫄딱'에는 '예기치 못한 일로, 급격한 충격으로'라는 뜻이 담겨 있다고 볼 수 있다.

joy (기쁨) : '좋다'와 어원이 같다.

jugular (경정맥, 상대방의 최대 약점) jugulate (…의 목을 따서 죽이다) : '죽이다・죽일래'와 어원이 같다. 생각할수록 끔찍한 말이다.

jujube (대추) : '수줍어하다'의 '수줍어'와 어원이 같다. 얼굴이 붉게 변하는 것을, 대추가 익어 붉게 되는 것에 빗대어, '수줍어'라고 말한 것이 어원이라고 볼 수 있다.

jut (돌기, 돌출하다) : '쭉 튀어나오다'의 '쭉'과 어원이 같다고 볼 수 있다.

knock (두드리다) : '크낙새'의 '크낙'과 어원이 같다. 크낙새는 나무를 딱딱 두들기는 즉, 노크하는 새란 뜻이다. 동쪽으로 이동한 아리아 인들은 k를 발음했다고 볼 수 있다.

leaf (잎) : '잎'과 어원이 같다. 'leaf'의 'f'는 '잎'의 'ㅍ'과 같다.

lip (입술) : '입술'의 '입'과 어원이 같다. 'lip'의 'p'는 '입'의 'ㅂ'과 같다.

loosen (느슨하게 하다, 느슨해지다) : '느슨하다'의 '느슨'과 어원이 같다.

lore (민족이나 지방 등에 전통적으로 축적된 지식이나 전설) : 문자가 발달하지 못했던 시절에는 종족의 역사를 외워서 입으로 전 할 수밖에 없었다. 이 시절 전문적으로 역사를 외워 전승하던 사람들이 국가적인 행사 때 외웠던 역사를 노래하듯이 불렀기 때문에 한국어에 노래라는 말이 생겼고, 이렇게 전승되던 역사를 '로레'라고 했기 때문에 영어에 'lore'라는 말이 있게 된 것이다. (203쪽 참고)

mangle (짓이기다, 망그러트리다) : '망그러트리다'의 '망그러'와 어원이 같다.

many (많은) : '많이'와 어원이 같다.

mare (암말) : '말'과 어원이 같다. mare는 초기에 암수를 총칭하는 어휘였다고 볼 수 있다. (31쪽 참고)

marriage (결혼하다) : '머리얹다'와 어원이 같다. 결혼하면 여자들이 머리를 얹었던 관습이 아랄 시절에서부터 있었다고 볼 수 있다.

mash (갈아 으깨다) : '맷돌'의 '맷'과 어원이 같다.

'섹시(Sexy)'와 '색시'는 어원이 같다. 55

massacre (대학살) : mass(집단, 다량)와 sacra(sacrifice, 옛날에 산 제물을 신에게 바치던 의식)의 복합어로서, 그 의식이 역겨웠기 때문에, 한국어에서 '메스껍다'라는 말로 전의되었다고 볼 수 있다.

match (동등한 사람, …과 대등하다) : '마치 …와 같다'의 '마치'와 어원이 같다.

mean (비천한, 부끄러운) : '미안하다'의 '미안'과 어원이 같다.

medal (메달) : '매달다'와 어원이 같다.

merge (…을 혼합하다) : '멀겋다, 묽다'와 어원이 같다.

misery (빈곤, 처량함, 우는 소리하는 사람, 불평가) : '머저리'와 어원이 같다.

moat (해자, 해자를 파다) : '연못'의 '못'과 어원이 같다. 아랄 시절에 '못'과 '해자'라는 어휘들이 있었다고 볼 수 있다. '못'에는 한자가 없고 해자에는 있는 것으로 볼 때, 못은 수메르어였고, 해자는 아리아어였다고 볼 수 있다.

mourn (슬퍼하다, 한탄하다) : '멍하니'의 '멍'과 어원이 같다.

mug (컵, 서투른 사람) : '먹어', '마구'와 어원이 같다. 컵이란 뜻의 'mug'는 '먹다 · 먹어'와 어원이 같고, 서투른 사람이란 뜻의 'mug'는 '마구 달리다'의 '마구'와 어원이 같다고 볼 수 있다. ban, chum, mug가 갖고 있는 서로 다른 뜻들이 한국어에 그대로 있다는 것을 우연으로 설명하기는 어렵다.

neighbour (이웃사람) : '여보'와 어원이 같다. 'neighbour'의 어원은 'near(가까이) 봐'가 원 뜻이었다고 볼 수 있다. 가까운 곳에서 자주 보는 사람이 이웃사람이다.

obscene (외설한, 음란한) : '업신여기다'의 '업신'과 어원이 같

다. '업신여기다'의 뜻은 '젠체하며 남을 보잘것없게 여기다'
이다. 따라서 '업신여기다'라는 말에는 신분 계급 사회에서
순수 혈통이 아니고, '하위 계급과의 음란한 행위로 태어난
사람으로 여기다'라는 뜻이 포함되어 있다고 볼 수 있다.

pale (창백한) : '파래지다'의 '파래'와 어원이 같다.

palm (손바닥, 장 뼘) : '뼘'과 어원이 같다.

peace (평화) : '피하다'·'피하세'와 어원이 같다. 싸우지 말고 서로 피하자는 뜻이다.

pear (먹는 배) : '배'와 어원이 같다.

peculiar (이상한) : '별꼴이야'와 어원이 같다. 이 어휘를 통해 아랄 지역에서 이동하기 전부터 점성술이 있었고, 별을 보고 점을 치는 행위에 대해 사람들이 거부감을 갖고 있었다는 것을 알 수 있다. (158쪽 참고)

pot (항아리) : '보따리'와 어원이 같다고 볼 수 있다.

row (배를 젓다) : '노를 젓다'의 '노'와 어원이 같다.

royal (왕의, 위엄 있는) : royal의 어원은 '노란 알'이고, 그 뜻은 '노른자위와 같이 중요한 알'이라고 할 수 있다. '훌륭하다'의 '훌륭'은 'whole royal'과 어원이 같다고 볼 수 있다.

sack (부대) : '소쿠리'와 어원이 같다.

saint (성인) : '상투'와 어원이 같다. 지난날에 상투는 결혼한 남자들의 상징이었지만, 아주 먼 옛날에는 지배 계급 남자들의 상징이었다고 볼 수 있다.

salon (응접실) : '사랑방'의 '사랑'과 어원이 같다. '사랑하다'의 '사랑'과 'salon'은 어원이 같다고 볼 수 있다. 이것은 'salon'의 기원이 밀회를 위한 장소였다는 뜻이다.

salt (소금) : '소금'과 어원이 같다.

seed (종자) : '씨'와 어원이 같다.

servant (하인, 고용인) : '서방님'의 '서방'과 어원이 같다. 영어에서 고용인의 뜻으로 평가 절하되어 쓰이고 있는 것으로 볼 때, 수메르 어에서 기원했다고 볼 수 있다.

sexy (성적인) : '색시 같이 예쁜'의 '색시'와 어원이 같다.

shame (부끄러움, 창피를 주다) : '시샘, 샘하다'의 '샘'과 어원이 같다.

shelter (피난처, 은신처) : '쉴 터'와 어원이 같다고 볼 수 있다.

shoot (쏘다) : '쏘다'와 어원이 같다.

shovel (삽) : '삽'과 어원이 같다.

silage (생목초) : '시래기 국'의 '시래기'와 어원이 같다. 오늘날 silage는 사이로에 저장한 목초를 이르는 말이다. 근대에 생긴 어휘 같지만 4천여 년 전에도 말린 건초나 야채를 시래기(silage)라고 했다고 볼 수 있다.

Sir (님, 선생, 각하) : '씨'와 어원이 같다.

slag (광석을 용해할 때 생기는 찌꺼기, 슬래그) : '쓰레기'와 어원이 같다. 상고 시대에도 생활 쓰레기는 있었다. 패총이 그 예이다.

slaughter (도살하다) : '쓰러트리다'와 어원이 같다.

slip (미끄러지다) : '쓰러지다'와 어원이 같다.

slow (천천히) : '슬슬하다'의 '슬'과 같다.

soak (스며들다) : '쏙 빨아들이다'의 '쏙'과 어원이 같다.

soar (솟구치다) : '쏘아 올리다'의 '쏘아'와 어원이 같다.

son (아들) : '선하다'라는 말에 '장난이 심하고 극성스럽다'라는 뜻이 있다. 여기서의 '선'은 'son'과 어원이 같다. 즉, 사내 아이 같다는 뜻이다.

song (노래) : '아리송하다'의 '송'과 어원이 같다. '아리송하다'의 원 뜻은 아스라하니 먼 옛날부터 전해 오는 '아리아 인의 노래(아리송)'처럼 내용을 분명히 알 수가 없어서 분간하기 어렵다는 뜻이다.

soot (검댕, 매연) : '숯'과 어원이 같다.

soothe (달래다, 비위를 맞추다) : '수다 떨다'의 '수다'와 어원이 같다. 수다 떠는 이유는 달래고 비위를 맞추기 위해서다.

sore (아픈, 쓰라린) : '쓰리다'와 어원이 같다.

sorrow (슬픔) : '서러워'와 어원이 같다.

sudden (갑작스러운, 돌연한) : '서둘다'와 어원이 같다.

sullen (음산한, 음울한) : '썰렁하다'와 어원이 같다.

sum (합계) : '셈하다'의 '셈'과 어원이 같다.

sun (태양) : '모습이 선하다'의 '선'과 어원이 같다. 해와 같이 밝다는 뜻이다.

supple (유연한) : '사뿐사뿐 걷다'의 '사뿐'과 어원이 같다.

surprise (놀라게 하다) : '소스라치다'와 어원이 같다.

survey (조사하다) : '살피다'의 '살피'와 어원이 같다.

swell (팽창하다) : '수월하다'의 '수월'과 어원이 같다. 옛날에 바위를 쪼갤 때, 바위틈에 나무를 박아 넣고 그 위에 물을 부으면 생기는 나무의 팽창력을 이용하였던 데서 이 말이 유래되었다고 볼 수 있다.

tack ((속어) 음식물) : 'hard tack(건빵)'의 'tack', 'tuck((영, 속어) 음식물, 과자)'은 '한턱내다'의 '턱'과 어원이 같다.

tan (햇볕에 타다) : '타다'와 어원이 같다.

tan (가죽을 무두질하다) : '탄탄하다'와 어원이 같다. 가죽을 무두질해서 탄탄하게 하다.

tangle (엉키게 하다, 얽힘) : '덩굴'과 어원이 같다.

think (생각하다) : '생각하다'의 '생각'과 어원이 같다.

through (…을 빠져나가서, …의 구석구석에) : '두루'와 어원이 같다.

thunder (천둥) : '천둥'과 어원이 같다.

time (시간) : '할 틈이 없다'의 '틈'과 어원이 같다.

too (역시, 또) : '또'와 어원이 같다.

torture (고문, 고문하다) : '주리를 틀다·도리(?)를 틀다'와 어원이 같다고 볼 수 있다.

total (전체의) : '통틀어'와 어원이 같다.

touch (건드리다) : '다치다'와 어원이 같다.

tour (순회, 근무 기간) : '세살 터울'의 '터울'과 어원이 같다.

tumble (혼란) : '가시덤불'의 '덤불'과 어원이 같다.

twist (꼬다, 비틀다) : '틀리다'와 어원이 같다.

un (부정) : 부정을 나타내는 접두어 '안'과 어원이 같다.

uncle (아저씨, 삼촌) : '엉키다'와 어원이 같다. 혈연 관계로 엉킨 사람이란 뜻에서 uncle이란 말이 생겼다고 볼 수 있다.

unique (독특한, 유별난) : '유난스럽다'의 '유난'과 어원이 같다.

untrue (거짓의) : '엉터리'와 어원이 같다.

valley (골짜기, 유역) : '벌'과 어원이 같다.

vault (도약하다) : '펄쩍 뛰다'의 '펄적'과 어원이 같다.

village (마을, 촌락) : '부락'과 어원이 같다.

vulgar (상스러운) : '발가벗다'의 '발가'와 어원이 같다.

vulnerable (상처받기 쉬운, 취약한) : '불낼라'와 어원이 같다.
불을 낼까 두렵다는 뜻인 '불낼라'가 'vulnerable'로 되었다고 볼 수 있다.

wall (벽) : '울타리'의 '울'과 어원이 같다.

we (우리) : '우리'와 어원이 같다.

weak (약하다) : '유약하다'와 어원이 같다.

weird, weirdie, weirdy (기묘한) : '왜 이러지'와 어원이 같다.

well (우물) : '우물'의 '우'와 어원이 같다.

what (무엇) : 소리와 뜻이 '무엇'과 비슷하다.

when (언제) : 소리와 뜻이 '언제'와 비슷하다.

which (어찌) : 소리와 뜻이 '어찌'와 비슷하다.

white (흰) : '희다'와 어원이 같다.

who (누구) : 소리와 뜻이 '누구'와 비슷하다.

whole (전체) : '홀랑(whole all)'의 '홀'과 어원이 같다.

whore (창녀) : '후레자식'의 '후레'와 어원이 같다.

why (왜) : 소리와 뜻이 '왜'와 같다.

wide (넓은, 광대한) : '위대하다'의 '위대'와 어원이 같다.

wither (시들다, 말라죽다) : '위태하다'의 '위태'와 어원이 같다.
'위태하다'는 가뭄이 심해 밭에 심어 놓은 농작물들이 말라 죽을 지경이 되었다는 뜻이다.

wonder (놀라운, 경이로운) : '원대하다'의 '원대'와 어원이 같다.

yes (예) : '예'와 어원이 같다.

zip (기운차게 나아가다, …에게 활력을 주다) : '불을 지피다'의 '지피'와 어원이 같다.

아랄 해 일대 지도

제 2 장

수메르 인과 아리아 인의
탄생과 이동

인류의 역사는 아랄(Aral)에서 잉태되었다.
고인돌은 수메르 인들이 이주지에 남긴 유적이다.
수메르 인이 세계 4대 고대 문명들을 창건했다.
수메르 인과 아리아 인의 이동 물결

토의를 원하신다면,
www.soon.or.kr을 방문하시길 바랍니다.

역사는 아랄(Aral)에서 잉태되었다.

영어 알파벳의 뿌리인 그리스 문자가 한국어와 영어로 해석됨으로써, 알파벳은 그림 문자에서 기원했다는 것이 분명해졌다. 영어에 한국어와 뿌리가 같다고 볼 수 있는 어휘들이 최소 200여 개 있다는 사실도 확인되었다. 이 같은 사실들은 아스라하니 먼 옛날에 하나의 언어권에서 살던 종족들이 사방으로 흩어져 그리스·영국·한국 등으로 각각 이주한 역사가 있었다는 뜻이다. 그러나 이 언어 자료들만으로는 역사 시대의 시작을 전후한 시기에 있었던, 종족들의 이동 역사를 명확하게 증명하기가 어렵다. 그러므로 이 언어 자료들을 이미 잘 알려진 역사 자료들에 접합시켜 볼 필요가 있다. 이렇게 될 때, 언어와 역사 중의 어느 한쪽 자료만으로는 알 수 없었던, 잊혀졌던 역사가 밝혀질 것이라고 기대해 볼 수 있기 때문이다.

대전제 "아리랑은 아리아 인, 쓰리랑은 수메르 인, 이들의 원주지는 중앙 아시아의 아랄이다."가 역사적 사실이라면, 인도유럽 어족에 속하는 여러 언어들을 파종한 아리아 인은 이동 규모로 볼 때, 아랄 지역에서 대단히 큰 집단을 이루고 있었다고 볼 수 있다. 또, 수메르 인이 메소포타미아로 이동하여 수메르 문명을 일으켰고 다른 한 갈래가 한반도로 이동하여 쓰리랑이 되었다면, 그들 역시 아랄 지역에서 큰 집단을 이루고 있었다고 볼 수 있다. 선사 시대에 한 지역에서 두 개의 거대 집단이 형성되었다는 것은 특이한 일이다. 아랄의 자연 환경과 지리적 여건이 두 집단의 탄생을 가능하게 했다고 볼 수 있다.

아랄(Aral)의 자연 환경

아랄 해(Aral Sea)는 중앙 아시아에 있는 면적 약 6만 6천km^2의 염호다. 남쪽에서는 아무 다리아 강이, 동쪽에서는 시르 다리아 강이 유입된다. 물이 밖으로 흘러 나가는 출구가 없는 무구호다. 이 지역의 연간 강수량은 100mm 내외다. 겨울철 1~2월의 평균 기온은 북부는 -12℃, 남부는 -6℃이다. 11~12월부터 아랄 해는 결빙된다.

이상은 1960년대 초의 기록이다. 40여 년이 지난 지금 아랄 해는 전체의 수량이 감소되며 염분 농도가 높아져 죽음의 바다로 되어 가고 있다. 아무 다리아 강과 시르 다리아 강의 물을 농공업 및 생활 용수로 끌어쓰는 양의 증가로 유입되는 물의 양이 감소되어, 아랄 해의 면적이 2만 5천km^2대로 줄어들었고 앞으로도 더 줄어들 것으로 예상되고 있기 때문이다. 이제 아랄 해의 옛 모습은 상상 속에서만 그려 볼 수 있게 되었다.

오늘의 이곳 자연 환경은 태고 시대에 이곳에서 세계 고대 문명들의 기원이 되었던 모태 문명이 발생했다고 보기에는 너무나 건조하고 삭막하다. 하지만 기원전 5000년~기원전 3000년에 이르는 기간에는 비가 많이 내렸기 때문에 이곳 자연 환경은 지금과는 달랐다고 볼 수 있다.

지구의 기온은 지금으로부터 1만여 년 전에 빙하기가 끝나고 서서히 상승하여 기원전 5000년경에 가장 높아졌다가 약간 내려간 상태에서 기원전 3000년경까지 유지되다, 그 후 차츰 떨어져서 서력 기원 전후부터는 오늘날과 비슷해졌다는 것이 과학적으로 밝혀졌다. 따라서 기원전 5000년~기원전 3000년에 이르는 기간에는 빙하가 많이 녹아 해수면이 높아졌었고, 습도가 높아 비가 많이 내렸다고들 본다. 이 기간이 홍수 시대다. 홍수 시대에는 오늘날 건조한 기후로 인해 사막이 발달된 대부분의 지역들에도 비가 많이 내렸기 때문에 초원과 숲이 형성되어 있었을 것이다. 중앙 아시아의 아랄 해 일대에도, 지금은 사막이 발달되었지만, 홍수 시대에는 거대한 초원과 숲이 형성되어 있었을 것이다.

석기 시대에 큰 집단이 형성되기 위해서는 무엇보다 식량 자원이 풍부해야 했다. 그러므로 거대한 초원은 고대 문명들을 탄생시킨 필수 조건이었다. 하지만, 충분 조건은 아니었다. 수렵만으로는 식량을 안정적으로 확보할 수 없어, 큰 집단의 형성과 유지가 어려웠기 때문이었다. 그래서 큰 강 유역의 충적 지대에서 농경이 가능해야 했다. 바다, 온대성 기후 등도 큰 집단을 형성하고 유지하는 데 필요한 조건들이었다. 아랄은 이런 자연 조건들을 잘 구비하고 있었다. 아랄뿐만 아니라 세계 4대 고대 문명의 발상지들인 메소포타미아의 티그리스와 유프라테스 두 강, 이집트의 나일 강, 파키스탄의 인더스 강, 중국의 황하 유역 등에도 이런 자연 조건들이 잘 갖추어져 있었다. 그런데 아랄

지역에서 다른 지역들보다 훨씬 먼저 문명이 탄생될 수 있었던
까닭은 무엇이었을까?

**홍수 시대의 시각으로 홍수 시대를 보아야 홍수 시대의
역사가 풀린다.**

홍수 시대의 아랄 지역을 홍수 시대의 시각으로 보게 되면,
아랄 지역에는 다른 지역들보다 문명의 탄생에 유리했던 다음
과 같은 특성들이 있었음을 알 수 있다.
(1) 아랄 해로 흐르는 아무 다리아와 시르 다리아 두 강 유역
의 충적 지대에서는, 다른 지역들에 비하여, 농경이 발달할 수
있었다.
홍수 시대에는 기온이 높아 열대성 저기압이 형성되기가 쉬
웠기 때문에 태풍과 같은 폭풍우가 많이 발생하였을 것이다. 따
라서 홍수 시대의 절정기였다고 볼 수 있는 기원전 5000년에서
기원전 3500년에 이르는 기간에 이집트의 나일 강, 메소포타미
아의 유프라테스와 티그리스 두 강, 파키스탄의 인더스 강, 중
국의 황하 유역은 여름에 강우량이 많아 범람이 심했다고 볼 수
있다. 그래서 이들 강 유역의 충적 지대에서는 봄에 씨를 뿌려
놓아도 여름 홍수로 농사를 망치는 경우가 많아 농경이 발달하
지 못했다고 볼 수 있다. 그러므로 홍수 시대에 이들 지역에서
는 식량의 부족으로 큰 집단들이 형성될 수 없었기 때문에 문명
이 발달할 수 없었다.
그러나 당시 아랄 해 일대의 자연 환경은 달랐다. 아랄 지역

의 광활한 평원은 거대한 산맥들이 동·서·남쪽을 에워싸고 있어 비구름의 진입이 어려워 홍수 시대에도 강우량이 비교적 적었기 때문에, 여름에 홍수가 자주 일어나지 않았다고 볼 수 있다. 하지만 봄에는 사정이 달랐다. 홍수 시대에는 눈도 많이 내렸을 것이므로, 아랄 해로 흐르는 아무 다리아와 시르 다리아 두 강 상류의 높고 거대한 산악 지대에 겨우내 쌓였던 많은 양의 눈이 봄에 녹아 흘러내렸기 때문에 강들이 크게 범람했다고 볼 수 있다. 따라서 봄에 눈 녹은 물로 인한 범람이 여름에 홍수로 인한 범람보다 심했다고 볼 수 있다. 이것이 홍수 시대에 아랄 지역에서 농경이 발달할 수 있었던 가장 큰 원인이었다. 봄에 강물이 불어났다가 빠진 비옥한 충적 지대에 씨앗을 심어 놓으면, 여름에는 강우량이 적어 강들이 봄보다 크게 범람하지 않아, 홍수로 인한 피해를 입지 않고 가을에 곡식을 수확했다고 볼 수 있기 때문이다.

(2) 아랄 지역에서는 동서의 원시 문명들이 대규모적으로 충돌하게 되었다. 빙하기가 끝나기 전 이곳은 추위가 심해서 많은 사람들이 큰 집단을 이루고 살기가 어려웠다. 그러나 지구의 기온이 상승하면서 이곳에 형성된 초원 지대로 동물들이 모여들게 되었고, 그 뒤를 따라 서방계 종족들과 동방계 종족들이 이주해 오기 시작했다고 볼 수 있다. 이들이 만남으로써 인류 역사상 최초로 동서의 원시 문명들이 대규모적으로 오랜 기간 충돌하며, 집단 문명이 탄생하게 되었다. 아랄 지역에서 이런 충돌이 없었다면 인류 문명의 탄생은 훨씬 더디었을 것이다.

(3) 아랄 지역에는 '아무 다리아'와 '시르 다리아'라는 두 강이 있어 두 개의 집단이 형성될 수 있었다. 이웃하고 있는 두 강

사이의 거리는 인구가 적었던 초기에는 상대적으로 멀었기 때문에 서방계 종족들과 동방계 종족들은 강을 하나씩 차지하고 상호 대립하며 각각 거대 집단으로 성장할 수 있었다. 강이 하나밖에 없었거나 너무 가까이 있었다면, 처음부터 종족들간에 충돌이 심해 농경이 안정적으로 발달할 수 없어 큰 집단들이 형성되기 어려웠기 때문에, 문명의 탄생은 훨씬 더디었을 것이다. 두 집단의 인구가 증가하면서 두 강 사이의 거리가 상대적으로 좁혀지게 되었다. 이로써 두 거대 집단은 생존이 걸린 충돌을 피할 수 없게 되었고, 이 치열한 경쟁 속에서 터득한 생존을 위한 철학이 거대 집단의 형성을 지향함으로써, 문명의 발달이 촉진되었다고 볼 수 있다.

수메르 인과 아리아 인의 탄생

홍수 시대에 이곳으로 모여든 종족들이 동방계와 서방계로 양분되어 공존 대립했다고 볼 수 있는 증거는 "아리 아리랑 쓰리 쓰리랑 아랄이가 났네."이다. 이 노래에는 아리랑과 쓰리랑은 다 같이 아랄에서 태어났으니 서로 싸우지 말고 화목하게 잘 지내자는 뜻이 담겨있다. 아랄 지역에서 상호 대립한 두 종족이 있었다면, 아무 다리아 강 출신과 시르 다리아 강 출신이었다고 할 수 있다. 두 종족이 같은 지역에서 이주해 왔으면서도 오래도록 대립했다는 것은 출신 지역의 강이 달라서만이 아니라, 인종과 언어에 차이가 있었다는 뜻이다.

서쪽에서 이주한 종족들은 아무 다리아 강을 중심으로 모여

하나의 언어권을 형성했다. 이들이 아리랑 즉 아리아 인이고, 이들의 언어가 아리아 어다.

동쪽에서 이주한 종족들은 시르 다리아 강을 중심으로 모여 하나의 언어권을 형성했다. 이들이 쓰리랑 즉 수메르 인이고, 이들의 언어가 수메르 어다.

아리아 인과 수메르 인은 각각 강 하나씩 차지하고 2천여 년 이상을 공존 대립하며 성장했다고 볼 수 있다. 이 기간에 다양한 소집단들이 모여 거대 집단으로 성장하면서, 전체를 포용할 수 있는 우주론적 보편성에 기초한 새로운 종교와 철학이 형성됨으로써, 큰 집단에 어울리는 큰 집단을 위한 새로운 문명이 탄생했다고 볼 수 있다. 알알 문명의 종교와 철학은 그들이 이 주지에 남긴 초기의 자료들을 종합하면 알 수 있다. 태고 시대의 이 문명을 '알알 문명'이라고 이름했다. (주 1-10)

'아랄(Aral)'은 무슨 뜻일까?

인류 문명의 발상지인 '아랄 해(Aral Sea)'의 '아랄'은 '알알'이 원형이다. '알알'의 '알'은 한국어의 '알'과 어원이 같다. 그래서 '알알'은 '알이 많다'는 뜻이다. 같은 말을 잇대어 사용해 뜻을 강조하거나 많음을 나타낸 어휘들이 옛 기록에 있다. 예를 들면, '같이같이'는 '언제나 같이'이고, '히고히고'는 '매우 희다'는 뜻이다. 옛날에 아랄 해 일대는 많은 새들의 산란지였기 때문에, 새들이 낳은 알이 많아, 알이 많다는 말인 아랄(알알)이 이 지역의 이름으로 쓰였다고 할 수 있다.

그런데 터키 어로 '아랄 해'의 '아랄'은 '섬이 많은'이라는 뜻이다. 아랄 해에 섬이 많아 '아랄'이라고 했다는 것이다. '알이 많다'와 '섬이 많다'는 서로 다른 해석이지만, 둘은 기원이 같다. 아랄 해에는 1000여 개의 섬이 있었고 이 많은 섬에 새들이 낳은 알이 많았기 때문에, '알'하면 '섬'을 연상하게 되어, '알'이란 말에 '섬'이란 뜻이 생기면서, '아랄'은 '섬이 많은'이란 뜻으로도 쓰이게 되었다고 볼 수 있다. 원래 터키 족은 내륙 초원 지대에서 살았었기 때문에 터키 어에 섬이라는 말이 없어 '아랄'을 '섬이 많은'이란 뜻의 어휘로 차용했다고 볼 수 있다.

'섬'이란 말이 '알'에서 기원했다는 것을 확인할 수 있는 어휘들이 있다. 독일어로 섬이라는 말인 '아일란트(Eiland)'는 독일어로 알이라는 말인 '아이(Ei)'와 땅이라는 말인 '란트(Land)'가 합쳐진 것이다. 그러므로 'Eiland'는 '알땅'이란 뜻이다. 그러나 독일인들은 'Eiland'의 원 뜻이 '알땅·계란땅'이라고는 생각하지 않는다. 세계사가 알알 문명의 역사를 잃어버렸듯이 독일인들 역시 원래의 뜻을 잃어버리고 습관적으로 사용하고 있을 뿐이다. 영어로 섬이라는 말인 '아일런드(island)'의 원 뜻도 '알땅'이라고 할 수 있다.

'알'은 한국어 '아기'·'아이'와 기원이 같다고 볼 수 있다. 영어로 알이란 말인 'egg'는 '아기', '아일랜드(Ireland)'의 '아이'는 '아이'와 어원이 같다고 볼 수 있기 때문이다. 그러므로 '아일랜드(Ireland)'란 국명의 원 뜻은 '새로운 생명의 땅'이라고 할 수 있다. '아이슬란드(Iceland)'의 원 뜻도 '새로운 생명의 땅'이라고 보아야 한다. 추운 나라여서 얼음 나라[Ice land]로 했다고 본다면 아리아 인의 이동 역사를 완전히 잃어버렸다는 뜻이다.

'잉글랜드(England)'의 '잉글'은 '앵글로 색슨(Anglo-Saxon)'의 '앵글로(Anglo)'에서 유래되었다는 것이 정설이다. 그렇다면 'Angland'로 되지 않고 'England'로 되었을까? 영국의 전통이 국가의 명칭을 잘못 표기해 왔다면, 영국인들은 자존심이 상할 것이다. 'England'란 어휘 속에 영국다운 역사와 전통이 담겨 있다고 보아야 한다.

'잉글랜드'의 어원은 '에그랜드(Eggland)'이었다고 볼 수 있다. 초기에는 '에그랜드(Eggland)'란 말에 '알땅·위대한 땅·새로운 생명의 땅'이란 뜻이 있었다고 볼 수 있다. 난생 신앙으로 인해 '알'·'에그(egg)'란 말이 '위대한'이란 뜻으로도 쓰였다고 볼 수 있기 때문이다. 그러나 차츰 과거를 잃어버리게 되면서, '에그'라는 말에서 '위대한·새로운 생명(아기)'이라는 뜻은 잊혀지고, 세월이 갈수록 '계란'이란 뜻만 남게 되었다. 이로써 '에그랜드(Eggland)'는 '계란 땅'으로만 들리게 되어 영국인들은 수치심을 느끼게 되었을 것이다. 그래서 '에그랜드(Eggland)'와 '앵그로(Anglo)'를 결합시켜 '잉글랜드(England)'로 바꾼 것이다. 초기의 'E'자를 'A'자로 바꾸지 않고 그대로 고수함으로써, 잉글랜드는 잉글랜드답게 아랄의 전통을 이을 수 있었다고 볼 수 있다.

이 이야기는 여러 정황을 참작하여 추리한 것이지만, 이것은 추리가 아니고 복고라고 해야 옳을 것이다.

한국어의 '아름다운'과 '아스라한' 그리고 일본어로 새롭다는 뜻인 '아타라시(あたらしい)', 이 어휘들의 첫소리 '아'는 '아랄'을 가리킨다고 볼 수 있다.

역사는 아랄(Aral)에서 잉태되었다 73

고인돌은 수메르 인의 유적이다.

고인돌의 분포

고인돌[dolmen]은 고대인들의 무덤이다. 신석기 시대에서 시작되어 청동기 시대에 주로 만들어졌고, 유라시아 대륙에 널리 분포되어 있는 것이 특징이다. 아일랜드, 영국, 서유럽, 팔레스타인, 카프카스, 중앙 아시아의 남부, 파키스탄, 인도, 동남 아시아, 중국의 산동 반도와 남만주, 한국, 일본의 규슈 등에서 고인돌이 발견되었다. 북아프리카에도 있다고 한다. 이렇게 광범위한 지역에서 고인돌을 축조하는 장례 풍습이 오랜 기간 이어질 수 있었던 힘의 원천은 무엇이었을까? 이 문제는 아직 해결되지 않은 역사의 수수께끼다.

한국 문화재청이 발간한 『한국 지석묘(고인돌) 유적 종합조사·연구』에 의하면, 한반도에 있는 고인돌의 수는 북한 지역에 있는 3,160기를 포함해 모두 29,510기에 달한다. 이 수는 약 5만 기로 추정되는 전세계 고인돌의 절반을 넘는 숫자다. 고인돌이 한반도에 이렇게 많은 이유는 무엇일까?

한국의 황해도 은율과 영국의 웨일즈에 형태가 비슷한 탁자형 고인돌들이 있다. 유라시아 대륙의 동쪽 끝 한반도와 서쪽 끝 섬에서 살던 고대인들이 동일한 장례 풍습을 갖고 있었던 원인은 무엇이었을까?

　아직 정설은 없고 자생설·전파설·주민 이주설 등 이론이 분분하다. 하지만, 자생설에는 문제가 있다. 우연의 일치가 세계의 여러 지역에서 동시 다발적으로 일어났다고 보기는 어렵기 때문이다. 전파설에도 문제가 있다. 고대 사회에서 종족들의 장례 풍습은 당시의 법이었던 자신들의 종교에 바탕을 두고 있어서 강제성에 의하지 않고는 쉽게 전파될 수 없는 일이었기 때문이다. 또, 전파되었다고 보기에는 속도가 너무 빨랐던 지역들이 있고, 전파설로는 이렇게 광범위한 지역으로 전파되며 오랜 기간 축조가 지속될 수 있었던 힘의 본질이 무엇이었는지를 설명하기가 어렵기 때문이다.

　그러므로 고인돌이 세계에 널리 분포되어 있는 이유를 설명하기 위해서는 종족 이주실을 주장하지 않을 수 없다. 선시 시대에 어느 한 지역에서 고인돌을 축조하는 장례 풍습을 갖고 큰 집단을 이루고 있었던 종족이 흩어져 세계로 이동하면서 이주지에 고인돌을 축조했다고 보지 않을 수가 없는 것이다.

　한반도에 있는 고인돌의 기원도 앞의 종족 이주설로 설명할 수밖에 없다. 시베리아 거석 문화의 영향으로 보는 북방설로는 시베리아의 거석 문화보다 고인돌을 축조하는 풍습이 먼저 발생한 까닭을 설명할 수가 없다. 동남아시아에서 왔다는 남방설로는 북쪽에 있는 고인돌일수록 일반적으로 축조된 시기가 오래된 까닭을 설명할 수가 없다. 한반도에서 독자적으로 발생하였다는 자생설로는 한반도에 있는 고인돌들보다 훨씬 먼저 축조된 고인돌들이 있는 세계의 여러 지역들로부터 영향을 받지 않았다는 근거를 제시할 수가 없다.

문제는 종족 이주설을 입증하기 위해서는 어떤 종족이 언제 어디서 무엇 때문에 고인돌을 만들기 시작했고, 왜 이동을 하게 되었는지를 밝혀야 되고, 원주지와 이주지에서 그들의 역사적 존재를 증명할 수 있는 자료들을 찾아야 한다.

고인돌이 만들어진 시기

세계에 널리 분포되어 있는 고인돌들의 만들어진 시기는 지역에 따라 차이가 심하다. 신석기 시대의 것들도 있지만 주로 청동기 시대에 만들어졌고, 철기 시대 전기의 것들도 있는 것으로 조사되어 있다. 한 지역에서도 만들어진 시기가 크게 차이나는 경우가 있다. 한반도에 있는 고인돌들의 상한 연대는 기원전 15세기경이고, 청동기 시대에서 철기 시대 전기 사이에 주로 축조된 것으로 조사되어 있다.

프랑스를 비롯하여 서유럽 지역의 고인돌들은 대체적으로 기원전 4000~기원전 3000년 사이에 축조된 것으로 추정되고 있고, 일부는 기원전 4800년경의 것으로 조사되었다. 서유럽의 고인돌들이 다른 지역에 비해 매우 이른 시기에 축조된 것으로 볼 때, 프랑스가 고인돌의 발생지라는 주장도 있음직 하다. 하지만, 프랑스에서 기원한 어떤 종족이 세계로 이동하여 고인돌을 축조하는 장례 풍습을 파종했다는 증거는 없다.

고인돌의 형태는 받침돌이 높은 탁자 모양의 북방식, 받침돌이 낮은 바둑판 모양의 남방식으로 분류된다. 북쪽에 주로 분포된 북방식 고인돌들은 한국의 것이나 영국의 것이나 모양이 대

체로 비슷하고, 축조된 시기가 이르다. 이것은 북방식 고인돌을 축조하는 풍습을 갖고 있었던 종족들이 이른 시기에 동서로 비교적 빠른 속도로 이동했다는 뜻이다. 남쪽에 주로 분포된 남방식 고인돌들은 일반적으로 남쪽에 있는 것들일수록 만들어진 시대가 늦어지고, 받침돌의 높이가 더욱 낮아지는 경향이 있다. 이것은 고인돌 장례 풍습을 갖고 있었던 종족들이 북쪽에서 남쪽으로 천천히 이동했다는 뜻이다.

  동서로의 이동 속도는 빨랐고 남쪽으로의 이동 속도는 느렸던 이유는 기후·바다·지형·원주민의 인구 밀도 등과 관계가 깊었다고 볼 수 있다. 동쪽과 서쪽은 기후가 비슷하여 적응하기 쉬웠고, 원주민의 수가 적어 저항이 적었고, 소금을 얻기 위해 바다를 찾아야 했기 때문에 부지런히 이동했다고 볼 수 있다. 그러나 남쪽은 기온이 높아지며 질병이 많아 인구의 증가가 더디었고, 무엇보다 세계 고대 문명의 발상지들과 같은 적합한 지역들이 없었기 때문에, 이동 속도가 느렸다고 볼 수 있다.

어떤 종족이 고인돌을 만들었을까?

  고인돌들이 분포되어 있는 지역들과 축조된 시기 등으로 볼 때, 태고 시대에 어느 한 지역에서 고인돌을 축조하는 장례 풍습을 갖고 있었던 종족이 역사 시대를 전후한 시기에 동·서·남쪽으로 흩어져 이동했다고 볼 수 있다.
  중국의 산동 반도와 남만주 지역에 있는 고인돌들은 북방식이고, 기원전 3000년 이전에 축조된 것들도 있다고 조사되었다.

이것은 고인돌을 축조하는 장례 풍습을 갖고 있었던 종족이 중국에서 한동안 머물다가 한반도로 이동했다고 볼 수 있는 증거다. 이들은 어떤 종족이었을까? 한반도에 고인돌이 많은 것으로 볼 때, 이 종족은 한국 역사 속에서 큰 역할을 했다고 볼 수 있다. 그러므로 이 종족은 대전제 "아리랑은 아리아 인, 쓰리랑은 수메르 인, 이들의 원주지는 중앙 아시아의 아랄이다." 속의 어느 하나일 것이다.

수메르 인이 메소포타미아에서 수메르 문명을 일으키기 시작한 것은 기원전 3200년경이므로, 그들이 아랄에서 이동을 시작한 시기는 그 이전일 것이다. 아리아 인이 이동을 시작한 시기는 기원전 2000년경이다. 기원전 2000년 이전부터 세계의 여러 지역에서 고인돌들이 축조되었으므로, 고인돌은 수메르 인들의 유적으로 볼 수 있다. 수메르 인들보다 뒤에 이동한 아리아 인들이 고인돌을 축조했다면, 유럽에는 고인돌이 다른 지역들보다 훨씬 더 많았어야 할 것이다. 그렇지 않다는 것은 아리아 인들은 고인돌을 축조하지 않았다는 뜻이다.

고인돌이 세계에 널리 분포되어 있는 까닭은 수메르 인들이 원주민이나 새로 이주해 오는 다른 종족들과의 경쟁에서 밀리면 다른 지역으로 이동하여 이주지에서 고인돌을 축조했기 때문이라고 할 수 있다. 수메르 인들이 고인돌 풍습을 오래도록 유지했다는 것은 자신들의 전통에 강한 자부심을 갖고 있었다는 증거다. 수메르 인들은 세계 4대 고대 문명들이 탄생되기 이전에 이동을 시작했기 때문에, 그들이 아랄에서 터득한 종교·철학·언어·기술 등은 이주지에서 고대 문명들을 탄생시키는 씨앗이 되었다고 할 수 있다. 그러므로 고인돌이 있는 곳에는 수메르 인들이 남긴 언어의 자취들이 옛날의 국명·지명 등과 같은 전통 어휘들 속에 있을 것이다. 따라서 그 전통 어휘들을 한국어로 해석해 보면, 그 기원과 원 뜻을 알 수가 있을 것이다. 왜냐 하면, 한반도에 고인돌이 많다는 것은 수메르 인들이 많이 이주했다는 뜻이므로, 수메르 어는 한국어의 뿌리가 되었다고 볼 수 있기 때문이다.

실제로, 세계의 여러 고대 문명들이 남긴 어휘들을 한국어로 해석해 보면, 대전제가 역사적 사실이란 것이 입증됨으로써, 고인돌은 수메르 인들이 축조했다고 보지 않을 수가 없다.

고인돌은 조장(鳥葬)을 위해 축조되었다.

고인돌들이 있는 대부분의 지역들에서는 알에서 태어났다는 '난생 설화'와 하늘에서 내려왔다는 '천손 설화'가 전래되고 있다는 것이 정설이다. 서로 멀리 떨어진 지역들에서 이런 공통성이 발생했다는 것은 이동하기 전부터 이런 설화들을 갖고 있었다는 증거다. 난생 설화에는 알과 새가 등장하게 마련이다. 새와 고인돌 장례 풍습 사이에 어떤 관계가 있었다고 보지 않을 수가 없다. 새와 관계된 장례 풍습에 조장(鳥葬)이 있다. 따라서, 고인돌은 난생 설화·천손 설화·조장·수메르 인 등과 깊은 관계가 있었다고 볼 수 있다. 그러므로 이것들을 하나로 묶어 해석해 볼 필요가 있다.

홍수 시대의 아랄 지역에 새가 많았고, 이곳이 오리와 기러기의 산란지였다고 볼 수 있는 언어 증거들이 있다. 한국어 '닭'은 영어로 오리라는 말인 '덕(duck)'과 어원이 같다고 볼 수 있다. 한반도로 이주한 초기의 아리아 인들은 닭과 오리를 구별하지 않고, 둘 다 '덕(duck)'이라고 불렀던 데서 닭이란 말이 기원했다고 볼 수 있기 때문이다. 이것은 아랄 지역에 오리가 많았다는 증거가 될 수 있다. 한국어로 맛이 좋다는 말인 '구수하다'의 '구스'는 영어로 기러기라는 말인 '구스(goose)'와 어원이 같다고 볼 수 있다. 기러기류는 번식 후 털갈이를 할 때, 날개의 깃털까지 빠져 한동안 날지를 못하는 기간이 있다. 이 기간에 기러기를 많이 잡았고, 그 고기 맛이 너무 좋았기 때문에 '구수하다'라는 말이 생겼다고 볼 수 있다. 이것은 아랄 지역이 기러기의 산란지였다는 증거가 될 수 있다. 따라서 홍수 시대에 아랄 지역은 오리와 기러기의 산란지였다고 볼 수 있다.

신라의 수도였던 경주의 안압지(雁鴨池)는 기러기[雁]와 오리[鴨]의 연못이라는 뜻이다. 연못의 이름을 이렇게 지은 이유는 신라를 건국한 아리아 인·수메르 인은 그들의 원주지 아랄 지역에 기러기와 오리가 많다는 것을 알리며, 고구려와 백제의 유민들인 아리안 인과 수메르 인을 동향이라는 동질성으로 묶어 단합을 도모하기 위해서였다고 볼 수 있다.

아랄 지역에서 아리아 인과 수메르 인은 새들이 낳은 수많은 알에서 태어나는 생명의 세계를 눈여겨보게 되면서, 알을 생명의 근원으로 보는 난생 신앙을 갖게 되었다고 할 수 있다.

태양신 라(Ra)는 알알 문명에서부터 시작되었다고 볼 수 있다. 추운 겨울을 대비하기 위하여 많은 것을 준비해야 했던 수메르 인들과 아리아 인들은 태양이 사계절의 변화를 비롯하여 모든 자연 현상을 주관한다고 믿게 되면서, 태양을 신으로 섬기

게 되었다고 볼 수 있다. (93쪽. '라(Ra, Re)'는 아랄에서 기원한 '태양신' 이다. 참고)

　태양을 숭배하게 되고 알을 생명의 기원으로 보게 되면서 "죽은 사람의 영혼과 육체는 새의 먹이가 되어 새와 더불어 하늘에 올라가 태양신과 영적 교감을 하면 다시 새의 알로 되고, 그 알을 사람이 먹음으로써 다시 태어날 수 있다."라는 믿음을 갖게 되었다고 볼 수 있다. 이런 주장의 근거가 될 수 있는 기록들이 있다.

　중국 한(漢)나라 때 사마천이 쓴 『사기(史記)』「은본기」에는 은(殷)나라의 전신이었던 상(商)나라의 시조 설(契)은 그의 어머니 간적(簡狄)이 목욕을 나갔다 현조(玄鳥)가 낳은 알을 먹고 임신해 태어나게 되었다는 기록이 있고,「진본기」에는 진(秦)의 시조 대업(大業)은 그의 어머니 어수(女脩)가 베를 짜다 현조가 떨어뜨린 알을 삼키고 낳게 되었다는 기록이 있다.

　'태양'과 '알'에 대한 신비감과 윤회(輪廻) 사상이 결합되어 조장 풍습이 생긴 것이다. 그러므로 고인돌은 난생 신앙을 갖고 있던 수메르 인들이 조장(鳥葬)을 하기 위하여 축조한 제단이자, 뼈를 묻기 위한 무덤이었다고 볼 수 있다.

　북방식 고인돌들이 주로 언덕 위에 세워져 있는 것은 독수리와 까마귀 같은 새들이 많이 모여들게 하기 위해서였다. 받침대 돌들을 높이 세우고, 그 위에 받침대 돌들이 차지한 넓이보다 훨씬 더 넓은 하나의 편편한 뚜껑 돌을 얹은 까닭은 조장을 할 때 들짐승들이 뛰어 오르는 것을 막기 위해서였다. 세월이 흐르며 조장(鳥葬)보다 매장(埋葬)하는 풍습이 힘을 얻기 시작하면서 남방식 고인돌로 전환되기 시작했다고 볼 수 있다.

조장 풍습은 고대 페르시아의 조로아스터교(배화교)에서 행해졌다. 티베트에는 조장을 지금도 하고 있는 곳이 있다. '티베트'라는 말은 한국어 '텃밭'과 어원이 같다. 수메르 인들이 티베트로 이동해 조장 풍습을 전했다고 볼 수 있다.

고인돌은 집단 묘지였다.

수메르 인들은 사방으로 흩어져 이동한 초기에 각각의 이주지에서 형태가 비슷한 북방형 고인돌들을 축조했다. 이런 유사성은 아랄에서부터 고인돌을 축조하고 조장(鳥葬)을 하는 장례 풍속을 갖고 있었기 때문에 생길 수 있는 일이다. 그렇다면 수메르 인들의 원주지인 시르 다리아 강 유역에는 고인돌들이 많이 있어야 할 것인데 그렇지가 않다. 이유가 있을 것이다.

아랄 시절에 수메르 인들은 한 지역을 중심으로 그 일대에서 오래 살았고, 고인돌은 그들의 집단 묘지였기 때문에 그 수가 많지 않았다고 볼 수 있다. 고인돌이 집단 묘지였다는 증거를 프랑스에서 찾을 수 있다. 프랑스의 한 초기 고인돌에서는 성별이나 연령의 구분 없이 약 300여 개체의 뼈가 발견되었고, 수십 구가 발견된 것들도 있다.

수메르 인들이 이동한 뒤에, 시르 다리아 강 유역으로 이주한 아리아 인들이 고인돌들을 훼손시켰을 가능성이 크다. 또, 현재 아랄 지역을 장악한 알타이 어계 종족들이 그들의 매장 풍습인 쿠르간을 만들고 그 위를 덮기 위하여 고인돌에 쓰인 돌들을 사용했을 가능성도 크다. 훼손되지 않은 고인돌이 있어 그 축조

연대를 측정한다면, 세계에서 가장 오래된 것일 수도 있지만, 적어도 기원전 3000년 이전에 축조된 것들 일 것이다.

충북 제천시 황석리 고인돌에서, 아래턱뼈가 없는 것을 빼고는, 지금까지 고인돌에서는 유일하게 거의 완전한 형태의 두개골이 발굴되었다. (KBS 역사스페셜 98. 12. 5 참고) 그 모양이 장두형이다. 머리 모양이 원형에 가까운 단두형은 동양계고, 장구머리 장두형은 유럽계다. 기원전 5세기경의 짱구 '황석리인'은 무엇을 의미할까? 고인돌이 동양계 수메르 인의 유적이라면 어째서 아리아 인으로 보이는 장두형이 묻혔을까? 한반도에서 아리아 인들이 수메르 인을 지배했다고 볼 수 있는 언어 자취들이 있는 것으로 볼 때, (211쪽, 우두커니 서 있다. 참고) 아리아 인이 수메르 인 집단의 지도자가 되었던 것이 아닐까? 또는 혼혈로 인해 지도자가 장두형이었던 것은 아닐까?

황석리인이 아리아 인이란 증거는 없지만, 유럽계로 보이는 종족이 기원전 5세기 이전에 한반도로 이동했다는 사실을 확인할 수 있는 자료는 된다. 그러므로 황석리인은 대전제가 역사적 사실임을 입증하는 하나의 증거다.

프랑스에 있는 기원전 4000년 이전에 축조된 고인돌들은 고인돌 풍습이 발생한 초기에 아랄에서 프랑스로 이동한 수메르 인이 만들었다고 볼 수 있다. 왜냐 하면, 비슷한 시기의 것으로 보이는 단두형 두개골들이 알프스 일대에서 발굴되고 있는 것은 수메르 인들이 프랑스를 거쳐 알프스 일대로 이동했다는 증거가 될 수 있기 때문이다.

수메르 인이 세계 4대 고대 문명들을 창건했다.

수메르 인들은 선진 문명을 갖고 이동했다.

메소포타미아의 고대 문명을 탄생시킨 수메르 인이 동방계에 속하는 외래 종족이었고, 수메르 어가 1천여 년 이상 메소포타미아에서 중심 언어로 지속되었다는 것은 잘 알려진 사실이다.
수메르 인이 뛰어난 무기를 갖고 이주했다고 보기는 어렵고, 원주민보다 수가 많았다고 보기는 더욱 어렵다. 그런데도 수메르 인의 주도하에 새로운 문명이 탄생되었고, 수메르 어가 1천 년 이상 중심 언어로 지속되었다는 것은 수메르 인이 원주민보다 한 단계 앞선 문명을 갖고 메소포타미아로 이동했다는 뜻이다. 그렇지 않고는 새로운 문명의 탄생을 뜻하는 여러 징표들이 초기부터 갑자기 많이 나타날 수 없었을 것이다.
수메르 인이 선진 문명을 소지하고 이주했다는 것은 그들은 원주지에서 큰 집단을 이루고 있었다는 뜻이다. 작은 집단이었다면, 제법 컸었다고 볼 수 있는, 메소포타미아의 원주민 집단보다 앞선 문명을 가질 수가 없었을 것이다. 메소포타미아보다 한 단계 앞선 문명이 형성되어 있었던, 수메르 인들의 원주지는 어디였을까? 수메르 인이 동방계였다는 사실로 볼 때, 수메르 인의 원주지는 메소포타미아에서 먼 곳이었다. 먼 곳에서 큰 집단을 이루고 있었던 수메르 인들이 원주지에서 이동할 때 모두 메소포타미아로 이동했다고 보기는 어렵다. 일부는 다른 지역으로도 이동하여 문명을 탄생시켰을 것이므로 그 자취들이 어딘가에 또 있을 것이다.

고고학의 발달로 이집트·메소포타미아·인도·중국·그리스 등의 고대 문명들이 서로 유사한 형식의 신화와 종교 의식 등을 갖고 출발했다는 사실이 밝혀지게 되었고, 더불어 이들 고대 문명들을 탄생시킨 근원지가 있었다는 주장이 등장하게 되었다. 그러나 근원지에서 발생한 신화와 종교 의식 등이 멀리 떨어진 지역들로 전파되어 여러 고대 문명들을 탄생시키는 역할을 했다고 보기는 어렵다. 그러므로 근원지에서 이동한 종족들이 여러 고대 문명들을 탄생시켰다고 보지 않을 수 없다.

이 주장이 옳다면, 수메르 인들이 메소포타미아 문명을 탄생시켰듯이, 다른 고대 문명들도 수메르 인들이 탄생시켰다고 볼 수 있다. 그렇다면 고대 문명들이 남긴 전통 어휘들은 수메르 어일 것이다. 그러므로 그 전통 어휘들은 메소포타미아의 점토판에 기록되어 있는 수메르 어로 해석될 수 있을 것이다. 그런데 수메르 어로 해석된다는 이야기는 없다. 해석되지 않는 까닭은 점토판에 기록된 수메르 어는 상형 문자이어서, 문자의 뜻을 알 수는 있어도, 문자가 갖고 있는 원래의 소리를 제대로 알 수가 없기 때문이라고 할 수 있다.

이 문제를 해결할 수 있는 언어는 한국어다. 대전제에서와 같이 쓰리랑 즉 수메르 인들이 한반도로 이주했다면, 그들은 한국인의 뿌리가 되었고, 그들의 언어는 한국어의 뿌리가 되었을 것이다. 그러므로 한국어는 수메르 인들이 이동하여 탄생시킨 고대 문명들이 남긴 전통 어휘들을 해석할 수 있을 것이다.

한국어의 뿌리에 수메르 어가 있다는 사실에 확신이 가지 않는다면, 한반도의 지정학적 특성을 다른 지역들과 비교하여 살펴 볼 필요가 있다.

수메르 인들은 세계의 여러 고대 문명들을 탄생시켰지만, 동화되지 못하고 결국은 원주민이나 새로운 이주민들의 힘에 의해 밀려나게 되었다. 수메르 인들은 지배 계층이었기 때문에 살기 위해 이동하지 않을 수 없었다. 황하를 지배했던 수메르 인들은 한반도로 대거 이동했다. 나일·유프라테스와 티그리스·인더스 강을 지배했던 수메르 인들은, 이들 지역들에는 한반도와 같은 배수진이 쳐진 피난처가 없어, 밀리면 다시 이동하며 다른 종족들과 접촉 기회가 많아 순수성이 차츰 사라지게 되었다. 하지만, 한반도에는 밀릴 곳이 없어 사수하지 않을 수 없었기 때문에 순수성이 유지될 수 있었다. 그래서 한국어의 뿌리에는 수메르 어가 있는 것이다. 그러므로 한국어는 수메르 인들이 이동하여 탄생시킨 고대 문명들이 남긴 어휘들을 해석할 수 있는 것이다. 이런 역사가 있었기 때문에 이런 해석이 가능한 것이다. 역사학계가 지금까지 이런 시각으로 고대사를 보지 못했던 것이지 해석이 잘못된 것은 아니다. 증거가 없는 것이 아니다. 이 많은 증거를 갖고도 인정할 수 없다면, 이 주장을 부정할 수 있어야 할 것이다. 하지만, 그리스 알파벳을 비롯하여 세계의 고대 문명들이 남긴 어휘들이 한국어로 자연스럽게 해석되는 것을 누구도 부정하기는 어려울 것이다.

1) 이집트로 이동한 수메르 인

호루스(Horus) 신화의 셋(Seth)은 수메르 인이다.

이집트의 통일 신화인 '호루스 신화'를 요약하면 다음과 같다.
【땅의 신과 하늘의 여신이 낳은 오시리스(Osiris)는 인자한 왕으로서 이집트를 미개에서 문명으로 이끈 신이다. 이를 시기한 동생 셋(Seth)은 형 오시리스를 위계로 살해하여 나무 상자에 넣어 나일 강에 띄워 버렸다. 오시리스의 아내 이시스(Isis)는 이 상자를 페니키아의 비블로스 항구에서 찾아 가지고 이집트로 돌아와 소생시키고, 호루스(Horus)를 낳게 되었다. 이것을 알게 된 셋은 오시리스를 찾아내어 다시는 소생하지 못하도록 그의 시체를 잘게 절단하여 이집트 전역에 뿌렸다. 그러나 이시스는 헌신적으로 남편의 흩어진 조각들을 모아 다시 소생시켜 명계의 왕이 되게 했다. 오시리스의 아들 호루스는 어머니 이시스의 비호 아래, 셋을 물리치고 신들로부터 정통성을 인정받아 통일 이집트의 왕이 되었다.】 (주 2-1)

신화는 역사의 압축이었다. 문자가 없었던 시절에 긴 역사를 전할 방법이 마땅치 않았기 때문에 압축은 피할 수 없는 선택이었다. 흥미를 돋굴 수 있는 적절한 비유가 역사의 압축에 활용됨으로써, 신화는 생명력을 갖게 되었다. 따라서 신화 속 역사의 압축을 풀 수 있다면, 잊혀진 역사를 찾을 수 있을 것이다.

문제는 압축을 풀 수 있는 키워드다. 신화마다 발생한 지역이 다르기 때문에 키워드가 다를 것 같지만 그렇지가 않다. 하나의 문명권에서 출발한 종족들이 이동하여 고대 문명들을 탄생시키는 주체가 되었기 때문에 공통의 키워드가 있는 것이다. 이 공통의 키워드는 아리랑과 알파벳이다. 아리랑과 알파벳의 뜻이 해석됨으로써 고대 문명들의 건국 신화에는 아랄에서 이동한 수메르 인(쓰리랑)이나 아리아 인(아리랑) 또는 둘 다의 자취가 있다는 것이 확인되기 때문이다.

호루스 신화의 셋(Seth)을 수메르 인으로 보면, 수메르 인아 이집트로 이주하였다가 쫓겨나기까지의 역사가 호루스 신화애 압축되어 있다는 것을 알 수 있다.

호루스는 머리 모양이 매인 신이다. 수확기에 곡물에 피해를 주는 새들을 매가 잡아먹기 때문에 농경아 위주였던 종족들이 매를 토템으로 했다고 볼 수 있다. 따라서 호루스는 나일 강 유역에서 농경을 하던 원주민들이 섬겼던 신이었다고 볼 수 있다. 셋은 당나귀·개·재칼 등 여러 짐승의 모양을 조합하여 만든, 가공의 동물 모양의 신이다. 셋은, 그 모양으로 볼 때, 이집트로 침입한 외래 유목민들이 그들 부족들의 상징이었던 동물들의 모양을 조합한 신이었다고 볼 수 있다. 여기에 기초하여 호루스 신화를 역사로 복원시키면 다음과 같은 추리가 가능하다.

"기원전 3300년경 수메르 인이 나일 강 유역으로 침입하여 이집트를 지배하기 시작했다. 수메르 인의 힘에 밀려 흩어졌던 원주민들이 호루스를 주축으로 나일 강 상류 지역에서 힘을 모아, 하류 지역의 수메르 인을 징벌하고, 기원전 3100년경에 이집트를 통일시켰다."

호루스 신화의 '셋'은 『성경』에 나오는 아담과 이브의 셋째 아들 '셋'과 이름이 같다. 이스라엘의 선조인 아브라함은 셋의 후예로서 메소포타미아의 갈대아 우르에서 가나안으로 이주했다. 가나안으로 이주한 시기는 수메르 인들의 도시 국가들이 멸망한 이후였다고 볼 수 있다. 그러므로 아브라함의 일행은 메소포타미아로 이주한 수메르 인의 후손으로서, 수메르 도시 국가들의 유민이었을 가능성이 있다. '셋'이란 공통성에 근거하여 이집트와 가나안의 전통 어휘들을 한국어로 해석해 보면 뜻들이 상통한다. 이것은 한반도로 이동한 대전제 속의 수메르 인 즉 쓰리랑의 선조는 호루스 신화의 셋, 아브라함의 선조인 셋과 기원이 같다는 증거다. (주 2-2, 주 3-2 참고)

'나일'은 한국어의 '내'와 어원이 같다.

이집트의 나일(Nile) 강과 시나이(Sinai) 반도, 서유럽의 라인(Rhein) 강과 세느(Seine) 강, 아프리카 중서부의 니제르(Niger) 강과 세네갈(Senegal) 강, 한국의 낙동강과 섬진강, 이 이름들 속에는 몇 개의 공통성이 있다. (1) 각 지역의 두 강은 그 지역을 대표하는 강들이다. '시나이'는 시나이 산에서 시나이 반도의 중심을 통과하여 지중해로 흐르는 강의 옛 이름이었다고 볼 수 있다. (2) 큰 강들의 이름인 '나일·라인·니제르·낙동강'은 '나(na)'로 시작된다. '라인(Rhein)'은 '나인'으로 읽을 수 있고, '니제르(Niger)'는 '나이지리아(Nigeria)'처럼 '나이저'로 읽을 수 있기 때문이다. (3) 작은 강들의 이름인 '시나이·세느·세네갈

·섬진'에는 'ㅅ(s)'과 'ㄴ(n)'의 소리가 있다. '섬진(蟾津)'의 '진(津)'은 '나루 진'이므로 '섬진'은 이두로 '섬나'로 읽을 수 있기 때문이다. 이렇게 큰 강들은 큰 강들끼리, 작은 강들은 작은 강들끼리 이름이 비슷한 이유는 무엇일까?

우연이라고 할 수도 있지만, '나이·라이·나이'는 한국어 '내'와 어원이 같고, '시나이·세느·세네'는 '내'보다 작은 물줄기를 이르는 말인 한국어 '시내'와 어원이 같다면, 사정이 달라진다. 이 이름들은 한 언어권의 종족들이 한국을 비롯하여 이들 각 지역으로 이주하여 큰 강을 '나이'로 작은 강을 '시나이'로 불렀던 데서 유래된 것이다. 이 주장을 뒷받침할 수 있는 자료들이 이들 각 지역의 전통 어휘들과 전설 속에 남아 있다.

요르단 강 유역에 있는 '갈릴리(Galilee)'의 '갈', 아프리카 중서부에 있는 '세네갈'의 '갈', 세느 강과 라인 강 일대의 옛 이름인 '골(Gaul, Gallia)' 등은 한국어의 '고을'과 어원이 같다고 볼 수 있다. 한국어 '고을'은 옛날에 그 지역을 관할하는 관청이 있던 곳을 이르던 말이다.

요르단 강 서쪽의 '사마리아(Samaria)'와 아프리카 중동부의 '소말리아(Somalia)'는 '수메르(Sumer)'와 소리가 비슷한 것으로 볼 때, 수메르 인들이 이동하여 남긴 지명이라고 할 수 있다.

나이지리아의 북부에 있는 도시인 카노(Kano)에 전해져 오는 전설에 의하면, 먼 옛날에 가야(Gaya)족의 카노(Kano)라는 대장장이가 철을 찾아 이곳에 와서 이 도시를 최초로 건설했다고 한다. 카노의 동쪽에 '가야'라는 작은 도시가 있다. 이 지역에 있는 하우사 족의 전설에 의하면, 하우사 족 선조의 이름이 '아부이아지두(Abuyazidu)'라고 한다. '아부이아지두'는 한국어로

'아버이 아지두'라고 해석된다. (주 2-3)

'가야'라는 이름은 한국의 낙동강 유역과 인도의 갠지스 강 유역에도 있다. 수메르 인들이 한국·인도·나이지리아로 이동하여 가야라는 이름을 남겼다고 볼 수 있다.

'이집트(Egypt)'의 어원은 '에아의 집터'다.

'이집트'의 어원은 대양(大洋)의 신(神)인 에아(Ea)가 사는 집터라는 뜻인 '에아의 집터'다. 나일 강의 위용과 풍요로움이 수신(水神) 에아의 이미지와 어울린 것이다. '이집트'라는 말이 한국어로 해석되는 것은 이집트 문명이 남긴 전통 어휘들의 어원이 수메르 어라는 뜻이다. 수메르 인들이 이집트로 이동하여 이집트 문명의 기초를 다졌고, 비슷한 시기에 동쪽으로 이동한 수메르 인들이 황하 유역에 머물다가 그 일부가 한반도로 이주하여 한국인의 한 뿌리가 되었기 때문에, 한국어는 이집트 문명이 남긴 전통 어휘들을 해석할 수 있다.

고대 문명들이 남긴 전통 어휘들은 당시의 종교와 깊이 연관되어 오래도록 사용되었기 때문에, 많은 세월이 흘렀지만 원형이 잘 보존되어 있어 지금도 해석이 가능한 것이다.

'피라미드(pyramid)'의 뜻은 '위대한 태양신 뫼터'다.

'피라미드'의 어원은 영어로 기압계·표준·척도라는 말인

'바로미터(barometer)'와 같다고 볼 수 있다. 왜냐 하면, '피라미드'와 '바로미터'에서 '피'와 '바'는 '위대한'이란 뜻이고, '라'와 '로'는 태양신을 뜻하고, '미'와 '미'는 한국어의 '뫼'로서 산 또는 무덤이라는 뜻이고, '드'와 '터'는 한국어의 '터'와 어원이 같다고 볼 수 있기 때문이다. 따라서, '피라미드'와 '바로미터'의 뜻은 '위대한 태양신 뫼 터' 즉 '위대한 태양신을 모시는 무덤 터'이다. '피라미드'와 '바로미터'는 영어로 최고 권력을 쥔 군주라는 말인 '파라마운트(paramount)'와 어원이 같다. '파라마운트'는 '위대한 태양신의 산봉우리' 즉 '가장 높은 산봉우리'라는 뜻이다. '피라미드'와 '바로미터'는 종족의 중심지였고, 종교와 권력의 중심지였기 때문에, 이곳에서 모든 결정이 이루어졌고 그 결정은 모든 가치의 기준이 되었다. 그래서 '바로미터'에 '표준·척도'라는 뜻이 생긴 것이다.

'파라오(Pharaoh)'의 뜻은 '위대한 태양신'이다.

'파라오(Pharaoh)'는 고대 이집트 국왕들의 칭호다. 파라오의 뜻은 '위대한(pha) 태양신(ra) 오(oh)'다. '오(oh)'는 존칭으로 볼 수 있다. '파라(Phara)'라는 말은 그리스의 아테네에 있는 '파르데논(Parthenon)신전'의 '파르'와 어원이 같다고 볼 수 있다.
위대한 태양신이란 말인 '파라(phara)'는 한국어의 '파란'과 어원이 같다. 구름 한 점 없는 '파란 하늘'이라는 말은 '위대한 태양신의 하늘'이라는 뜻이다. 한국어의 '푸른 들'의 '푸른'은 '풀과 같은 색'이라는 말이다. 그러므로 '파란'과 '푸른'은 분명히 구별되는 말이다. 파란색은 청색이고, 푸른색은 녹색이다.

'라(Ra, Re)'는 아랄에서 기원한 '태양신'이다.

이집트 신화에서 태양신 '라'는 이집트 원래의 신이 아니라고 보는 것이 학계의 정설이다. 그렇다면 '라'의 기원은 어디였을까? '라'는 이집트로 이동한 수메르 인이 아랄에서부터 섬겼던 태양신의 이름이었다고 볼 수 있다.

농경이 발달하지 못했던 원시 시대에는 식량 자원이 부족하여 한 지역에서 큰 집단이 유지되기가 어려웠기 때문에, 각 집단들은 서로의 토템을 중심으로 결속하며 다른 집단들을 배척하는 특성이 강했다. 이런 환경 속에서 모든 집단들에게 평등하게 적용될 수 있는 보편성과 절대성이 강한 태양신 숭배가 나왔다는 것은 종교적·정치적 통일을 이룩한 대변혁이 그 사회에 있었다는 뜻이다. 이집트 통일 신화에서 주인공 호루스가 매의 형상이었다는 것은 이집트의 원주민 집단들이 종교적·정치적 통일을 이룩하지 못한, 토템 수준의 단계에 있었다는 뜻이다. 그러므로 태양신 '라'는 이집트에서 자연 발생했다고 볼 수 없다. 아랄 이외의 지역에서 태양신 '라'의 개념이 발생하여 이집트로 전파되었다고 보기도 어렵다. 아랄 해 일대로 이주한 잡다한 여러 작은 집단들이 아리아 인과 수메르 인이란 두개의 거대 집단으로 통일되며 성장하는 과정의 고뇌 속에서 태양신 '라'가 태어났다고 보아야 한다.

이집트가 침략자인 수메르 인의 종교를 배척하지 않고 통일

후에도 받아들인 데는 이유가 있었을 것이다. 우주적 보편성을 띤 태양신을 숭배하는 수메르 인의 종교가 이집트 원래의 종교보다 통일 이집트를 통치하는데 더 우수했고, 수메르 인이 이집트를 지배한 기간이 길어서 수메르 인의 종교가 이집트의 중심 종교로 자리잡혀 있었기 때문이었다고 볼 수 있다.

'눈(Nun, Nu)'은 한국어의 '눈[雪]'과 어원이 같다

'눈(Nun, Nu)'은 이집트 신화에서 태양신 라(Ra)의 아버지이고, 세상을 온통 에워싸고 있는 원초의 물이며, 강과 비의 근원인 물의 신이다. '눈(Nun, Nu)'은 한국어의 '눈'과 어원이 같다고 볼 수 있다. 이러한 눈의 개념은 이집트에서 생겼다고 보기가 어렵다. '눈'은 아랄에서 수메르 인들이 하늘에서 내려오는 눈이 녹아 물이 되는 것을 보며, 하늘이 눈으로 가득 차 있다고 생각하고, 강과 비의 근원이 되는 물의 신을 '눈'이라고 이름했던 데서 유래되었다고 볼 수 있다. (37쪽 '뉴' 참고)

'테베(Thebes)'는 '태백(太白)'과 어원이 같다

테베는 나일 강 중류에 있는 고대 도시의 이름이다. 수메르 인이 이집트를 지배했던 지역은 나일 강의 삼각주에서부터 적어도 테베에 이르렀다고 볼 수 있다. 왜냐 하면, '테베'는 수메르 어로 볼 수 있기 때문이다. 테베라는 지명은 그리스에도 있다.

'테베'는 '티베트(Tibet) 고원'의 '티베트', 한국에 있는 '태백산'의 '태백'과 기원이 같다고 볼 수 있다. '테베'의 '테'는 중국의 산동성에 있는 '타이산[泰山]'의 '타이', 한국어의 '터'와 어원이 같다고 볼 수 있다.

'테베'는 한국어로 '토대가 되는 밭'이란 말인 '텃밭'과 어원이 같고, 수메르 인들이 자신들의 중심지를 가리키던 말이었다고 볼 수 있다. 수메르 인들은 강의 중상류 쪽에 있는, 산으로 둘러싸여 있어 입구만 막으면 방어하기 좋은 넓은 골짜기를 종족의 중심지로 삼는 전통이 아랄 지역에서부터 있었다고 볼 수 있다. 따라서, 이집트와 그리스의 '테베'는 수메르 인들의 중심지였다고 볼 수 있다.

'피닉스(phoenix)'는 '프랑스'·'파랑새'와 기원이 같다.

이집트 신화에서 불사조로 등장하는 피닉스는 아라비아 사막에 오직 한 마리밖에 살지 않으며, 500년 또는 600년마다 스스로 향목의 가지를 쌓아올려 태양으로 점화한 다음 깃으로 부채질하여 타죽고, 그 재 속에서 다시 젊음을 되찾아 살아난다는 영조(靈鳥)다.

피닉스는 아라비아 사막에만 살았던 것은 아니다. 피닉스는 태양신 라와 더불어 난생 신앙의 진원지인 알알 문명에서 시작하여 수메르 인과 아리아 인의 이동과 더불어 이집트, 아라비아, 프랑스, 중국, 한국 등으로 이동했다고 볼 수 있다. 왜냐 하면, 중국은 피닉스를 '현조(玄鳥)' 또는 '봉황(鳳凰)'으로 기록했고,

한국에서 피닉스는 길조를 상징하는 '파랑새'가 되었고, 피닉스는 서유럽으로도 날아가 '프랑스(France)'가 되었다고 볼 수 있기 때문이다. 그러므로 '피닉스·현조·봉황·파랑새·프랑스'는 알알 문명의 신화에서 기원했고, 임금의 탄생과 관계된 새였다.

81쪽에서 이야기하였듯이 『사기』「은본기」에는 은(殷)나라의 전신인 상(商)나라의 시조 설(契)은 그의 어머니 간적(簡狄)이 목욕을 나갔다가 현조가 낳은 알을 먹고 임신해 태어나게 되었다는 기록이 있고, 「진본기」에는 진의 시조 대업(大業)은 그의 어머니 여수(女脩)가 베를 짜고 있다가 현조가 떨어뜨린 알을 삼키고 낳았다는 기록이 있다. 이러한 난생 설화가 있었다는 것은 이러한 이야기를 긍정적으로 수용할 수 있는 사회적 분위기가 형성되어 있었다는 뜻이다. 이것은 반고(盤古) 신화, 태양신 숭배, 난생 신앙 등과 같은 알알 문명의 우주관과 종교관이 당시 중국 사회의 저변에 깔려 있었다는 뜻이다.

현조(玄鳥)를 제비로 해석하는 것은 설득력이 없다. 한자가 사용되기 이전부터 전해져 오던 말의 소리와 뜻을 둘 다 살려 한자로 표기할 수는 없었다. '현조'는 '피닉스(phoenix)'의 소리에, '봉황'은 '피닉스'의 뜻에 더 치중하여 한자화한 이름이다.

'피닉스(phoenix)'의 어원은 '파(p) 호에닉(hoenic) 새(s)'이고, 뜻은 '위대한(p) 햇님(hoenic) 새(s)'라고 할 수 있다. '프랑스'와 '파랑새'의 어원은 '파라(Pa Ra) 새'이고, 뜻은 '위대한 태양신의 새'라고 할 수 있다. 피닉스는 수메르 어에서, 프랑스와 파랑새는 아리아 어에서 기원했다고 볼 수 있다.

한국어의 '보라매'는 '바라(BaRa) 매' 즉 '위대한 태양신의 매'

라는 뜻이다. 그러므로 보라매는 파랑새와 피닉스에 상응하는 태양신의 새를 뜻했다고 할 수 있다.

그리스 신화에서 테베의 스핑크스는 날개가 있는 것으로 볼 때, '스핑크스(sphinx)'는 '새로운'이라는 뜻인 '스(s)'가 '피닉스(phoenix)'와 결합된 복합어였고 그 뜻은 '새로운 피닉스'였다고 할 수 있다.

이집트 문명이 수메르 문명보다 먼저 탄생했다.

기원전 3100년경부터 시작되는 이집트 문명은 탄생의 여명기에 수메르 문명의 영향을 많이 받았다고 보는 것이 일반적인 정설이다. 두 문명의 초기 단계에 공통적으로 나타나고 있는 '원통형 도장·연와 건축·예술상의 동일 주제·문자 구조의 유사성' 등은 수메르 문명의 영향으로 이집트에서 발생했다고 보고, 역사가들이 수메르 문명의 손을 들어주고 있는 것이다. 서로 멀리 떨어진 두 지역에서 문명이 탄생되는 시작 단계에 한두 분야도 아니고 여러 분야에서 동일한 발상들이 우연히 발생했다고 보기는 어렵기 때문이다.

그러나 알알 문명의 입장에서는 아랄에서 이동한 수메르 인들이 이집트 문명과 수메르 문명을 둘 다 창건했기 때문에, 두 문명의 초기 단계에 상호 유사성이 생겼다고 본다. 오히려 이집트 문명이 수메르 문명보다 먼저 탄생했다고 볼 수 있는 몇 가지 이유들이 있다.

(1) 21쪽 "수메르 인이 이집트 문명을 탄생시켰다."에서 이야

기를 한 것과 같이, 아랄 지역의 남부 산악 지대를 통과하여 메소포타미아로 가는 지름길은 당시에는 원시 상태이어서 험난하여 이용이 어려웠기 때문에, 수메르 인들이 흑해와 지중해 연안을 따라 이동했다면, 수메르 인들은 메소포타미아보다 이집트로 먼저 이동했을 가능성이 더 높다.

(2) 이집트에서 기원전 3300년경부터 기원전 3100년경 사이에 있었던 정치적 혼란은 원주민과 수메르 인의 싸움으로 발생했다고 볼 수 있다. 따라서, 수메르 인이 이집트로 이주한 시기는 기원전 3300년경 이전일 것이다. 메소포타미아에서 수메르 문명이 시작된 상한 연대는 기원전 3200년경이다. 그러므로 수메르 인들이 이집트 문명을 탄생시킨 것이 사실이라면, 이집트 문명이 메소포타미아 문명보다 적어도 1백년 이상 먼저 시작되었다고 볼 수 있다.

(3) 지중해 동쪽 연안을 따라 이동한 수메르 인의 수는 이집트와 메소포타미아를 동시에 지배할 만큼 많았다고 보기가 어렵기 때문에, 두 문명이 동시에 시작되었다고 볼 수 없다. 이집트로 먼저 이주했다고 볼 수 있는 증거를 두 지역에 남아 있는 전통 어휘들에서 찾을 수가 있다. 이집트의 전통 어휘들 중에는 한국어와 친근한 것들이 많이 있지만, 메소포타미아에는 별로 없다. 이 차이는 메소포타미아의 역사가 갖고 있는 다원성으로 인해 초기 수메르 어의 전통 어휘들이 차츰 소멸되었기 때문에 생겼다고 볼 수 있다. 하지만, 더 큰 원인은 수메르 인들이 이집트로 이동한 뒤에 많은 세월이 흘러 알알 문명의 원색을 잃은 상태에서 쫓겨나 메소포타미아로 이동하여 수메르 문명을 탄생시켰기 때문이라고 할 수 있다.

2) 메소포타미아로 이동한 수메르 인

　메소포타미아의 수메르 어와 한국어가 같은 계통이라고 주장하는 한국 학자들이 있다. 수메르 어는 한국어와 같은 교착어로서 문법 구조에 친근성이 있기 때문이다. 그러나 아직 확실한 증거가 없어 정설이 되지는 못하고 있다. 하지만, 이 주장들은 수메르 어와 연관성을 갖고 있는 언어는 현존하지 않는다고 보아 온 세계언어학계의 견해가 잘못되었음을 알리는 신호다.
　수메르 문명을 일으킨 '수메르 인'과 한반도의 '쓰리랑'이 같은 언어권에서 출발한 종족들이었다는 것을 비교언어학적으로 증명하기 위해서는 상형 문자로 기록된 초기 수메르 어 어휘들의 원래 소리를 찾아야 한다. 원래의 소리를 찾기 위해 기대해 볼만한 유일한 길은 상형 문자로 기록된 초기 수메르 어를 한국어로 해석해 보는 것이다.
　수메르 어는 주로 동방계 종족들의 여러 언어가 아랄에서 융화되며 새롭게 형성된 언어였다. 따라서 수메르 어는 알타이 어계 언어들과도 친근성이 있을 것이다. 그러나 알타이 어계 언어들은 북부 아시아의 광활한 초원 지대에 흩어져 살았던 종족들에 의해 개별적으로 형성되었기 때문에, 일찍이 아랄에서 여러 언어들이 융화된 언어인 수메르 어와는 차이가 많다고 볼 수 있다. 그러므로 한국어를 제외한 다른 알타이 어계 언어들에도 수메르 어와 상통하는 어휘들이 있겠지만 그 수는 적을 것이다.

지구라트(Ziggurat), 티그리스(Tigris)와 유프라테스(Euphrates)

메소포타미아 문명의 상징인 '지구라트(Ziggurat)'는 종교적인 행사를 위한 제단이었다고 볼 수 있다. 조장 풍습을 갖고 있었던 수메르 인들이 벽돌을 높이 쌓아 고인돌을 만들기 시작한 것에서부터 지구라트가 유래되었다고 볼 수 있다. 바벨(Babel) 탑은 지구라트의 일종이다.

'Ziggurat'의 'Ziggu'는 '지오(Zio) 신(god)', 'ra'는 '태양신', 't'는 '터'라고 할 수 있다. 그러므로 지구라트는 군신(軍神) '지오'를 섬기던 신전이었다고 볼 수 있다.

티그리스(Tigris)와 유프라테스(Euphrates) 두 강의 이름이 『성경』에 있는 것으로 볼 때, 이 이름들은 수메르 어일 수 있으므로, 한국어는 이 이름들을 해석할 자격이 있다. '티(t)'는 '이집트'의 '트'나 '테베'의 '테'와 같이, 한국어 '터'와 어원이 같다고 볼 수 있다. 그러므로 '티그리스'는 '터 그리스', '유프라테스'는 '유프라 터'다. '그리스(gris)'는, '그리스(Greece)'와 어원이 같다고 할 수 있는, 영어로 '각하'라는 말인 'Grace'와 어원이 같다고 볼 수 있다. 따라서, '티그리스'의 뜻은 '임금의 터'라고 할 수 있다. '유프라'는 '위대한 태양신'이란 말인 '아 파라'와 어원이 같다고 보면, '유프라테스'의 뜻은 '위대한 태양신의 터'다.

메소포타미아의 전통 어휘들에는 수메르 어와 아리아 어가 혼합되어 있다고 볼 수 있다.

3) 중국으로 이동한 수메르 인

동쪽으로 이동한 수메르 인들은, 메소포타미아로 이동한 수메르 인들이 수메르 문명을 탄생시켰듯이, 황하 문명의 탄생에 주도적인 역할을 했다고 보지 않을 수가 없다. 수메르 인들이 황하 유역으로 이주한 시기는 이집트와 메소포타미아로 이동한 시기와 비슷할 것이다.

중국의 삼황 시대는 수메르 인이 이주한 시대였다고 볼 수 있다. 왜냐 하면, 삼황에 대한 설이 몇 개 있지만, 한나라의 사마천이 쓴『사기』에 당니리의 사마정이 보필한「삼황본기」에 나오는 삼황의 이름인 '수인씨·복희씨·여희씨(여와씨)'는 수메르 어에서 기원했다고 볼 수 있기 때문이다.

'수인씨(燧人氏)'는 중국 역사에 최초로 등장한 황제의 이름이다. '수인씨(燧人氏)'는 '수메르 인'이라는 말을 한자로 표기한 것으로 볼 수 있다. 왜냐 하면, '부싯돌 수(燧)'자가 뜻하는 바와 같이 수인씨가 불을 만드는 방법과 여러 가지 조리법을 전했다고 전해진다는 것은, 수인씨가 뛰어난 발명가였다는 뜻이 아니고, 황하 유역보다 앞선 문명 지역에서 많은 새로운 기술을 갖고 이주해 왔다는 뜻으로 볼 수 있고, 당시 그럴만한 종족은 수메르 인밖에 없었기 때문이다.

'복희씨(伏羲氏, 庖犧)'의 출신지는 지금의 감숙성(甘肅省)이다. 출신지가 황하 문명의 중심에서 서쪽으로 멀리 떨어져 있는 황하 상류 지역이라는 기록과 이주한 시기로 볼 때, 복희씨는 아랄에서 이동한 수메르 인이었다고 볼 수 있다. '복희(伏羲)'는 '엎드려 숨을 쉬다'는 뜻이고, '포희(庖犧)'는 '주방에서 희생의 제물을 준비하다'라는 뜻이라고 할 수 있으므로, '복희'와 '포희'를 하나로 연결하여 의역하면 "신에게 엎드려 희생의 제물을 바치는 제사를 지내다."라는 뜻이 된다. 신에게 엎드려 절하는 풍습이 이때 전래되었다고 볼 수 있다. '伏'자 대신 '宓'자를 쓰기도 했다. '宓'자의 음은 '복' 또는 '밀'이다. 그러므로 '복희씨'를 '밀희씨(宓羲氏)'라고도 했다면, '수인씨'와 '밀희씨'를 합한 '수밀희씨'는 '수메르 인'이라는 뜻이다.

  '여와씨(女媧氏)'는 '여희씨(女希氏)'라고도 한다. '여와'와 '여희'는 히브리어로 '전능하신 신'이라는 말인 '여호와(Jehovah)'·'야훼(Yahweh)'와 소리가 비슷하다. '여와'는 '여호와', '여희'는 '야훼'와 더 비슷하다. 히브리 어의 어휘가 중국 황제의 이름에 있다. 이것은, 잘못된 해석이 아니고, 히브리 족은 수메르 인이고 수메르 인이 중국의 삼황 시대를 지배했다는 증거다. 중국 황제의 이름에 '여호와'와 '야훼'란 호칭이 둘 다 있었다는 것은 아랄 시절부터 이 두 호칭이 있었다는 뜻이다. 한자 표기에 여(女)자가 있는 것은 수메르 인이 여신을 섬겼다는 의미로 볼 수 있다.

  황하 유역으로 이주한 수메르 인이 남긴 어휘들은 한자로 표기되면서 원래의 소리를 잃어 그 흔적을 찾기가 어렵지만, 중국 산동성에 있는 '타이산[泰山]'의 '타이'는 한국어의 '터'와 어원이 같다고 볼 수 있다. 수메르 인들은 타이산을 중심으로 중원을 지배했었다고 볼 수 있다. 그래서 산동성에는 고인돌들이 있는 것이다.(지금은 이 지역에서 고인돌을 찾기가 어렵다고 한다.)

산동성(山東省) 거현(莒縣) 능양하(陵陽河)의 대문구(大汶口) 문화 말기 유적지에서 아래 그림과 같은 문양이 새겨진, 기원전 2500~기원전 2000년경의 것으로 추정되는, 팽이 모양의 토기가 발굴되었다. 누가 봐도 이 문양은 '산·구름·태양'을 그린 것이다. 문제는 누가 왜 이런 문양을 그려 넣었냐는 것이다. 부근에서 같은 문양의 토기가 11개나 발굴이 된 것으로 볼 때, 이 문양에 특별한 뜻이 있었다고 볼 수 있다. 일부 중국학자들은 이 문양을 한자의 초기 형태라고 주장하지만, 이 문양에 어떤 뜻이 담겨있는지를 분명하게 밝히지 못하고 있다.

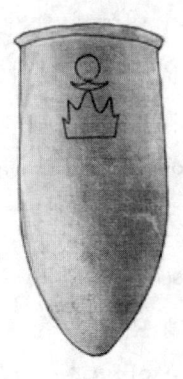

팽이형 토기는 한반도의 청천강 이남에서부터 한강 이북 지역에서 발굴된 기원전 3000~기원전 2000년경의 유적에서도 나왔다. 이 지역의 북방형 고인돌들은 수메르 인들에 의해 축조되었다고 볼 수 있다. 팽이형 토기와 고인돌이 비슷한 시기에 같은 지역에 있었던 것으로 볼 때, 팽이형 토기는 수메르 인이 만들었다고 볼 수 있다. 따라서 산동성의 팽이형 토기들도 수메르 인이 만들었다고 볼 수 있다. 그러므로 토기의 문양은 수메르 인과 관계가 있다고 볼 수 있다. 그렇다면 문양과 수메르 인 사이에 어떤 관계가 있었을까? '수메르'란 말의 '수'는 '새로운'이란 뜻이고, '메'는 '산', '르'는 태양신 '라'라고 볼 수 있으므로, '수메르'의 뜻은 팽이형 토기에 그려져 있는 '산·구름·태양'과 상통한다. 따라서 팽이형 토기의 문양을 의역하면 '날마다 새롭게 수미산(須彌山, Sumeru)에서 솟아오르는 태양신 라(Ra)'가 되므로, 이 문양은 '수메르 인'을 상징했다고 볼 수 있다. 그러므로 이 팽이형 토기의 문양은 수메르 인들이 기원전 2500~기원전 2000년경, 아리아 인들이 이동해 오기 전, 산동 반도 일대에서 큰 세력을 형성하고 있었다는 하나의 증거가 된다.

 이 문양이 한반도에서 발굴되는 팽이형 토기에는 없고, 이곳에만 있는 까닭은 무엇일까? 어쩌면 이 문양은 '좋은 태양'이라는 뜻인 '조선(joy sun)'을 상징하는 표식이었다고 볼 수도 있다. (121쪽 '조선'은 '조이선(joy sun)'이다. 참고) 이 지역으로 이주한 아리아 인들이 팽이형 토기에 이 문양을 그려 넣었다고 볼 수도 있기 때문이다. 따라서 이곳이 고조선의 첫 도읍지였다고 주장하는 설도 있다. 개연성은 있지만 확증이 없다.

 황하 문명의 탄생이 이집트나 메소포타미아보다 늦었던 것은 수메르 인들의 이동이 늦었기 때문이 아니다. 비슷한 시기에 이동했으나, 태풍의 영향으로 황하 유역에서는 대규모적인 집단 농경이 일찍부터 발달하지 못해, 큰 집단이 형성되지 못했기 때문이었다고 볼 수 있다.

4) 인도로 이동한 수메르 인

　인더스 문명은 기원전 2500년경부터 기원전 1500년경까지 인더스 강 유역에 있었던 고대 문명이다. 이 고대 문명은 기원전 1500년경에 인도로 이동한 아리아 인들에 의해 붕괴되었다는 것이 정설이다. 어떤 종족이 인더스 문명을 일구었었을까? 이 수수께끼의 해답은 인도 남부 내륙 지방에 주로 살고 있는 드라비다 족의 언어인 드라비다 어에서 찾을 수 있다.
　드라비다 어는 한국어와 비슷한 점이 많다고 알려졌다. 문장 순서가 같고, 토씨가 있고, 기초 어휘들 중에는 한국어와 같거나 비슷한 것들이 많아 기원이 같다는 주장이 있다. (주 1-5 참고)
　두 언어의 이러한 친근성을 설명하려면, 인도로 이동한 수메르 인의 언어는 드라비다 어의 뿌리가 되었고, 한반도로 이동한 수메르 인의 언어는 한국어의 뿌리가 되었다고 보아야 한다.
　수메르 인들은 어떤 경로를 따라 언제 인더스 강 유역으로 이동했고, 인더스 문명이 메소포타미아의 수메르 문명보다 500여 년 늦었던 이유는 무엇이었을까?
　수메르 인들이 동시에 아랄에서 사방으로 모두 이동했다고 볼 수는 없다. 수메르 인들이 이집트에서 밀려나면서부터 서쪽으로의 이동이 어려워졌고, 동쪽으로의 이동도 정체되면서 남쪽으로의 이동이 시작되었다고 볼 수 있다. 이런 연유로 인더스 문명이 다른 문명들에 비해 늦었다고 볼 수 있다. 수메르 인들은 이란과 접경한 아프가니스탄 남부의 마르고(Margo) 사막을 경유하여 인더스 강 유역으로 이동했을 가능성이 가장 높다. 메소포타미아의 수메르 인들 중에서, 큰 정변이 일어날 때마다, 그 일부가 해안을 따라 동쪽으로 이동하여 인도로 이주했을 가능성도 있지만 그 수가 많았다고 보기는 어렵다.

인더스 강은 싸이크론의 영향으로 나일 강이나 유프라테스와 티그리스 두 강보다 여름에 범람이 심했다고 볼 수 있다. 따라서 강 유역의 충적 지대에서 농경이 활발하지 못해 큰 집단의 형성이 늦어져 인더스 문명의 탄생이 늦었다고 볼 수 있다.

기원전 1500년경부터 인도로 이동한 아리아 인들이 수메르 인들의 도시들을 침략하게 되자, 수메르 인들은 인도 내륙으로 이동하여 원주민을 지배하며 언어를 파종함으로써 수메르 어가 드라비다 어의 뿌리가 되었기 때문에, 드라비다 어 속에 수메르 어의 자취가 있다고 볼 수 있다.

인도의 드라비다 족이 중앙 아시아의 아랄 해 일대로 이동하여 수메르 인이 되었다고 볼 수는 없다. 기원전 5000년경 인도에 이런 역할을 할만한 거대 집단이 하나의 언어권을 형성하고 있었다고 볼 수 있는 어떤 증거도 없기 때문이다.

인더스 강과 갠지스 강 유역에는 수메르 어에서 기원했다고 볼 수 있는 옛 지명들이 남아 있다. 인더스 문명의 유적지들인 '모헨조다로(Mohenjo-dalo)'와 (170쪽 참고) '하라파(Harappa)', 갠지스 강 유역에 있는 불교의 성지인 '부드가야(Buddh Gaya)'와 힌두교의 성지인 '가야(Gaya)' (113, 162쪽 참고) 등이 그 예다. '하라파'의 어원은 한국어로 할아버지라는 말인 '하라방'과 같다고 볼 수 있다.

수메르 인들이 세계 4대 고대 문명의 발상지들을 지배할 수 있었던 힘은 무엇이었을까?

 수메르 인들은 아랄 지역에서 집단적인 수렵·유목·농경 생활을 했기 때문에 공동체 의식이 강했다고 볼 수 있다. 뿐만 아니라 당시 아랄 지역은 아리아 인과 수메르 인이란 두 종족이 대립한 경쟁 사회이었기 때문에, 생존을 위해, 수메르 인과 아리아 인은 각각 큰 집단을 구성하지 않을 수 없었다. 이런 속에서 그들은 큰 집단을 조직하고 유지하는데 필요한 종교·철학·언어·기술 등을 터득할 수 있었다. 이러한 조직력을 갖고 수메르 인들은 처음부터 큰 집단을 이루고 이동했다.
 여기에 비하여, 수메르 인들이 이동을 시작할 당시, 아랄 지역을 제외한 세계의 모든 지역들은 큰 집단을 형성할 수 있는 사회적인 제반 여건이 조성되지 못한 단계였다. 따라서 수메르 인의 이동과 더불어 세계 4대 고대 문명들이 탄생하게 되었고, 이로써 역사 시대가 시작되었다.
 수메르 인들은 고대 문명들을 탄생시켰지만, 도시 연합 형태에서 더 이상 발전을 이룩하지 못하고, 결국은 새로운 이동의 물결에 밀리며 하나하나 역사의 장에서 사라지게 되었다.

수메르 인과 아리아 인의 이동 물결

홍수 시대에 중앙 아시아의 아랄 해 일대에 형성되었던 초원 지대로 모여든 동서의 다양한 원시 종족들은 각각 동방계와 서방계로 나뉘어져 두 개의 거대 집단으로 성장했다. 이 두 집단이 수메르 인과 아리아 인이다. 이 두 종족은 세계로 이동했다. 수메르 인들이 먼저 이동하여 세계 4대 고대 문명들을 탄생시켰고, 더불어 역사 시대가 시작되었다. 아리아 인들의 이동으로 인도유럽 어족의 언어들이 생성되었고, 그 일부가 한반도로 이주함으로써 한국에 아리랑이란 노래가 생겼다. 이러한 역사가 있었다는 것을 검증할 수 있는 고고학적인 조사가 필요하지만, 단시일 내에 될 일은 아니다. 먼저, 비교 언어학적으로 수메르 인들과 아리아 인들의 이동 지역을 찾아볼 필요가 있다.

제1차 대이동 : 수메르 인의 이동

이동의 원인과 시기

인구는 계속 증가하였으나 식량 자원의 부족으로 종족들간에 충돌이 잦아졌던 것이 이동을 하게 된 가장 큰 원인이었다고 볼 수 있다. 지구의 기온이 기원전 5000년경에 최고로 상승하였다가 이후 차츰 낮아지며 건조해져 아랄의 초원 지대가 부분적으로 사막화가 시작되면서 초식 동물의 수가 감소되었을 것이고, 인구의 증가는 동물 수의 감소를 가속시켰을 것이다. 농업에 대한 의존도가 증가하면서 비옥한 충적 지대를 차지하기 위한 잦은 충돌로 농업 생산량이 크게 감소되었을 것이다.

큰 집단이 거주하기에 적합한 새로운 지역들이 등장하게 되었다. 즉, 홍수 시대에는 여름에 범람이 심해 강 유역의 충적 지대에서 농경이 힘들어 큰 집단이 형성되기 어려웠던 지역들이 강우량이 줄면서 농경이 가능해져 새롭게 각광을 받게 되었던 것이다. 아울러 그 동안 발달된 농경 기술도 이동의 성공에 대한 자신감을 부추기는 한 요인이 되었을 것이다.

이동이 언제부터 시작되었다고 단정하기는 어렵다. 소규모적인 이동은 더 오래 전부터 있었다고 볼 수 있지만, 대규모적인 이동은 대략 기원전 3500년경부터 시작되었다고 볼 수 있다. 이 수치는 기원전 3300년경에서 기원전 3100년경 사이에 이집트에서 일어났던 정치적 혼란을 침입자인 수메르 인에 대한 원주민의 저항이었다고 보고, 수메르 인들이 이집트로 이동하기까지 소요된 기간 등을 참작하여 대략 추정한 것이다.

수메르 인은 주로 아리아 인의 힘에 의해 밀려 이동했다고 볼 수 있다. 당시 알타이 어계 종족들은 북부 아시아의 넓은 초원 지대에 흩어져 살아서 큰 집단을 형성하지 못했기 때문에 수메르 인들을 밀어내고 시르 다리아 강 유역을 차지할 만큼 강력한 조직력을 갖고 있었다고 보기가 어렵다. 따라서 수메르 인이 이

동한 이후에는 아리아 인들이 시르 다리아 강 유역을 전부 차지
했다고 볼 수 있다. 뒷날 아리아 인의 이동 규모가 매우 컸었던
것은 아리아 인이 시르 다리아 강 유역을 전부 차지했었다는 증
거가 될 수 있다. 그 증거를 아리아 인이 이동을 시작한 시기에
서도 찾을 수 있다. 아리아 인이 이동을 시작한 기원전 2000년
경은 수메르 인이 이동하고 1천여 년이 지난 뒤였다. 1천여 년
이 지난 뒤에 아리아 인의 이동이 시작되었다는 것은 그 동안
아랄 지역이 평온했었다는 뜻이다. 만일 아리아 인과 알타이 어
계 종족이 시르 다리아 강 유역을 나누어 차지했었거나 알타이
어계 종족이 전부를 차지했었다면, 상호 충돌로 인하여, 아리아
인의 이동이 훨씬 빨리 시작되었을 것이다.

수메르 인은 아리아 인과의 대립 속에서 터득한, 큰 집단을
조직하고 유지할 수 있는 철학·종교·언어·기술 등을 갖고
초기부터 큰 집단을 이루고 이동하여 이주지에서 고대 문명들
을 탄생시킴으로써 세계사에 커다란 영향을 끼치게 되었다.

이주 지역

세계에 널리 분포되어 있는 고인돌들은 수메르 인들이 이동
하여 남긴 유적들이라고 앞에서 주장했다. (74쪽 참고)

'수메르'·'모니'·'골'·'가야'·'내'와 '시내' 이 이름들은 수메
르 인들이 남긴 대표적인 어휘들이라고 할 수 있다. 따라서, 이
이름들이 있는 곳은 수메르 인들의 이주지였다고 볼 수 있다.

강원도 춘천시의 옛날 이름인 '우수주'의 '우수(牛首)', 춘천시
'우두산'과 '우두동'의 '우두(牛頭)'는 이두로 '소머리'다. 그러므

로 '우두머리'는 '소머리 머리' 즉 '수메르 인의 지도자'라는 뜻이라고 할 수 있다. '우두커니 서 있다'의 '우두커니'는 '우두칸이'가 원형이고, '우두칸'은 '수메르 칸' 즉 '수메르 인의 지도자'라는 뜻이라고 할 수 있다. 한반도로 이동한 수메르 인(쓰리랑)은 뒤에 이동해 온 아리아 인(아리랑)의 힘에 밀리며 작은 집단들로 분리되었다. 그래서 힘을 잃은 수메르 지도자의 모습이 넋을 잃고 서 있는 사람으로 비유된 것이다.

만주에 있었던 종족인 '속말말갈(粟末靺鞨)'의 '속말', 불교에서 세계의 중심에 높이 솟아 있다고 하는 '수미산(須彌山)'의 '수미', 일본왕의 호칭인 '스메라미코토'의 '스메라', 일본어로 무사라는 말인 '사무라이', 서요르단에 있는 '사마리아(Samaria)', 아프리카의 중동부에 있는 '소말리아(Somalia)', 이 이름들은 '수메르(Sumer)'와 어원이 같다고 볼 수 있다. 수메르 인들이 이들 지역으로 이주했기 때문에 이 이름들이 생긴 것이다.

『삼국사기』'백제 본기 온조왕'조에 "말갈(靺鞨)은 우리의 북경에 연하고"라는 기록이 있다. 온조왕은 건국 초기부터 말갈과 자주 싸웠다. 말갈은 만주에만 있었던 것은 아니다. 여기서의 말갈은 강원도 춘천 지역에 있던 수메르 인으로 보면 뜻이 통한다. 『삼국유사』'말갈발해'조에 "말갈(靺鞨)은 물길(勿吉)이라고도 한다."라는 기록이 있다. '말갈'과 '물길'의 어원은 '수메르 인이 사는 고을'이라는 뜻인 '모니(muni) 고을'이라고 할 수 있다. '말'과 '물'은 산스크리트 어로 성인이란 말인 '모니(muni)'와 어원이 같다고 볼 수가 있기 때문이다. '석가모니(Sakyamuni)'를 '사캬 족의 성인(聖人)'으로 해석하는 것과 상통한다. 수메르 어에서도 '모니'는 성인이란 뜻이어서, 수메르 인들은 자신들을

수메르 인과 아리아 인의 이동 지도

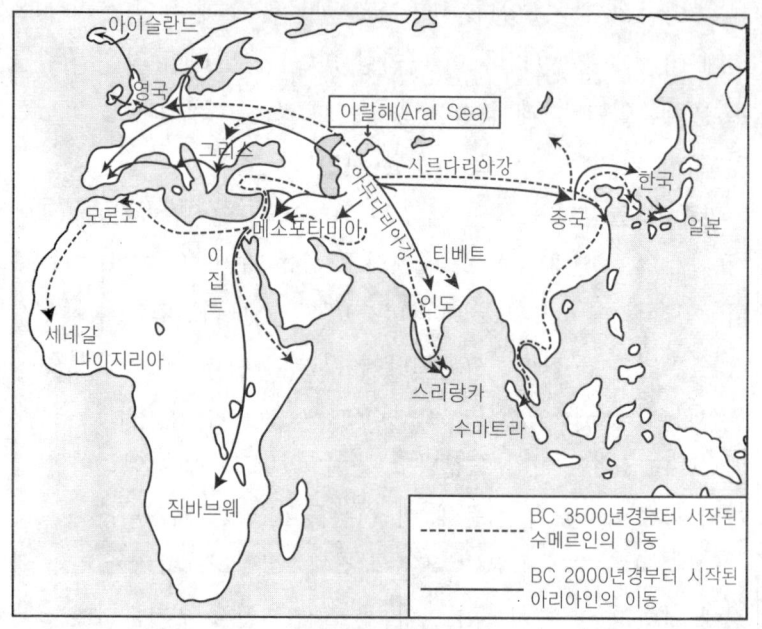

'모니'라고 지칭했다고 볼 수 있다. 서울 '몽촌 토성'의 '몽', 강화도 '마니산(麻尼山)'의 '마니', 경상도 '문둥이'의 '문' 등도 수메르 인을 뜻하는 '모니'와 어원이 같다고 볼 수 있다.

'골(Gaul)'은 프랑스의 세느 강과 독일의 라인 강 일대를 이르던 옛 이름이다. 로마 시대에는 이 지역을 '갈리아(Gallia)'라고 불렀다. '골'은 한국어의 '고을'과 어원이 같다고 볼 수 있다. '골'은 켈트 어에서 유래된 것으로 알려져 있지만, 그 뿌리는 수메르 어라고 할 수 있다.

수메르 인들은 이주지에서 '모니'와 '골'이란 말을 지명에 즐겨 사용했다고 볼 수 있다. 그래서 '몽골(蒙古)'의 어원은 '모니 고을[Muni Gaul]'이고, 그 뜻은 '수메르 인들이 사는 고을'이라고 할 수 있다. 충남 공주시에 있는 마곡사(麻谷寺)의 '마곡'이란 말도 '모니 고을'과 어원이 같다고 볼 수 있다.

'가야(加耶)'는 낙동강 유역에 있었던 고대 국가의 이름이다. '가야'는 인도 갠지스 강 유역에 있는 '부드가야(Buddh Gaya)'의 '가야(Gaya)'와 어원이 같다고 볼 수 있다.

수메르 인들은 이집트·메소포타미아·인도·중국·서유럽 등으로 이동하여 문명의 불을 지폈지만, 원주민이나 새로운 이주민들의 힘에 밀려 다른 지역으로 이동했다. 이들의 이동을 확인할 수 있는 언어의 자취들이 각 지역에 남아 있다.

이집트에서 기원전 3100년경에 쫓겨난 수메르 인들의 일부는 서쪽에 있는 모로코를 거쳐 나이저 강과 세네갈 강 유역으로 이동했고, 일부는 동쪽에 있는 소말리아 반도로 이동했다고 볼 수 있다. '모로코·니제르·세네갈·소말리아' 이 이름들은 수메르 인들이 이주지에 남긴 대표적인 어휘들인 '모니·골·나이·시나이·수메르' 등과 어원이 같다고 볼 수 있기 때문이다.

메소포타미아의 갈데아 우르에서 가나안으로 이주한 아브라함은 셋의 후손이다. 이집트 신화에 나오는 셋이 수메르 인이듯이, 이스라엘 족의 선조인 아브라함도 수메르 인의 후손이라고 할 수 있다.

인더스 강 유역에서 인더스 문명을 일구었던 수메르 인들은 기원전 1500년경에 이주해 온 아리아 인들의 힘에 밀려 남부로 이동하여 드라비다 어를 남겼다.

황하 유역과 산동성 타이산[泰山] 일대로 이동했던 수메르 인들은 기원전 2000년경에 황하 유역으로 이동해 온 아리아 인들의 힘에 밀려 만주와 한반도로 주로 이동했고, 일부는 중국 남쪽으로 이동하여 고인돌을 남겼다.

서유럽의 라인(Rhein) 강과 세느(Seine) 강 유역에 정착했던 수메르 인들은 아리아 인들이 이동해 오면서, 일부는 영국으로, 일부는 알프스 일대로 이동했다고 볼 수 있다.

『성경』「창세기」10장을 보면, 아담과 이브의 셋째 아들 셋(Seth)의 후손인 노아(Noah)의 첫째 아들 셈(Shem)은 메소포타미아에 사는, 둘째 아들 함(Ham)은 이집트와 가나안에 사는, 셋째 아들 야벳(Japheth)은 지중해 연안과 섬들에 사는 종족들의 선조로 기록되어 있다. 셋은 수메르 인의 선조이므로, 노아의 아들들 셈·함·야벳과 그들의 후손은 수메르 인이다. 그러므로 「창세기」에는 수메르 인이 지중해 일대, 이집트, 메소포타미아 등으로 이주한 역사가 기록되어 있다고 할 수 있다.

제2차 대이동 : 아리아 인의 이동

이동의 원인과 시기

수메르 인들이 이동하고 난 이후 약 1000여 년 동안에는 큰 이동이 없었고, 기원전 2000년경부터 아리아 인들의 이동이 시작되었다. 이들이 이동을 하게 된 가장 큰 원인은 알타이 어계 종족들과의 충돌이 심해졌기 때문이었다. 아시아의 북쪽 초원 지대에서 살던 알타이 어계 종족들은 인구가 증가하면서 식량 자원의 확보가 어려워졌고, 지구 기온이 떨어지며 추위가 심해져 아랄 지역으로 이동하기 시작했다고 볼 수 있다.

홍수 시대에 알타이 어계 종족들은 아시아의 북쪽 광활한 초원 지대에서 흩어져 살았다. 이 지역에는, 아랄 해로 흐르는 두 강 유역의 충적 지대처럼, 농경이 대규모적으로 가능하여 큰 집단이 형성되기에 적합한 곳이 없었다. 따라서, 알타이 어계 종족들은 큰 집단을 이루고 조직력을 기르지 못했었기 때문에 아랄 지역을 일시에 대규모적으로 기습하지 못하고 점진적으로 파고들었다고 볼 수 있다.

이주 지역

알타이 어계 종족들과의 접경 지역이었던 시르 다리아 강의 아리아 인이 먼저 이동했다고 볼 수 있다. 원래 시르 다리아 강 유역은 수메르 인의 지역이었으나, 아리아 인이 수메르 인을 밀어내고 이 지역에서 1천년 이상을 살았다고 볼 수 있다.

인도유럽 어족은 켄툼 어(Kentum)와 사템 어(Satem)로 분류된다. 켈트 어·그리스 어·라틴 어·게르만 어·히타이트 어·토카라 어(Tocharian) 등은 켄툼 어에 속한다. 그러므로 제2차 대이동의 주역들인 서유럽의 켈트 족, 지중해 연안의 그리스 족과 라틴 족, 북유럽의 게르만 족 등의 선조들은 시르 다리아 강 유역에서 살았던 아리아 인이었다고 볼 수 있다. 기원전 16세기경 바빌로니아를 침입한 히타이트 족(Hittite)도 이 이동의 한 무리였다고 볼 수 있다. 동쪽으로 이동한 아리아 인들은 황하 유역과 발해만 일대에 정착했다. 일부가 기원전 2000년경에 고조선(古朝鮮)을 건국했다. 중국의 오제(五帝) 시대는 아리아·인의 시대였다고 볼 수 있다.

이 시절 아리아 인들은 이주지에서 그들의 원주지 '아랄'을 뜻하고 생명의 씨앗이란 뜻을 갖고 있는 '알'이라는 말을 그들의 국명·지명 등에 잘 사용했다. 나라의 이름인 '잉글랜드·아일랜드·아이슬랜드'의 첫 소리, 도읍지의 이름인 고조선의 '아사달(阿斯達)'·일본의 '아스카(飛鳥)'의 첫 소리는 '알'이 어원이다. '알'은 '위대한'이라는 뜻으로도 전의되었고, 아리아 인을 상징하는 말로도 쓰였다고 볼 수 있다. 먼저 이주한 아리아 인들은 서로의 단합과 뒤에 이동해 오는 동족들의 집결을 기대하고, 이렇게 이름들을 지었다고 볼 수 있다.

그리스에서는 시르 다리아 강을 야크사르테스(Jaxartes)로, 아무 다리아 강을 옥서스(Oxus)로 표기했다. 영국의 '요크셔(Yorkshire)'는 '야크사르테스'를, '옥스퍼드셔(Oxfordshire)'는 '옥서스'를 기리기 위한 이름이었다고 볼 수 있다. 그러므로 옥서스와 야크사르테스는 아리아 어였다고 볼 수 있다.

제3차 대이동 : 슬라브 족의 이동

이동의 원인과 시기

제2차 대이동의 주역인, 시르 다리아 강 유역의 아리아 인들이 이동하고 아랄 지역에 안정이 이루어졌다. 그러나 안정은 오래가지 못했다. 시르 다리아 강 유역을 차지하며 자신감을 얻은 알타이 어계 종족들이 아무 다리아 강 유역으로도 밀려들었기 때문에, 이 지역에서 3천여 년 이상 터줏대감 노릇을 했던, 아무 다리아의 아리아 인들도 대이동을 하게 되었다.

이주 지역

기원전 1500년경부터 대이동을 시작한 아무 다리아 강 유역의 아리아 인들은 인도로 이동하여 인도 아리아 인이 되었고, 동유럽으로 이동하여 슬라브 족(Slav)이 되었고, 남쪽으로 이동하여 이란 족이 되었다.

인도 아리아 인들이 인더스 강으로 이동한 경로는, 아무 다리아 강 상류와 인더스 강 중상류 지역이 근접하는, 아프가니스탄과 파키스탄의 국경 지대에 있는 카이버 고개(Khyber Pass)로 알려져 있다.

기원전 8세기경에 스키타이 족(Scythian)이 흑해 연안으로 이동했다. 이것은 아랄 지역에서 발생한 아리아 인의 마지막 대이동이었다고 볼 수 있다. 이로써 원주지에서의 알알 문명은 막을 내렸다.

제3차 대이동 이후에도 아랄 지역에는 아리아 인들이 많이 남아 있었을 것이다. 이들은 이후에도 소규모적으로 계속 이동했을 것이고, 나머지는 알타이 어계 종족에 동화되었다고 볼 수 있다. 오늘날 아무 다리아 강 유역은 서양적 색채가 강하고, 시르 다리아 강 유역은 동양적 색채가 강한 것은 과거의 전통과 관계가 있다고 볼 수 있다.

제3차 대이동의 주역인 아리아 인의 언어는 사템 어(Satem)로 분류된다. 산스크리트 어·이란 어·슬라브 어가 여기에 속한다.

슬라브 족들은 이주지에서 '슬라브(Slav)'라는 말을 나라 이름으로 잘 사용하였다. 슬로바키아, 슬로베니아, 세르비아 등은 슬라브 족들이 이주지에 남긴 이름들이다.

신라(新羅)의 초기 이름인 '서라벌(徐羅伐)'은 슬라브 족이 한반도로 이주했다는 것을 확인할 수 있는 언어의 자취다. 동쪽으로 이동한 슬라브 족은 진(秦)나라의 주축을 이루고 있다가, 한(漢)나라가 중국을 통일하게 되면서, 그 일부가 한반도로 이주했다고 볼 수 있다

아랄 지역에서 일어난 종족 대이동의 물결이 기원전 8세기경에 종식되면서, 세계는 안정기에 접어들었다. 이후, 기원전 5세기경부터 그리스·인도·중국 등 각 문명권을 중심으로 새로운 사상들이 출현하게 되었다. 인류는 농경을 위주로 하는 정주 생활 시대에 적합한 새로운 종교와 철학이 필요했던 것이다.

제 3 장

한국으로 이동한 수메르 인과 아리아 인

'조선'의 뜻은 '좋은 태양[joy sun]'이다.
'서울'의 뜻은 '소울(soul)'이다.
한국 고대 국가들의 이름은 아리아 어다.
박혁거세는 신라의 헤라클레스다.
첨성대 · 참 별꼴이야[peculiar]
'낙동강 오리알'은 '낙동강 아리안'이다.
한국의 '행주산성'과 영국의 '스톤헨지'
『환단고기』의 뿌리는 역사다.
니나 노 닐리리야(Nina know Nilerea)
김치의 어원은 김치다.
'갓'은 '갓(god)', '상투'는 '세인트(saint)'
백두산 · 베어 헤드(Bear-head)산
위대한 혼혈 · 한국인

토의를 원하신다면,
www.soon.or.kr을 방문하시길 바랍니다.

'조선'은 '조이 선(joy sun)'이다.

고고학적으로만 추리가 가능했던 태고 시대의 인류 역사가, 아리랑과 알파벳의 뜻이 해석됨으로써, 언어를 통해 보다 확실하게 다음과 같이 밝혀지게 되었다. "빙하기가 끝나고 기원전 5000년경을 전후하여 중앙 아시아의 아랄 해(Aral Sea) 일대로 모여든 동서의 원시 종족들이 수메르 인(쓰리랑)과 아리아 인(아리랑)이란 두 거대 집단으로 성장했고, 이들이 이동하여 세계의 거의 모든 고대 문명들을 탄생시키는 주체가 되었다."

수메르 인과 아리아 인의 이동은 너무나 오래 전에 있었던 일이어서 그들의 역사는 이주지에서 신화가 되었다고 볼 수 있다. 그래서 각국의 건국 신화에는 수메르 인이나 아리아 인의 역사가, 또는 이 두 종족의 역사가 함께 담겨 있다고 볼 수 있다. 그러므로 한국의 건국 신화인 단군 신화에도 이들의 이동 역사가 담겨 있다고 볼 수 있다. 여기에 근거하여 "단군 신화에 나오는 환웅의 무리는 아리아 인이고, 웅녀는 수메르 인이다."라고 보게 되면, 단군 신화는 자연스럽게 역사로 환원된다. 너무 의외의 일이어서 선뜻 받아들이기가 어려울 뿐이지, 이것은 부정될 수 없는 분명한 역사적 사실이란 것이 언어를 통해 증명된다.

다음은 고려 때 일연(一然)이 편찬한 『삼국유사』에 기록되어 있는 '단군 신화'를 요약한 것이다. (주 3-1)

【위서(魏書)에 이르기를 "지나간 2천년 전에 단군왕검(檀君王儉)이라는 이가 있어 아사달(阿斯達)에 도읍을 정하고 국호를 조선(朝鮮)이라고 하였으니 고(高)와 같은 시기였다."

고기(古記)에 이르기를,

"옛날에 환인(桓因)의 서자 환웅(桓雄)이 … 무리 3천명을 거느리고 내려와 태백산(太白山) 꼭대기 신단수(神檀樹) 아래 이르러 여기를 신시(神市)라 했다. 이 분이 환웅천왕(桓雄天王)이시다. … 그 시절에 곰 한 마리와 범 한 마리가 있어, 같은 굴에 살면서 신령스런 환웅에게 사람으로 화하게 해 달라고 늘 빌었다. … 환웅이 신령한 쑥과 마늘을 주고, 이것을 먹고 백일 동안 햇빛을 보지 않으면 사람의 형체로 되리라 하였다. 곰과 범은 그것을 먹고 스무 하루[三七日] 동안 기(忌)를 하여, 곰은 여자의 몸으로 되었으나, 범은 기(忌)를 못해서 사람의 몸으로 되지 못하였다. … 환웅이 웅녀(熊女)와 혼인하여 아들을 낳으니 이 분이 단군왕검(檀君王儉)이시다. 그는 … 평양성(平壤城)에 도읍하고 조선(朝鮮)이라 일컬었다. 또 도읍을 백악산(白岳山) 아사달(阿斯達)로 옮겼는데 여기를 궁홀산(弓一作方忽山) 또는 금미달(今彌達)이라고도 하니 …"】

*환인(桓因)*은 '카인(Cain)'이다.

환인의 서자 환웅이 무리 3천을 거느리고 내려왔다는 기록은 그들이 어딘가에서 이주해 왔다는 뜻이다. 그들은 어디서 왔고, 어떤 종족이었을까? 이 문제가 해결되지 않으면 단군 신화는 신화의 굴레를 벗을 수가 없다. 대전제를 역사적 사실로 보면, 환웅의 무리는 수메르 인이거나 아리아 인이다. 그러므로 수메르 인과 아리아 인의 자취를 세계의 신화와 역사 속에서 찾아 그것을 환웅의 무리에 연계시켜 보면, 환웅의 무리가 어떤 종족이었다는 증거를 찾을 수가 있을 것이다.

(1) 메소포타미아의 갈대아(Chaldea) 우르(Ur)에서 가나안으로 이주한 아브라함(Abraham)은 아담(Adam)과 이브(Eve)의 셋째 아들 셋(Seth)의 후손으로『성경』에 기록되어 있다.

갈대아 우르는 수메르 인의 도시 국가였고, 아브라함은 수메르 인들의 도시 국가들이 멸망한 뒤에 가나안으로 이주했다고 볼 수 있다. 그러므로 아브라함은 메소포타미아에서 수메르 문명을 일으켰던 수메르 인의 후손일 가능성이 있다. 이것이 사실이라면, 수메르 인은 셋의 후손이다.

(2) 셋의 후손들이 쓴『성경』에 나오는 인명·지명들 중에는 한국어와 뜻이 연계되는 것들이 있다. 이것은 셋의 후손들 중의 일부가 한국으로 이동했다는 증거다. 이것이 사실이라면, 한반도로 이주한 셋의 후손은 쓰리랑 즉 수메르 인이다. (주 3-2)

(3) 이집트의 통일 신화에 나오는 셋(Seth)은, "수메르 인이 세계 4대 고대 문명들을 창건했다."에서 이야기한 바와 같이, 아랄에서 이동한 수메르 인이다. (84쪽 참고)

위와 같이 아담과 이브의 삼남 셋(Seth)이 수메르 인이라면, 수메르 인과 아리아 인은 아랄 지역에서 태어났으므로, 장남 카인(Cain)은 아리아 인이다. 이것은『성경』「창세기」에 아랄의

'조선'은 '조이 선(joy sun)'이다. 123

역사가 압축되어 있다는 뜻이다. 『성경』에 기록된 '카인·아벨·셋'의 이야기를 역사로 복원시키면 다음과 같다.

장남 카인은 농사하는 자로 기록되었다. 장남이란 기록은 카인 족이 제일 먼저 아랄 지역으로 이주하였다는 뜻이고, 농사하는 자란 기록은 일찍부터 비옥한 삼각주 일대를 차지하고 농경을 시작했다는 뜻으로 해석된다. 카인은 지중해 일대에서 빙하기를 지내다가 지구의 기온이 상승하면서 아랄 해 일대로 이주한 백인계였다고 볼 수 있다. 카인의 후예들이 아리아 인이다.

차남 아벨(Abel)은 양치는 자이며 카인에게 죽임을 당했다고 기록되었다. 이 기록은 아벨 족이 두 번째로 이주했고, 유목민이었으며, 아리아 인이 아벨 족을 쫓아냈다는 뜻으로 해석된다. 아벨 족은 아프리카에서 아랄 지역으로 이주한 흑인계였다고 볼 수 있다. 아벨 족의 일부가 동쪽으로 이동하여 일본의 아이누(Ainu)가 되었고, 아이누가 흑인계였다고 볼 수 있는 언어의 자취와 유전학적 증거가 있기 때문이다. (177쪽 '흑해', 279쪽 '아이누는 아프리카 인의 후예다.' 참고)

삼남 셋은 아벨이 카인에게 죽임을 당한 뒤에 태어났다고 기록되어 있다. 셋은 동북아시아에서 이주한 동방계 종족이었다고 볼 수 있다. 셋의 후예들이 수메르 인이다.

이상은 추리에 불과하지만 당시의 상황과 연계시켜 보면, 역사성이 충분하다. 당시 아랄 해의 남쪽 산악 지대는 원시 상태였기 때문에 남쪽에서의 인구 유입은 거의 없었다고 볼 수 있다. 따라서 아랄에서 가까운 지중해 일대에서 살았던 백인계인 카인 족이 제일 먼저 이주했다고 볼 수 있다. 아프리카 계인 아벨 족은 거리가 멀어 유입된 수가 적어 카인 족의 힘에 밀렸기 때문에 다른 곳으로 다시 이동했다고 볼 수 있다. 동북아시아계 인 셋 족은 제일 늦게 이주했지만 계속 유입되었기 때문에 카인 족과 대치할 수 있었다고 볼 수 있다. 하지만, 인구의 증가로 종족들간의 충돌이 빈번해지면서, 셋 족 즉 수메르 인들은 기원전 3500년경부터 세계로 이동했다.

역사적으로 볼 때, 단군 조선이 건국된 '지나간 2천년 전'은 기원전 2000년경이다. 이 시기에 아랄에서 이동한 종족은 아리아 인이므로, 환웅의 무리는 아랄에서 동쪽으로 이동한 아리아 인으로 볼 수 있다. 또, 환웅의 아버지 '환인'은 '카인'과 어원이 같다고 볼 수 있으므로, 환웅은 수메르 인이 아니고 아리아 인이다. '환인(桓因)'이란 말은 동쪽으로 이동한 아리아 인의 기록이고, '카인(Cain)'이란 말은 메소포타미아로 이동한 수메르 인의 기록이어서 발음에 약간의 차이가 있을 뿐이지, 둘은 알알 문명의 신화에서 기원한 동일체라고 할 수 있다.

'환인(桓因)'이라는 말은 옛날부터 전해 내려오는 하늘의 신이라는 말인 '하느님'을 한자로 표기한 것이라는 설이 있다. 불교의 영향을 받아, 산스크리트 어의 'Sakrodevendrah'를 한자로 옮긴 '석제환인다라(釋帝桓因陀羅)'의 '환인(桓因)'이 어원이라는 설도 있다. 이 설들도 일리는 있다. '환인'과 '카인(Cain)'은 '하느님'과 소리가 비슷한 점으로 볼 때, 이 어휘들은 어원이 같다고 볼 수 있기 때문이다. 또, '석제환인다라'의 '환인'은 인도로 이동한 수메르 인들과 아리아 인들이 갖고 간 아랄의 종교에서 전해진 천제 '카인(Cain)'이란 말을 한자로 음역한 것이라고 볼 수 있기 때문이다.

환웅(桓雄)은 시르 다리아 강 출신의 아리아 인이다.

　'환인의 서자 환웅'이란 기록에서 '서자(庶子)'란 말은 없어도 될 것 같은데, 떼어버리지 않고 남겼다는 사실이 단군 신화의 역사성에 힘을 더한다. '서자 환웅'이란 말에는 '시르 다리아 강 출신의 아리아 인'이란 뜻이 담겨 있다고 볼 수 있기 때문이다.
　아무 다리아 강의 아리아 인은 기원전 3500년경부터 시르 다리아 강의 수메르 인을 밀어내기 시작했고, 수메르 인이 이동한 뒤에 아리아 인의 일부가 시르 다리아 강으로 이동하여 살았다고 볼 수 있다. 그 후에 아무 다리아 강의 아리아 인은 환인의 적자로, 시르 다리아 강의 아리아 인은 환인의 서자로 지칭되었다고 볼 수 있다. '서자'란 기록이 이렇게 해석됨으로써, 알타이 어계 종족들과 경계를 이루었기 때문에 이들과의 충돌이 심했다고 볼 수 있는 시르 다리아 강 유역의 아리아 인이 먼저 세계 각지로 이동하게 되었고, 그 일부가 동쪽으로 이동하여 고조선을 건국했다는 주장이 역사성을 갖게 된다.
　한국어와 영어에 어원이 같은 어휘들이 최소한 200여 개 있다는 것은 고조선을 건국한 종족은 아리아 인이고, 그들의 언어가 한국어의 한 뿌리가 되었다는 증거다. 한국어가 인도유럽 어족의 언어들 중에서 영어와 가장 친근한 까닭은 한국으로 이동한 환웅의 무리와 영국으로 이동한 아리아 인이 같은 언어권에서 제일 먼저 이동했고, 새로운 이동에 밀려 유라시아 대륙의 동쪽 끝 반도와 서쪽 끝 섬으로 각각 이주했기 때문이다.

단군(檀君)은 다곤(Dagon)과 어원이 같다.

'단군'의 어원은 가나안 지방의 신화에 나오는 신의 이름인 '다곤(Dagon)'과 기원이 같다고 볼 수 있다. 알알 문명의 신화가 종족의 이동과 더불어 여러 이주지에 파종되었기 때문에 기원이 같은 이름들이 그들의 이주지 곳곳에 있는 것이다.

'조선(朝鮮)'의 뜻은 '좋은 태양 [joy sun]'이다.

『삼국유사』에 朝鮮(조선)은 국호로, 阿斯達(아사달)은 노읍지로 구분되어 기록되어 있다. '조선'과 '아사달'은 무슨 뜻일까? '朝(조)'는 아침으로 해석되지만, '鮮(선)'은 해석이 어렵다. 그런데도 '아사'는 아침의 고어이므로 '아사달'의 뜻은 '아침의 나라'·'아침의 땅'이고, '조선'은 '아사달'을 한자로 표기한 것이라는 억지가 통용되고 있다. 이것은 아리아 인의 일부가 한반도로 이동한 사실을 몰랐기 때문에 생긴 실수다.

고조선이 건국된 기원전 2000년경에는 한자가 없었으므로 조선과 아사달의 한자 표기는 나중에 생긴 것이다. 따라서 조선과 아사달의 원래 소리를 정확히 알 수는 없다. 그러나 조선과 아사달의 뜻이 같다는 해석에는 문제가 있다. 왜냐 하면, '아사달'의 뜻을 한자로 표기한 것이 '朝鮮(조선)'이라면, 건국 당시에는 '조선'이란 국호가 없었고 이런 말조차 없었다는 주장이 되어,

'조선'은 '조이 선(joy sun)'이다.

이것은 『삼국유사』의 기록을 부정하는 결과가 되기 때문이다.

'조선'은 언제부터 사용되었을까? '조선'이란 표기가 『사기』에 있는 것으로 볼 때, 기원전 2세기 이전에도 사용되었다고 볼 수 있다. 그 이전의 기록은 없지만, '조선'이란 국호가 건국 당시부터 사용되었다고 볼 수 있는 몇 가지 이유가 있다.

(1) 삼국 시대 초기까지의 국호·지명·촌장의 이름들은 한자의 뜻보다 소리에 원 뜻이 있다고 볼 수 있다. (133, 144쪽 참고) 이름들에 쓰인 한자의 소리들을 아리아 어로 해석하면 서로의 뜻들이 연계되면서 역사성이 살아나지만, 한자의 뜻으로 해석하면 엉망이 되기 때문이다. 이런 역사성을 제치고, 최초의 국가 명칭인 朝鮮(조선)만이 원래의 소리가 아니고 아사달의 뜻을 한자로 표기한 것이라고 보는 것은 너무 주관적이다.

(2) 아리아 인들이 세계로 이동하여 세운 나라들의 국명이나 도읍지의 명칭에는 당시의 종교와 철학이 담겨 있는 것이 특징이다. '조선'과 '아사달'에도 당시의 종교와 철학이 담겨 있다고 보아야 한다. 이런 특징을 무시하고 '아사달'과 '조선'을 한데 묶어서 '아침의 나라'라고 해석하는 것은 주체성을 잃은 발상이고, 너무 감상적이다.

(3) 일본을 통일한 '야마토 조정[大和朝廷]'은 일본의 야마토 지역으로 이주한 고조선계 아리아 인들이 세운 나라였다고 볼 수 있는 언어 증거들이 일본의 전통 어휘들 속에 있다. 따라서 '大和朝廷(대화조정)'은 '야마토 조선'을 음역한 것에서 유래되었다고 볼 수 있다. 그러므로 조선(朝鮮)은 한자의 뜻과는 무관한 아리아 어 어휘였다고 할 수 있다. (268쪽 참고)

(4) 아사달은 일본의 아스카[飛鳥, 明日香]와 기원이 같다고

볼 수 있다. '아사'와 '아스'는 '아리아 인'을 줄인 말이고, '달'과 '카'는 장소를 뜻하는 말인 '들'과 '곳'으로 볼 수 있기 때문이다. 그러므로 '아사달'과 '아스카'는 먼저 이주한 아리아 인들이 새로 이주해 오는 자기 종족들을 불러모으기 위해 붙인 지명이었다고 볼 수 있다. 따라서, '아사달'은 영어로 '아리아 인의 들'이란 말인 'Ar's dale'과 어원이 같고, '아스카'는 영어로 '아리아 인의 안뜰'이란 말인 'Ar's court'와 어원이 같다고 볼 수 있다. 그러므로 '아사달'의 뜻은 '아침'과 무관하다. (266쪽 '아스카' 참고)

飛鳥(비조)'의 원래 읽는 소리는 무엇이었을까? 飛鳥(비조)'의 일본식 한자음은 '아스카'가 될 수 없고, '明日香(명일향)'만이 '아스카'라고 읽을 수 있다. 하지만, 일본은 전통적으로 둘 다 '아스카'라고 읽는다. 飛鳥(비조)를 아스카라고 읽는 이유는 전해지지 않고 있다. 이주 초기의 이름이므로 고대 한국어로 보고, '飛鳥'를 한국식으로 '비조'로 읽으면 영어로 곰의 복수형 표기인 '베어즈(bears)'와 소리가 비슷해진다. '베어'라는 말은 '부여(扶餘)'라는 국명·지명에서 볼 수 있듯이 아리아 어였다고 볼 수 있으므로, 飛鳥(비조)는 부여계 아리아 인들이 일본으로 이주하여 세운 나라였다고 할 수 있다. 따라서, '조선'은 국호였고 '아사달'은 도읍지였듯이, '비조'는 국호였고 '아스카'는 도읍지였다. 그렇다면 왜 飛鳥(비조)를 '아스카'라고 읽게 되었을까? 일본 천황의 시조는 대가야 출신이다. (248쪽 참고) 일본은 이런 사실들을 숨기고 천황을 신격화하는 것이 지배 체제의 유지에 유리하다고 판단했다. 그래서 천황의 뿌리가 한국인이라는 사실을 숨기기 위해 '飛鳥(비조)'를 한국식으로 '비조'라고 읽지 않고 '아스카'로 읽었다고 볼 수 있다.

(5) 아리아 인들은 태양신을 섬겼기 때문에 '좋은 태양'이라는 말인 '조이 선(joy sun)'을 나라 이름으로 정했다고 볼 수 있다. '조이 선'을 한자로 표기할 수 있는 여러 가지 글자 중에서 朝鮮(조선)이 선택된 것은 '조이 선'의 뜻과 소리에 朝鮮(조선)이 가장 잘 어울렸기 때문일 것이다. 마찬가지로 일본으로 이주한 아리아 인들은 飛鳥(비조)가 곰이란 말인 베어즈(bears)의 소리를 살리며 동시에 자신들의 원주지 아랄 지역에 새가 많다는 사실과 잘 어울리는 표기였기 때문에, 여러 가지 한자 표기들 중에서 飛鳥(비조)를 선택했다고 볼 수 있다.

이러한 이유들로 볼 때, '좋은 태양'이란 뜻인 '朝鮮(조선)'의 원래 소리는 현재의 음인 '조선'이나 '조이 선(joy sun)'과 별 차이가 없었을 것이다. 헤어진지 4천여 년이란 세월이 흘렀지만 '朝鮮(조선)'과 'joy sun(조이 선)'의 발음에 별 차이가 없는 점으로 보아, 원형이 잘 유지되었다고 볼 수 있기 때문이다.

평양(平壤)은 '알파'와 기원이 같다

'평양'은 신라의 촌장 이름인 '알평', 유럽의 '알프스(Alps)', 고대 바빌로니아의 수신(水神)인 에아(Ea)의 신전 이름인 '아프스(Apsu)', 그리스 문자의 첫 글자 '알파(alpha)' 등과 어원이 같다고 볼 수 있다. '평양'의 어원은 영어로 '평화스러운 아랄'이라는 말인 '피스 알(peace Ar)'과 같고, '알프스·아프스·알파'의 어원은 영어로 '아랄의 평화'라는 말인 '알 피스(Ar peace)'와 같다고 보면, 각 단어들의 뜻이 상통하기 때문이다.

태백산(太白山), 백악산(白岳山)

 '태백산(太白山)'의 '태백'은 그리스의 '테베', 이집트의 '테베', '티베트 고원'의 '티베트' 등과 어원이 같다고 볼 수 있다. 그러므로 '태백·테베·티베트'는 '텃밭'과 어원이 같고, 그 뜻은 '터가 되는 밭' 즉 '종족의 중심이 되는 곳'이다.
 '백악산(白岳山)'은 '곰 산'이라는 뜻인 '베어 산(Bear 山)'의 어원이 되는 아리아 어를 음역한 것으로 볼 수 있다. '흰 백(白)' 자를 쓴 것은 시르 다리아 강 출신의 아리아 인들이 백곰을 토템으로 하였던 백인계 종족이었기 때문으로 볼 수 있다.
 영어의 '베어(bear)'에 '참다·낳다·곰'이라는 뜻이 있는 것으로 보아, 'bear'의 어원은 'be + ar'이라고 할 수 있다. 한 문장이 한 단어로 쓰이는 포합어의 티가 'bear'에 있다고 볼 수 있다. 'be + ar'은 '알이다'라는 뜻이어서 'bear'에 '낳다'라는 뜻이, 출산은 인내를 요구하므로 'bear'에 '참다'라는 뜻이 생겼다고 볼 수 있다. '알'을 생명의 기원으로 보게 되면서, '곰'을 종족의 기원인 '알(ar)'로 보고, 곰을 '알 이다(be + ar)'라고 부른 종족이 있어, 'bear'에 '곰'이란 뜻이 생겼다고 볼 수 있다.

궁홀산(弓-作方忽山), 금미달(今彌達)

 '궁홀산(弓忽山)'은 갓(god)의 홀(hall)이 있는 산, 제사를 지내는 신전이나 임금의 궁궐이 있는 산이라는 뜻이다.

'방홀산(方忽山)'의 뜻은, '바알(Baal) 신(神)의 홀(hall)이 있는 산'이라고 할 수 있다.

'금미달(今彌達)'은 '가미들' 즉 '곰[熊]의 들'이라는 뜻이다.

궁(방)홀산과 금미달은 '검은 곰'을 토템으로 했던 수메르 인의 지명이었다고 볼 수 있다.

수메르 인의 궁(방)홀산과 금미달이 아리아 인에 의해 백악산과 아사달로 개명되었다고 볼 수 있다.

곰과 범

환웅이 웅녀와 혼인하여 낳은 단군 왕검이 조선을 건국했다는 이야기를 역사로 환원시키면, 환웅 족이 곰을 토템으로 하는 종족과 손을 잡았다는 뜻으로 해석될 수 있다. 곰은 어떤 종족이었을까?

수메르 인과 아리아 인은 동쪽으로도 이동했고, 환웅은 아리아 인으로 볼 수 있으므로, 아리아 인보다 먼저 이주한 수메르 인의 이야기가 단군 신화에 있을 것이다. 그러므로 같은 굴에 사는 곰과 범 중에서 어느 하나는 수메르 인이고 다른 하나는 원주민일 것이다. 수메르 인들의 이주지에 곰과 연관된 지명들이 있는 것으로 볼 때, 곰은 수메르 인을, 범은 원주민을 뜻했다고 볼 수 있다. 따라서 단군 왕검의 탄생은 아리아 인과 수메르 인이 손을 잡았다는 뜻이고, 이것은 "아리 아리랑 쓰리 쓰리랑 아랄이가 났네."란 노래의 시작이었다고 볼 수 있다.

고조선 촌장들의 칭호는 아리아 어다.

단군 신화에 기록되어 있는 이야기는 아니지만, 고조선을 건국한 사람들의 언어가 아리아 어였다는 사실을 확인할 수 있는 어휘들이 기록에 있다. 여섯 단어에 불과하지만, 그 의미가 크기 때문에 이 어휘들을 통해 '조선'의 뜻이 '조이 선(joy sun)'과 같다는 심증을 더욱 굳힐 수 있다.

『삼국사기』'신라본기 시조'조에 "이보다 먼저 조선의 유민들이 와서 이곳 저곳 산골짜기에 나누어져 살면서 육촌(六村)을 이루었다."라는 기록이 있다.

『삼국유사』'신라 시조 혁거세왕'조에 기록된 여섯 마을과 촌장들의 칭호는 다음과 같다.

양산촌(楊山村)의 알평(謁平)
고허촌(高墟村)의 소벌도리(蘇伐都利)
대수촌(大樹村)의 구례마(俱禮馬, 仇禮馬)
진지촌(珍支村)의 지백호(智佰虎)
가리촌(加利村)의 지타(祗沱, 只他)
고야촌(高耶村)의 호진(虎珍)

촌장들의 칭호는 고조선 초기부터 있었을 것이므로, 아리아 어에서 기원했을 것이다. 그러므로 한자의 뜻보다 소리에 원 뜻이 있을 것이다. 이런 시각을 갖고 이 소리들의 어원을 영어와 고대 그리스 문자에서 찾아보면, 이 이름들의 뜻이 다음과 같이 밝혀진다. 이것은 고조선이 망하고 고조선의 촌락들이 각각 무리를 이루고 이동했기 때문에 촌장의 이름들이 옛 그대로 유지되었다고 볼 수 있다. 왕위가 세습되었듯이, 촌장의 직위도 세습되었던 것으로 볼 수 있다.

'알평(謁平)'의 어원은, 27쪽에서 이야기하였듯이, 영어로 '아랄의 평화'라는 뜻인 '아랄 피스(Aral peace)'와 같다고 볼 수 있다. 따라서 '알평'은 그리스 문자의 첫 글자 '알파(Alpha)', 유럽의 '알프스(Alps)' 등과 어원이 같다고 볼 수 있다. '알평'은 고조선의 도읍지인 '평양(平壤)'과도 뜻이 통한다. '알평'은 촌장의 우두머리 역할을 한 것으로 볼 수 있다.

'소벌도리(蘇伐都利)'의 '소벌'은 영국의 '솔즈베리'·고구려의 '졸본'·신라의 '서벌'·백제의 '소부리'와 어원이 같다고 볼 수 있고, '도리'는 게르만 신화에서 천둥·농업·전쟁의 신인 '토르(Thor)'와 어원이 같다고 볼 수 있다.

'소벌'과 '솔즈베리·졸본·서벌·소부리'의 원 뜻은 죽은 사람의 '사리를 묻는 곳' 즉 '영혼이 묻히는 곳'이었다고 볼 수 있다. 이것은 아리아 인들은 죽으면 유골을 아무 곳에나 묻지 않고 수도인 소벌에 묻었다는 뜻이다. 따라서 소벌은 살아서는 종족의 중심지였고 죽어서는 영혼이 묻히는 곳이었다. 이러한 전통이 있었기 때문에 '소벌'은 수도를 뜻하는 말로 되었다고 볼 수 있다. (137쪽, '서울'은 '소울(soul)'이다. 참고)

삼한 시대에 제사장 관할 구역이었던 '소도(蘇塗)'는 '소벌도리'의 약칭이었다고 볼 수 있다.

『삼국사기』에는 여섯 마을 촌장의 이름들 중에서 유일하게 '고허촌장 소벌공(蘇伐公)'이란 기록이 있다. '소벌도리'의 '도리'가 '공(公)'으로 기록된 것으로 볼 때, '도리'는 직책이나 존칭으로도 사용되었다고 볼 수 있다.

고대 게르만 인들은 질병이나 기근이 닥치면 토르(Thor)에게 제사를 지냈다. 영어로 목요일 '서즈데이(Thursday)'는 '토르의 날'이라는 뜻이다. 따라서 '소벌도리'는 '솔즈베리'에서 '도리'를 섬기며 제사를 관장한 촌장이었다고 볼 수 있다.

'구례마(俱禮馬, 仇禮馬)'의 '구례'는 '구레나룻'(귀밑에서 턱까지 잇달아 난 수염)과 '구렛들'(바닥이 낮아 물이 늘 있거나 물길이 좋은 기름진 들)의 '구레'와 어원이 같다고 볼 수 있다. '구례마'의 '구례'는 영어로 위대한이라는 뜻인 '그레이트(great)', '마'는 암말이라는 뜻인 '메어(mare)'와 어원이 같다. 따라서 '구례마' 즉 '그레이트 메어(great mare)'의 뜻은 영어로 '위대한 암말'이다. 하지만, 한국어에서 말(馬)은 암수를 합한 뜻이므로, '구례마'의 원 뜻은 '위대한 말'이라고 할 수 있다.

'지백호(智佰虎)'의 '지백'은, '구례마'의 '구례'가 '마'를 수식하듯이, '호(虎)'를 수식한다고 볼 수 있다. 따라서, '지백'은 영어로 '무서워 벌벌 떨다'라는 말인 '쉬버(shiver)'와 어원이 같다고 볼 수 있다. 그러므로 '지백호'는 '무서운 호랑이'라는 뜻이었다고 볼 수 있다. 쉬버(shiver)는 '시베리아'의 '시베'와 어원이 같다고 볼 수 있다. '시베'의 '베'는 '백곰'이란 뜻이어서, '시베'에서 기원한 '쉬버'에 '무서운'이란 뜻이 생겼다고 볼 수 있다.

'조선'은 '조이 선(joy sun)'이다.

'지타(祗沱, 只他)'는 '치타(cheetah)'와 어원이 같다고 볼 수 있다. 말과 호랑이가 촌장의 이름에 사용된 것으로 보면, 지타도 동물의 이름이었다고 볼 수 있기 때문이다. 치타는 서남 아시아와 인도 북부 및 아프리카의 초원 지대에 사는, 표범 비슷한 동물이다. 동물들 중에서 가장 빨리 달린다는 것이 특징이다. 옛날에 서남 아시아 지역에서는 치타를 길들여 사냥에 사용하기도 하였다.

'호진(虎珍)'의 '진'은 혼령(魂靈)이란 말인 '진(jinn)'과 어원이 같다고 볼 수 있다. 따라서 '호진'은 호랑이의 모습이 되어 인간에게 마력을 부리는 신령이란 뜻이라고 할 수 있다.

『삼국유사』에는 여섯 마을 조상들의 원주지가 밝혀져 있지 않다. 그런데 『삼국사기』는 "조선 유민(朝鮮遺民)들이 육촌을 이루었다."라고 기록했다. 『삼국사기』가 '朝鮮遺民'이란 기록을 남긴 것은 의미가 크다. 이것은 정사가 고조선의 존재를 인정한 최초의 기록이기 때문이다. 『삼국유사』에 기록된 여섯 마을 촌장의 이름들이 영어와 상통한다는 사실이 밝혀졌더라도, 그들의 조상이 조선 유민이었다는 것을 알 수 없었다면, 여섯 마을 촌장의 이름들이 이처럼 가치를 발휘할 수 없었을 것이다. 두 기록이 있음으로써, 고조선을 건국한 환웅의 무리는 동쪽으로 이동한 아리아 인이었다는 것이 분명하게 확인되었다. 이런 역사가 있었기에 "아리랑 아리랑 아랄이요."란 노래가 전해지고 있는 것이다. 이런 역사가 없었다면 이런 노래가 전해질 리가 없다.

'서울'은 '소울(soul)'이다.

『삼국사기』'신라본기 시조'조에 "국호를 서나벌(徐那伐)이라 하고, 21년에는 수도에 성을 쌓아 금성(金城)이라 이름했다."라는 기록이 있다.

『삼국유사』'신라 시조 혁거세왕'조에 "나라 이름을 서라벌(徐羅伐) 또는 서벌(徐伐)[지금 민간에서 경(京)자를 훈독하여 서벌(徐伐)이라고 하는 것은 여기에서 연유한 것이다.]이라 하였다"라는 기록이 있다. [ ] 속 글의 뜻은 신라 사람들이 수도를 '서벌'이라고 불렀던 연고로 지금 고려에서도 경(京)자를 훈독하여 '서벌'이라고 읽는다는 것이다.

위의 두 기록으로 볼 때, 서라벌은 국호이었고, 서벌은 수도를 지칭하는 이름이었다. 그래서 수도를 뜻하는 '서울'이란 말은 '서벌'에서 유래되었다고 보는 것이 정설이다.

그렇다면 '서벌'·'서울'은 무슨 뜻일까? 신라의 수도이었던 '금성(金城)'의 이두 음인 '쇠울'이 '서울'로 되었고, '쇠울'의 뜻은 '쇠 울타리'이므로, '서울'의 뜻은 '쇠 울타리'라는 설이 있다. '서울'의 뜻이 '쇠 울타리'라면, '서울'의 어원으로 보는 '서벌'의 뜻도 '쇠 울타리'여야 한다. 하지만 '서벌'의 뜻을 '쇠 울타리'라고 볼 수 있는 근거는 없다. 그래서 '서울'의 뜻이 '쇠 울타리'라는 설은 정설이 될 수 없다.

'서벌'은 무슨 뜻일까?

동쪽으로 이동한 아리아 인들이 고조선을 건국했듯이 신라·고구려·백제도 아리아 인들이 건국의 주축이었다고 볼 수 있는 언어 증거들이 있다. (144쪽 참고) 따라서, 삼국은 같은 언어와 전통을 갖고 있었다. 그러므로 신라의 '서벌(徐伐)', 고구려의 첫 도읍지 '졸본(卒本)', 백제의 수도였던 부여의 옛 이름인 '소부리(所夫里)'·'사비(泗沘)' 등은 아리아 어에서 기원했다고 볼 수 있다. '서벌'·'졸본'·'소부리'·'사비'는 소리가 비슷한 것으로 볼 때, 어원이 같다고 할 수 있다. 그러므로 원래의 뜻을 알기 위해서는 아리아 어에서 기원한 인도유럽 어족의 여러 언어들 가운데 한국어와 친근성이 가장 큰 영어에서 어원이 같다고 볼 수 있는 말을 찾아야 할 것이다.

영국의 솔즈베리(Salisbury) 평원에 선사 시대의 유적인 스톤헨지(Stonehenge)가 있는 것으로 보아, '솔즈베리'는 오래된 지명이라고 할 수 있다. '솔즈베리'는 아리아 어에서 기원한 '서벌·졸본·소부리'와 소리가 비슷하므로, 이 일대는 영국으로 이주한 아리아 인들의 초기 수도였다고 볼 수 있다. 그러므로 솔즈베리의 뜻을 알면 서벌의 뜻을 알 수 있을 것이다. 하지만, 한국이 서벌의 뜻을 잃어버렸듯이 영국도 솔즈베리의 뜻을 잃어버렸다. 그러나 한국어와 영어로 서로를 보완하여 서벌과 솔즈베리를 해석하면 그 뜻을 알 수가 있을 것 같다. 'Salisbury'는 'Salis'와 'bury'의 복합어로, 'sali'는 '사리(舍利, sarira)'와 어원이 같다고 볼 수 있고, 'bury'는 영어로 '매장하다'라는 뜻이므로, '솔즈베리'의 뜻은 '사리를 묻는 곳'으로 해석되기 때문이다.

산스크리트 어에서 기원한 '사리'라는 말은 화장(火葬)한 뒤에 나오는 작은 구슬 모양을 가리키지만, 원래는 주검을 화장한 뼈를 이르는 말이었다고 볼 수 있다. 솔즈베리의 스톤헨지에서 화장된 뼈가 발견되었다는 사실은 이곳에서 사리를 매장하는 의식이 행해졌다는 뜻이다. 스톤헨지 외곽에서 밖으로 약간 떨어진 곳에 있는 큰 흙무더기는 사리를 묻은 곳이었다고 볼 수 있다. 제물로 바쳐진 희생자나 유공자의 사리는 스톤헨지 내부에, 일반인들의 사리는 외부에 묻었던 것이 아닐까? 이런 점들로 볼 때, 솔즈베리는 종족의 중심지였고, 구성원들이 죽으면 그 뼈가 묻히는 곳이었다고 볼 수 있다.

아랄 지역에서부터 아리아 인들은 그들의 중심지를 '솔즈베리'라고 불렀고, 솔즈베리는 구성원들의 뼈와 영혼(soul)이 묻히는 곳이었기 때문에, 한국에 '졸본·서벌·소부리'가 있고 영국에 '솔즈베리'가 있다고 볼 수 있다. 수도를 중심으로 구성원들을 결속시켜 큰 집단을 구성하려는 철학이 종교와 어울려 이러한 전통을 낳았다고 볼 수 있다.

'서울'이란 말은 언제 생겼을까?

고려 시대의 노래로 알려져 있는 '서경별곡'에 "서경(西京)이 셔울히 마르는"이라는 구절이 있다. (184쪽, '서경별곡' 참고) 이 구절이 고려 시대 그대로의 기록이라고 한다면, '서경별곡'의 가사

'서울'은 '소울[soul]'이다. 139

에 담긴 분위기로 볼 때 '셔울'은 신체의 중심을 빗댄 말이므로, 여기서 '셔울'은 국가의 중심인 수도를 이르는 말인 '서울'의 고어라고 할 수 있다. 이것은 고려 시대의 서경 사람들은 고구려의 수도였던 평양이 서경으로 개명되었어도, 고구려 사람들이 평양을 '셔울'이라고 불렀던 것처럼, '서경(西京)'을 옛 그대로 '셔울'이라고 불렀다는 증거가 된다.

조선 시대에도 수도 '한성(漢城)'을 당시 사람들이 '서울'이라고도 불렀음을 확인할 수 있는 귀중한 기록이 있다. 영국인 하지(John Weekley Hodge)는 1900년 초에 주한 영국 성공회 인쇄소에서 'Seoul Press Express'라는 제호로 남아프리카 전쟁에 관한 전문(電文)을 인쇄하여 판매했다. 하지는 1905년에 'Seoul Press Weekly'라는 주간지를 창간하기도 했다. (주 3-3)

이 두 기록으로 볼 때 '서울'은 옛날부터 수도를 이르는 일반 명칭이었다고 볼 수 있다. 그래서 수도의 명칭이 한자로 금성(金城)·평양(平壤)·서경(西京)·한성(漢城) 등으로 바뀌었어도 '서울'이라고 계속 불러온 전통이 있었던 것이다. 그러므로 서울이란 말의 기원은 삼국 시대 이전인 아랄 시대로까지 올라갈 수 있다.

일제 때 이름인 '경성(京城)'이 해방 후에 '서울'로 개명됨으로써, 옛날부터 수도를 이르던 일반 명칭인 '서울'이란 말이 처음으로 공식 명칭으로 되었다. '서울'이란 말이 해방 후에 생겼다고 보는 것은 '서울'의 유래를 모르는 잘못이다.

한자로 된 공식 지명들을 한자의 소리로 부르지 않고, 본래의 소리로 불러온 전통이 지난날에 있었음을 확인할 수 있는 귀중한 기록이 있다.

한국 최초의 카톨릭 신부인 김대건(金大建 1822~1846)은 신부가 되기 위하여 선서문에 서명하고, '충청도 밋내 솔매'라고 주소를 기록했다. 이 주소는 당시 이 지역의 공식 명칭이었던 '충청도(忠淸道) 면천군(沔川郡) 송산면(松山面)'을 이 지역 사람들이 부르던 방식으로 기록한 것이다. '밋내'의 어원은 '만남의 내'라는 뜻인 '밋내[meet 川]'로 볼 수 있고, '밋내'는 지금의 '삽교천'이라고 할 수 있다. '밋내'는 고조선의 유민들이 지금의 삽교천 일대를 만남의 장소로 정했던 데서 유래되었다고 볼 수 있다. 그러므로 '밋내'는 이 지역 사람들의 자존심이었다. 그래서 지명이 한자로 되었어도 한자의 소리로 말하지 않고, 옛날의 소리로 말하는 전통이 이어졌었다고 볼 수 있다. (주 3-4)

이러한 전통이 있었기 때문에 '서울'이란 말을 비롯하여, 수천년전의 역사인 "아리 아리랑 쓰리 쓰리랑 아랄이가 났네."가 지금까지 온전히 구전될 수 있었다고 볼 수 있다.

'서울'은 무슨 뜻일까?

아랄 시절부터 종족의 중심지를 '서울'이라고 불렀다면, 영어에도 소리와 뜻이 '서울'과 같거나 비슷한 단어가 있을 것이다. 영어의 '소울(soul)'은 '서울'과 소리가 비슷하다. '소울(soul)'은 영혼·핵심이란 뜻이므로, 나라의 중심인 수도를 이르는 말인 '서울'과 뜻이 통한다. 아스라하니 먼 옛날 아랄 시절에 야생 소들을 잡아다 울타리를 친 울에 넣고 공동으로 기르던, '소의 울'을 '소울'이라고 불렀다고 볼 수 있다. '소울'은 종족의 중심지이자 사후에는 뼈를 묻는 즉 영혼이 묻히는 곳이었다. 이러한 연유로 '소울'은 한국어에서는 수도를 뜻하는 말로, 영어에서는 영혼·핵심이란 뜻으로 쓰이게 되었다고 볼 수 있다.

'소울'에서 구성원들의 사리를 묻는 종교 행사가 자리를 잡게 되면서, '사리를 묻는 곳'이란 말인 '서벌'·'솔즈베리'가 수도를 뜻하는 말로 되었다고 볼 수 있다. '소울'이란 말이 '서벌'·'솔즈베리'와 공존하게 되면서, 아랄 시절에 이미, '소울'은 수도나 중요한 뜻을 이르는 일반 명사로 쓰였고, '서벌'·'솔즈베리'는 수도를 이르는 공식 명칭으로 쓰였다고 볼 수 있다. 그래서 영국에서는 '솔즈베리'가 지명으로 '소울(soul)'은 영혼·핵심이란 뜻으로 쓰이고 있고, 한국에서는 '서벌'은 재래 종교의 몰락과 더불어 사어가 되었지만 '소울'은 수도를 지칭하는 말로 지금까지 쓰이고 있다고 볼 수 있다.

고대 그리스에서는 아무 다리아 강을 옥서스(Oxus), 시르 다리아 강을 야크사르테스(Jaxartes)라고 불렀다. 영어로 소란 말인 '옥스(ox)'는 '옥서스(Oxus)'의 '옥스(ox)'와, 멍에라는 말인 '욕(yoke)'은 '야크사르테스(Jaxartes)'의 '야크(jax)'와 소리가 비슷하다. 아무 다리아 강 즉 옥서스 강의 아리아 인들은 소를 토템으로 했기 때문에 두 강을 이렇게 불렀다고 볼 수 있다. 인도의 힌두교에서 소를 신성시하는 것은 인도로 이동한 옥서스 출신의 아리아 인들이 소를 토템으로 하였던 전통에서 비롯되었다고 볼 수 있다.

'소'와 어원이 같다고 볼 수 있는 영어 어휘는 없지만, '옥스(ox)'의 '스'는 '소'와 관련이 있다고 볼 수 있다.

'울'은 한국어에서 '울안에 갇히다', '울이 세다(족속이 많고 번성하다. 떨거지가 많다)' 등의 '울'로 사용되고 있다. '우리'라는 말은 '울'과 기원이 같다고 볼 수 있다. '우리'의 어원은 '울이' 즉 '같은 울안에 사는 사람'이란 뜻이 되기 때문이다.

영어에도 '울'이란 말의 자취가 있다. 영어로 '도시의'라는 단어 'urban'은 'ur'과 'ban'의 복합어다. 'ur'은 '울'과 어원이 같다고 볼 수 있다. 'ban'에는 '금지・결혼 예고・소집된 가신단'이란 뜻이 있다. 그러므로 'urban'은 '울안에 사는 가신단' 또는 '우리 반(班)'이란 뜻을 갖고 있다고 볼 수 있다. 'ban'은 한국어 '반(대)하다・(미모에)반하다・반열' 등의 '반'과 어원이 같다고 볼 수 있다. 한국어의 '반'과 영어의 '반(ban)'이 갖고 있는 3개의 뜻은 한자의 '반(反)・반(頒)・반(班)'과도 뜻이 통한다.

'반'이 갖고 있는 이 유사성을 설명하기 위해서는 하나의 언어권에서 출발한 종족들이 영국, 중국, 한국으로 각각 이동하여 각각의 이주지에서 주도적인 역할을 했기 때문에 발생했다고 볼 수 있다. 종족 이동에 의하지 않고, 전파된 어휘들이 이처럼 짝을 이루고 남아 있다고 보기는 어렵다.

'서울'이 '소울(soul)'과 어원이 같다는 것은 아랄 시절부터 종족의 중심지를 '소울'이라고 했다는 뜻이므로, 청동기 시대 이전, 쇠란 말이 없었던 시절에도 '소울'이란 말이 있었다고 볼 수 있다. 그러므로 '금성(金城)'의 이두 음인 '쇠울'이 '서울'로 되었다고 보는 것은 잘못이다. 신라가 수도를 '금성(金城)'이라고 이름한 것은 한자의 뜻에 '매우 귀중한 성'이란 의미가 있고, 이두로 읽으면 종족의 중심지를 이르는 말인 '소울'이 되기 때문이었다고 볼 수 있다.

한국 고대 국가들의 이름은 아리아 어다.

*부여(扶餘)*는 베어(bear)다.

'부여(扶餘)'는 만주에 있었던 나라다. 그런데 무엇을 근거로 한국의 고대 국가였다고 주장할 수가 있을까? 동쪽으로 이주한 아리아 인 즉 아리랑이 세운 나라들은 한국의 고대 국가로 분류될 수 있다. 고조선이 남긴 어휘들에 아리아 어의 자취가 있듯이, 부여가 사용한 국호·수도·왕의 이름에도 아리아 어의 자취가 있다. 그러므로 부여는 아리아 인(아리랑)이 세운 나라였다. 따라서, 부여는 한국의 고대 국가다. 건국된 시기는 고조선 이후였다고 할 수 있다.

'부여'는 영어로 곰이라는 말인 '베어(bear)'와 어원이 같다고 할 수 있다. 무엇 때문에 '베어'를 국호로 정했을까? 부여의 제도에는 왕 아래에 가축의 이름을 딴 마가(馬加) 우가(牛加) 저가(猪加) 구가(狗加) 등 6개의 관리가 있었던 것으로 보아, 동물의 이름을 따서, 국호를 '베어(bear)'라고 할 수 있는 사회적 공감대가 형성되어 있었다고 볼 수 있다.

당시 만주에는 북방 아시아 인·수메르 인·아리아 인이 공존했고, 각각은 범·검은 곰·흰곰을 토템으로 했다고 볼 수 있다. 아리아 인은 동족들을 불러모으기 위해 아리아 어로 곰을 뜻하는 부여(bear)를 국호로 정했다고 볼 수 있다.

『삼국유사』'북부여'조에 기록된 인명과 지명 중에는 아리아 어의 티가 있는 것들이 있다.

부여(扶餘)의 도읍지였던 '흘승골성(訖升骨城)'의 '흘승'은 영어로 성좌·교황청이라는 말인 '홀리 씨(Holy See)'와 어원이 같고, '골'은 한국어로 옛날에 관청이 있던 곳을 이르던 말인 '고을'과 어원이 같다고 볼 수 있다.

첫 임금의 이름인 '해모수(解慕漱)'의 '해'는 태양이라는 뜻이고, '모수'는 로마의 군신 '마르스(Mars)'와 어원이 같다고 볼 수 있다. 그러므로 '해모수'의 뜻은 '태양과 같은 위대한 군신 마르스(Mars)'라고 할 수 있다.

'해모수'의 아들인 '해부루(解扶婁)'의 어원은 '해(태양신)를 부르다'이고, 이 말은 '히브리(Hebrew)'란 말과 기원이 같다고 볼 수 있다. 히브리는 이스라엘 족이고 이스라엘 족은 수메르 인의 후예다. 왕의 이름이 아리아 어에서 수메르 어로 바뀐 것이 아닐까? 부여는, 고조선이 그랬듯이, 아리아 인과 수메르 인이 연합하여 건국했다고 볼 수 있다. '해모수'의 '해'는 수메르 어이고, '모수'는 아리아 어로 볼 수 있기 때문이다. 그러므로 '해모수'란 왕의 이름은 아리아 인과 수메르 인의 공존을 상징했다고 볼 수 있다. 그런데 수메르 어인 '해부루'라는 이름을 가진 왕이 등장했다. 이것을 확대 해석하면, 수메르 인이 왕권을 장악했다는 뜻이다. 이로써 위기를 느낀 아리아 인들이 남하하여 고구려와 백제를 건국했다고 볼 수 있다.

고구려(高句麗)는 호흐 레(hoch Re)다.

 '고구려(高句麗)'의 '고구(高句)'는 독일어로 '높은'이란 말인 '호흐(Hoch)'와 어원이 같다고 볼 수 있고, '려(麗)'는 태양신이라는 말인 '레(Re 또는 Ra)'와 어원이 같다고 볼 수 있다. 그러므로 '고구려'는 '고귀한 태양신(Hoch Re)'이라는 뜻이다.
 국호를 '고귀한 태양신'이라고 이름한 것으로 보아, 고구려의 첫 도읍지인 '졸본(卒本)'이라는 말에도 당시의 종교와 철학이 담겨 있다고 보아야 한다. '졸본'의 어원은, 앞장에서 설명하였듯이, '솔즈베리(Salisbury)'와 같다. '졸본'은 '솔즈베리'를 영어식 'ㅅ' 발음 대신 독일어식 'ㅈ' 발음으로 음역한 것이다.
 『삼국사기』「지리」조를 보면, 고구려의 지명에 '홀(忽)'이란 표기가 많이 있다. 요동 지방의 요충지였던 안시성의 옛 이름인 '안정홀(安丁忽)', 함경남도 안변의 옛 이름인 '비열홀(比列忽)' 등이 그 예다. 중세 유럽에서는 왕후나 귀족의 성 또는 대저택을 홀(hall)이라고 했던 것으로 보아, '홀(忽)'은 영어의 '홀(hall)'과 어원이 같다고 볼 수 있다. 고구려에서도 왕족이나 귀족이 직접 관장한 성에 홀이란 말을 붙였던 것으로 볼 수 있다.
 백두산의 다른 이름인 '장백산(長白山)'의 '장'은 독일어로 '성스러운'이란 말인 '장크트(Sankt)'와 어원이 같다고 볼 수 있다.
 따라서, '고구려·졸본·홀·장백산' 등은 독일어와 같은 게르만 어 계열의 아리아 어를 사용한 아리아 인들이 고구려를 세웠다고 볼 수 있는 증거가 된다.

백제(百濟)는 빅 조이(big joy)다.

 온조(溫祚)는 처음에 나라의 이름을 '십제(十濟)'라고 했다. '제(濟)'자에는 중국의 제(齊)나라가 물 건너 왔다는 뜻이 담겨 있고, '십(十)'자의 소리에는 '세인트(saint)'란 뜻도 있었다고 볼 수 있다. 중국의 산동 반도에 있던 제(齊)나라가 망하자, 그곳에서 살던 아리아 인들의 일부가 한반도 서해안 지대로 이동하여 나라를 세운 것이 백제의 기원이었다고 볼 수 있다.
 '미추홀(彌鄒忽)'은 '비류(沸流)'가 나라를 세운 곳이다. '미추홀'의 어원은 '만남의 광장'이라는 뜻인 '미트홀(meet hall)'과 같다고 볼 수 있다. 동족들의 집결을 기다리며 서해안 지대에 미추홀 즉 만남의 장소를 만들었던 것으로 보아, 배를 이용해 이주한 유민들이 많았다고 볼 수 있다.
 위례성(慰禮城)은 온조(溫祚)가 처음 도읍한 곳이다. '위례'는 '좋은 태양신'이라는 말인 '웰레(well Re)'와 어원이 같다고 볼 수 있다. 고구려와 신라의 국호에는 태양신이란 말인 '려'와 '라'가 있지만, 백제의 국호에는 없다. 당시는 태양신을 숭배하던 시절이어서, 백제는 태양신이란 말인 '레(Re)'를 '례(禮)'로 표기하여 도읍지를 '위례성(慰禮城)'이라 이름했다고 볼 수 있다.
 『삼국유사』 '남부여 전백제'조에 "비류가 죽고 그 신하와 백성들이 모두 위례성으로 몰아왔다. 후에 백성들이 올 때 크게 기뻐하였다 하여 나라의 이름을 백제(百濟)로 고쳤다."라는 기록이 있다. (주 3-5)

이 기록을 해석하기에 따라서는 '百濟(백제)'라는 말에 큰 기쁨이란 뜻이 있다고 볼 수 있다. 그러므로 '백제'란 말은 영어로 큰 기쁨이란 말인 '빅조이(big joy)'와 어원이 같은 아라아 어의 어휘를 한자로 음역한 것이라고 할 수 있다.

일본에서는 '百濟'를 '구다라(くだら)'라고 읽는다. 이것은 옛 이름들을, 한자의 음으로 읽지 않고, 원래의 소리로 읽어 온 일본의 전통에 연유한 것이다. '구다라'의 어원은 '큰 나라'로 볼 수 있다. 이것은 백제 사람들이 '百濟'를 '큰 나라'라고 훈독했기 때문에 일본에서도 '구다라'라고 읽었다고 볼 수 있다.

백제의 초기 역사에는 의문점들이 많다. 다음은 1996. 12. 30일자 중앙일보에 게재된 '이규행 옴부즈맨' 칼럼의 일부다.

【장개석(蔣介石) 총통이 백범(白凡) 김구(金九) 선생에게 그의 고향과 관련해 했다는 이야기가 … 장개석의 고향은 양자강 남쪽의 절강성(浙江省)인데 그곳은 옛 백제(百濟) 땅이었다는 사실을 백범에게 말한 일이 있었다고 한다. … '蔣介石(장개석)'의 중국 북경 표준음은 '장제스'이지만, 대만에서 공식으로 발간된 장총통집(蔣總統集)에 쓰인 '蔣介石(장개석)'의 영문 표기는 '장가이섹(Chiang Kai-shek)'이다.】

절강성이 옛 백제의 땅이었고, '蔣介石'의 정음(正音)인 '장가이섹'은 북경 표준음과 다른 절강(浙江) 방언으로서 한국식 음과 같다는 것이 주는 의미는 크다. 제(齊)나라가 망하자 제나라에서 살던 아리아 인들의 일부가 한반도로 이동하여 백제를 건국했고, 일부는 절강성 일대로 남하하여 백제와 제휴함으로써 절강성 일대에 백제의 담로(擔魯)가 설치되어 있었기 때문에, 절강성 일대가 백제의 땅이었던 시절이 있었다고 볼 수 있다.

신라(新羅), 서라벌은 슬라브(Slav)다.

 신라(新羅)의 국호는 초기에 서라벌(徐羅伐)·서벌(徐伐)·사라(斯羅)·사로(斯盧) 등 여러 가지로 표기되다가, 6세기초 지증 마립간(智證麻立干) 때 '신라(新羅)'로 되었다.

 『삼국유사』'진한(辰韓)[진한(秦韓)이라고도 한다]'조에 다음과 같은 기록이 있다. 【후한서(後漢書)에 이르기를 "진한(辰韓)의 나이 많은 노인이 한 말에 의하면, 진(秦)나라가 망하고 사람들이 한국(韓國)으로 오자, 마한(馬韓)이 동쪽의 땅을 나누어주었더니 서로 불러 모여 무리를 이루었고, 언어가 진(秦)나라 말과 같아 혹은 진한(秦韓)이라고도 했으며, 12개의 작은 나라에 각각 만호가 되었고, 나라라 칭했다고 한다."라고 했다. 또, 최치원(崔致遠)이 이르기를 "진한(辰韓)은 본래 연(燕)나라 사람들이 피난해 와서 …."】 이 기록으로 볼 때, 종족 이동의 큰 물결이 있었음을 알 수가 있다.

 진(秦)나라는 기원전 221년에 중국을 통일하고, 불과 15년만에 망했다. 뒤를 이어서 한(漢)나라가 기원전 202년에 통일 국가로 등장하면서, 중국의 전국 시대에 진(秦)·연(燕)·제(齊) 나라에서 살았던 아리아 인들이 만주와 한반도로 이동하여 삼국의 주체가 되었다. 이로써 기원전 2000년경부터 황하 문명의 중심 세력을 이루었던 아리아 인들의 시대는 막을 내렸고, 이 여파로 기원전 3세기경부터 한반도에서 일본으로 종족 이동이 일어나게 되었다.

아리아 어의 어휘들은 한자로 기록되며 소리가 변했기 때문에 중국어에서 아리아 어의 자취를 찾기가 어렵다. 그래서 아리아 인들이 아랄에서 황하 유역으로 대거 이동했다는 사실이 잊혀졌다. 그러나 이제는 아리아 인들이 황하 유역으로 이동했다는 것을 한국어를 통해 확인할 수 있게 되었다.

'서라벌(徐羅伐)'이란 말은 아랄 지역에서 동유럽으로 이동한 슬라브 족들이 나라의 이름으로 사용한 '슬라브(Slav)'와 어원이 같다. 기원전 1500년경부터 황하 유역으로 이주하였던 슬라브 족들이, 중국을 통일한 한(漢)의 남방 세력에 밀려, 한반도로 이주하여 '서라벌(徐羅伐)'이란 국호를 사용한 것이다.

신라의 전신인 '진한(辰韓)'을 일명 '진한(秦韓)'이라고 불렀다는 기록이 있고, '서라벌'이 '슬라브'와 어원이 같다는 것은 중국의 '진(秦)'나라에 슬라브 족들이 많이 살았었다는 뜻이다.

'서라벌'과 '슬라브(Slav)'의 첫소리 '서'와 '스'는 '새로운'이라는 뜻이고, '라''는 태양신 '라(Ra)'와 같고, 끝소리 '벌'과 '브'는 한국어의 '벌'과 영어의 '밸리(valley)'와 어원이 같다고 볼 수 있다. 그러므로 '슬라브'는 '새로운 태양신의 땅'이라는 뜻이다.

영국의 앵글로 색슨 족과 같은 계열의 아리아 인들이 기원전 2000년경부터 동쪽으로 이주하여 고조선을 건국했고, 일부가 제(齊)나라의 주축이 되었다. 독일계 게르만 족과 같은 계열의 아리아 인들이 연(燕)나라의 주축이 되었고, 기원전 1500년경부터 이동한 슬라브 족이 진(秦)나라의 주축이 되었다고 볼 수 있다. 하지만, 아리아 어가 한자로 기록되면서 원래의 소리를 잃어, 동쪽으로 이동한 아리아 인의 역사가 잊혀졌던 것이다.

발해(渤海)는 베어 해(bear sea)다.

 발해는 고구려의 유민들이 세운 나라다. 발해와 사신의 왕래가 많았던 일본의 기록에 의하면 '말갈인'이 수적으로 많았으나 고구려의 유민들이 지배층이었다고 한다. '말갈인'은 그 뿌리가 수메르 인이고, 고구려의 유민들은 아리아 인이다. 따라서 발해는 아리랑과 쓰리랑이 세운 나라이므로, 한국의 고대 국가다. 발해를 한국의 고대 국가로 분류하는 그 당위성이 '발해'란 국명에서도 확인된다.
 '발해(渤海)'란 말의 뜻을 알기 위해서는 왜 고구려의 유민들이 만주 평원에서 건국하며 바다라는 뜻이 있는 '발해(渤海)'를 국명으로 정했는지를 알아야 할 것이다.
 황하 하구의 근해가 발해만(渤海灣)이다. 발해 건국 이전에 나온 『사기』에 발해(渤海)란 기록이 있는 것으로 보아, 그 이전부터 지금의 발해만 일대를 발해(渤海)라고 불렀다고 볼 수 있다. 기원전 2000년경 이 지역으로 이주한 아리아 인들이 이 바다를 '곰의 바다'라는 뜻인 '베어해(Bear海)'라고 부르던 것을, 한자를 쓰면서, '베어'와 비슷한 소리를 갖고 있는 한자인 '발(渤)'자를 사용해 '발해(渤海)'라고 했다고 볼 수 있다. 따라서 춘추 전국 시대에 발해만 일대에 있었던 연(燕)은 고구려를 건국했던 아리아 인의 선조들이 세운 나라였다고 볼 수 있다. 이러한 역사가 있어 고구려의 유민들은 발해만 일대의 옛 땅을 회복한다는 기치 아래 나라 이름을 발해(渤海)라고 한 것이다.

낙랑(樂浪)은 아리랑이다.

『삼국유사』'낙랑국(樂浪國)'조에 신라의 마지막 왕인 경순왕 김부(金傅)가 고려에 귀의하매, 태조가 그에게 딸을 시집보내고 낙랑 공주(樂浪公主)라고 했다는 기록이 있다.

『삼국사기』'경순왕'조에는 고려 태조가 장녀 낙랑 공주를 경순왕에게 시집보냈다는 기록이 있다.

이 기록들로 볼 때, 당시 사람들은 '낙랑(樂浪)'이라는 말에 친근감을 가졌었다고 볼 수 있다.

'낙랑(樂浪)'이라는 말은 아리아 인을 가리키는 말이었다고 볼 수 있다. 아리아 인들은 자신들을 '아리랑'이라고 불렀고, 가무를 좋아했던 아리아 인들은 '아리랑'을 한자로 '樂浪'이라 표기하고 '악랑'・'아리랑'이라고 읽었던 것으로 볼 수 있다. 오늘날 '樂浪'을 '악랑'으로 읽지 않고 '낙랑'으로 읽는 것은 발음하기가 부드럽기 때문이지 원래의 소리라고 보기는 어렵다.

『한서지리지(漢書地理志)』'연지(燕地)'조에 "낙랑해중(樂浪海中)에 왜인(倭人)이 있어"라는 기록이 있다. 일개 군에 불과한 낙랑군(樂浪郡)의 이름을 따서 큰 바다를 낙랑해라고 이름했다고 보기는 어렵다. 낙랑군이 생기기 이전부터 아리아 인들은 황해(黃海)를 '악랑해(樂浪海)' 즉 '아랄 해(Aral海)'라고 불렀다고 볼 수 있다. 한자를 쓰기 시작하면서, '노른자위 바다'・'귀중한 바다'란 말인 '아랄 해'의 뜻을 살려 '黃海(황해)'라고 표기했다고 볼 수 있기 때문이다.

신라의 헤라클레스·박혁거세

'거서간·차차웅·이사금·마립간' 이 이름들은 신라 초기에 사용된, 왕의 칭호다. 깊은 뜻들이 담겨 있었겠지만, 잊혀진지가 이미 오래다. 그러나 이 어휘들이 아리아 어에서 기원했다고 보면, 원래의 뜻을 알 수가 있다.

『삼국유사』 '신라시조 혁거세왕'조에 제1대 박혁거세(朴赫居世)왕의 칭호는 거슬감(居瑟邯) 또는 거서간(居西干)이었는데, 이 칭호는 알지거서간(閼智居西干)에서 유래되었다라는 기록이 있다.

『삼국사기』 '신라본기 시조'조에 "거서간(居西干)은 진(辰)나라 말로 왕(王)이다.[혹은 귀인(貴人)을 부르는 칭호다.]"라는 기록이 있다.

위의 두 기록으로 볼 때, '알지거서간'이란 말은 '알스 그레이스 칸(Ar's Grace Kan)'과 어원이 같다고 볼 수 있다. 이 말은 '아리아 인의 위대한 임금'이라는 뜻이다. 왜냐 하면, '거서'의 어원은 영어로 '각하(閣下)'라는 말인 '그레이스(Grace)'와 같다고 볼 수 있기 때문이다. '각하'의 어원이 '거서[Grace]'라고 보아도 틀리지 않을 것 같다. 그리스 알파벳이 한국어로 해석되는 것으로 볼 때, '그리스(Greece)'란 국호도 '그레이스(Grace)'·'거서'와 어원이 같다고 볼 수 있다.

'박혁거세(朴赫居世)'의 '혁거세'는 그리스 신화에 나오는 반신반인(半神半人)의 영웅 '헤라클레스(Heracles)', 로마 신화에 나오는 '허큐리스(Hercules)'와 어원이 같다고 볼 수 있다. '혁거세'·'헤라클레스'·'허큐리스'란 이름들은 '위대한 태양신'이라는 말인 '헤라(Hera)'에서 기원했다고 볼 수 있기 때문이다.

『삼국유사』'신라시조 혁거세왕'조에 "혁거세왕 : 아마도 향언(鄕言)일 것이다. 불구내왕(弗矩內王)이라고도 하니, 광명으로 세상을 다스린다는 뜻이다."라고 혁거세의 어원을 해석한 기록이 있다. '불구내(弗矩內)'의 어원은, '광명'이란 표현이 있는 것으로 보아, '불그레하다'로 볼 수 있다. 따라서 '혁거세'에는 '불그레하다'란 뜻이 있으므로, '혁거세'는 '위대한 태양신' 즉 '헤라(Hera)'와 뜻이 통한다. 그래서 신라인들은 '헤라클레스'를 '혁거세(赫居世)'로 표기하고, '불구내왕(弗矩內王)'·'불그레 왕'이라 훈독했다고 볼 수 있는 것이다.

제2대 왕 '남해차차웅(南解次次雄)'의 '차차웅'을 '자충(慈充)'이라고도 했다는 기록이 『삼국사기』와 『삼국유사』에 있다. '차차웅(次次雄)'과 '자충(慈充)'의 어원은 영어로 '재판관·재판하다'라는 말의 진행형인 '저징(judging)'과 같다고 볼 수 있다. 따라서 차차웅과 자충은 심판관·재판관이라는 뜻이다.

제3대부터 제16대까지(『삼국사기』에는 제18대) 사용된 왕의 명칭은 이사금[尼師今, 齒叱今, 尼叱今]이다. 한자의 표기가 여러 가지였다는 것은 원래의 소리와 뜻을 둘 다 살려 한자로 표기하기가 어려웠다는 뜻이다. '이사금'의 '이사'는 'Israel, Islam,

Isaiah' 등의 'is'와 어원이 같고, '금'은 '임금'으로 볼 수 있다. 'is'는 알이 많다는 뜻이자 아랄 지역을 뜻하는 말인 '알스(ars)'와 어원이 같다고 볼 수 있다. 영어로 섬이라는 말인 아일런드(island)의 'is'는 '알스(ars)'와 어원이 같다고 보기 때문이다. '알스(ars)'는 '위대한'이란 뜻으로도 쓰였다. 따라서 '이사금'은 '아랄의 임금'·'위대한 임금'이란 뜻이라고 할 수 있다.

제17대(『삼국사기』에는 19대)부터 제22대까지 사용한 왕의 칭호는 마립간(麻立干)이다.

『삼국유사』'제2 남해왕'조에 "혹왈마립간 립일작수(或曰麻立干 立一作袖)"란 기록이 있다. 이 글은 "혹은 마립간(麻立干)이라고도 하였는데, 립(立) 대신 수(袖)를 쓰기도 한다."라는 뜻이다. 즉, '마립간(麻立干)'을 '마수간(麻袖干)'이라 부르기도 했다는 뜻이다. '마립간(麻立干)'의 '립(立)'은 '설립'이므로 '마립간(麻立干)'을 이두로 읽으면 '마설간'이 된다. '마설[麻立]'은 영어로 원수(元帥)라는 말인 '마셜(Marshal)'과 어원이 같다고 볼 수 있다. '마수(麻袖)'는 로마 신화의 군신(軍神)인 '마르스(Mars)'와 어원이 같다고 볼 수 있다.

신라 국왕의 호칭인 '마수간'의 '마수'가 로마 신화의 군신 '마르스(Mars)'와 어원이 같다는 주장은 너무 지나친 것 같지만, 증거가 될 어휘들이 있다. (1) 한국어에 '첫 번째로 물건을 파는 일'이라는 뜻인 '마수걸이'란 말이 있다. '마수걸이'의 '마수'는 군신 '마르스'와 어원이 같고, '걸이'는 재료·소재를 뜻하는 말인 '거리'와 같다고 보면, '마수걸이'의 원 뜻을 알 수가 있다. '마수걸이를 했다'라는 말은, 지금은 '개시를 했다'라는 뜻이지만,

지난날에는 '군신 마수에게 바칠 세금을 준비하다'란 뜻이었다고 볼 수 있다. 시장에서 장사를 하려면 그날그날 세금을 내야 했다는 뜻이다. (2) 일본 신화 속 신들의 이름에 '마사'라는 표기가 있다. (235쪽 스사노오노미코토, 237쪽 마사카 … 참고) 일본 신화의 신들은 일본으로 이주한 고대 한국인이므로, 일본 신화에 군신 '마사'란 말의 자취가 있는 것은 당연한 것이다. 그러므로 일본의 '마사', 신라의 '마수', 로마의 '마르스'는 어원이 같다고 볼 수 있다. 이 어휘들은 기원전 2000년경부터 아랄에서 세계로 이동한 아리아 인들이 이주지로 가지고 간 알알 문명의 신화에 나오는 군신의 이름에서 기원했다고 볼 수 있다.

로마 신화의 신들은, 로마 신화에만 있는 두 얼굴의 문지기 신 야누스(Janus)만 빼고, 그리스 신화에 나오는 신들과 성격이 비슷하다. 그래서 지금까지 "로마 신화는 그리스 신화의 모방이다."라는 주장이 지배적이었다. 지중해 문명의 중심이 그리스에서 로마로 이동하였기 때문에 이러한 주장이 당연시되었다. 하지만 『삼국유사』에 기록된 신라의 '마수간'과 '혁거세'는 이러한 주장의 잘못을 지적할 수 있는 충분한 증거가 된다.

그리스 신화의 군신은 아레스(Ares)고, 로마 신화의 군신은 마르스(Mars)다. '마르스는 아레스를 모방한 것'이라고 보기는 어렵다. 왜냐 하면, 신라의 '마수'가 그리스의 '아레스'보다 로마의 '마르스'와 소리가 더 유사하다는 것은 로마 신화가 그리스 신화보다 아랄 신화의 원형을 더 잘 유지하고 있었다는 증거가 될 수 있기 때문이다. 이것은 "로마 신화는 그리스 신화의 모방이 아니고, 그리스 인과 로마 인은 비슷한 시기에 이주하여 고유의 원주지 전통을 각각 유지하고 있었다."라는 증거다. 아마도 『삼국유사』에 '마립간 립일작수(麻立干 立一作袖)'라는 기록이 없었다면, 로마 신화는 그리스 신화의 모방이라는 누명을 영원히 벗지 못했을 것이다.

로마 신화의 '허큐리스(Hercules)'도 그리스 신화의 '헤라클레스(Heracles)'를 모방한 것이 아니다. 신라의 '혁거세'가 둘 가운데 어느 하나의 모방일 수 없는 것과 같이, 각각은 아랄 신화의 전통을 유지했다고 볼 수 있다.

헤라클레스는 '제우스(Zeus)'신과 테베 출신의 여인 '알크메네(Alcmene)' 사이에서 태어났다. 즉, 헤라클레스는 신과 사람 사이에서 태어났다. 그리스 인들은 헤라클레스와 같은 반신 반인의 영웅들을 좋아했다. 헤라클레스와 같은 반신 반인의 영웅들이 그리스 인의 사랑을 받았다는 것은 이주민과 원주민의 혼혈 동화가 성행했다는 뜻이다. 이것은 단군 신화에서 환웅이 웅녀와 혼인하여 단군 왕검을 낳은 것과 같은 맥락이다.

삼국 시대 초기까지는 아리아 어의 전통이 유지되었다고 볼 수 있다. 종교 행사를 주관하던 제사장들이 아리아 어를 전승하면서 이름들을 지었기 때문에 전통이 유지되었다고 볼 수 있다. 그러나 불교가 국교로 공인되면서, 알알 문명의 종교를 주관하던 제사장들의 설자리가 없어지게 되자, 이들에 의해 간신히 유지되던 아리아 어의 전통은 갑자기 자취를 감추게 되었다.

이러한 결과로 8세기경 신라의 석학인 김대문(金大問)이 차차웅·이사금·마립간의 어원을 바르게 밝히지 못했고, 최치원(崔致遠)은 『제왕연대력(帝王年代曆)』을 편찬하며 이러한 칭호들을 사용하지 않고 모두 왕(王)으로 기록하게 되었다고 볼 수 있다. (『삼국유사』'제2 남해왕'조 참고)

첨성대・참 별꼴이야(peculiar)

경주 첨성대(瞻星臺)의 용도가 무엇이었는지를 알기 위해서는 '첨성'의 뜻을 알 필요가 있다. 첨성대와 비슷한 이름이 강화도 마니산의 참성단(塹星壇)이다. '첨성(瞻星)'과 '참성(塹星)'은 고대 한국어를 한자로 표기한 것이기 때문에 어원이 같다고 보고, 이두로 읽으면 '참별'이 된다. '별'이란 말이 있는 것으로 보아, 첨성대와 참성단은 별을 보고 점을 치거나 이와 관계된 일을 하던 곳이었다고 볼 수 있다.

별을 보고 점을 치던 점성술은 언제부터 생겼을까? 한자가 쓰이기 훨씬 이전인 아랄 시절부터 별을 보고 점을 치던 일이 있었다고 볼 수 있는 어휘가 있다. 한국어의 '별꼴이야'와 영어의 '피큘리어(peculiar)'가 그것이다. 둘은 소리가 비슷하고, 둘 다 '기묘한・별난・이상한'이라는 뜻을 갖고 있는 것으로 보아 어원이 같다고 볼 수 있다. 'peculiar'을 글자 그대로 '페쿠리알'로 읽으면, 이 소리는 '별꼴이야'와 더 비슷해진다.

'별꼴이야'와 '피큘리어(peculiar)'가 어원이 같다는 사실은 아랄 시절에 점성술이 크게 유행했었다는 뜻이고, 둘 다 '기묘한・별난・이상한'이란 뜻을 갖고 있다는 것은 아랄 시절에 이미 점성술에 대한 불신이 팽배해져 있었다는 뜻이다.

옛날에 별을 관측한 것은 별들의 변화를 신의 계시로 보고 이것을 따라야 한다는 일종의 신앙이 있었기 때문이었을 것이다. 참으로 그렇게 믿었는지 알 수 없지만, 위정자는 스스로 행한 일의 결과가 나빴을 경우에 책임을 지지 않고 빠져나갈 회피의 수단으로 점성술을 이용했다고 볼 수 있다. 하늘이 내린 결과로 돌리는 것보다 더 좋은 회피책을 찾을 수는 없었을 것이다. 문제는 이것을 남용하고 악용한 것이다. 이로 인해 점성술에 공정성과 신뢰성이 결여되면서 원성이 쌓이게 되어 '별꼴이야'라는 말이 생겼다고 볼 수 있다.

첨성(瞻星)과 참성(塹星)의 이두음인 '참별'이 원래 소리라면, 아랄 시절에도 '참별'이란 말이 있었다고 볼 수 있으므로, '참별'과 어원이 같은 말이 아리아 어에도 있었을 것이다. 그러므로 '참별'은 영어의 '챔피언(champion)'·'체임버(chamber)'와 어원이 같다고 볼 수 있다.

아랄 시절에 별들의 변화를 보고 점을 쳐서 어떤 일을 위해 뽑힌 사람을 '참별'이라고 불렀기 때문에 '챔피언(champion)'에 우승자란 뜻이 있게 되었고, 점을 치며 회의를 하던 장소를 '참별'이라고 불렀기 때문에 '체임버(chamber)'에 회의장이란 뜻이 있게 되었다고 볼 수 있다.

'참별'의 '참'은 한국어의 '참하다'의 '참', 영어의 '참(charm)'과 어원이 같다고 볼 수 있다. '참(charm)'에는 매력적이라는 뜻과 마력(魔力), 주문(呪文)이라는 뜻이 있다. 그러므로 '참별'의 뜻은 '매력적인 별'이다.

아프리카의 동남부에도 아랄에서 이동한 종족이 남겼다고 볼 수 있는 '참별'이란 말이 있다. '짐바브웨(Zimbabwe)'의 '짐바',

'잠비아(Zambia)'의 '잠비', '모잠비크(Mozambique)'의 '잠비' 등은 한국어의 '참별', 영어의 '참피온'과 어원이 같다고 볼 수 있다. '짐바브웨'에 있는 고대 유적지인 '그레이트 짐바브웨'에서 알알 문명의 '티'를 찾을 수가 있기 때문이다.

'그레이트 짐바브웨'는 고대 그리스의 유적과 닮은 점이 많다고 평가되고 있다. 이곳에서 돌기둥 위에 새를 조각한 유물이 몇 개 발굴되었는데, 짐바브웨는 이 새 모양을 국가 문장과 국기에 그려 넣었다. 이 돌기둥 위에 있는 새는 '오리'를 닮았고, 이 새는 한국의 솟대 위에 있는 새와 기원이 같다고 볼 수 있다.

'그레이트 짐바브웨'의 유적과 이곳에서 출토된 유물들이 갖고 있는 알알 문명의 티는 기원전 17세기를 전후하여 150여 년간 이집트의 델타 지대를 지배하다 밀려난 힉소스(Hyksos) 족이 아프리카의 동부 연안을 따라 남하하다 이곳에 정착하여 남긴 것이라고 할 수 있다. 힉소스 족은 아랄에서 그리스와 지중해 일대로 이동한, 시르 다리아 강 출신의 아리아 인들이 주축이었다고 볼 수 있다. 기원전 2000년경에 아랄 지역에서 동쪽으로 이동하여 한반도에 정착하였던 아리아 인의 일부가 기원경을 전후한 시기에 일본으로 이주하여 알알 문명의 티를 남겼듯이, 짐바브웨이로 이주한 힉소스 족들도 알알 문명의 티를 유지할 수 있었을 것이다. (주 2-2 참고)

'별꼴이야'의 '별'을 '별(別)'로 보는 것은 잘못이다. '별소리, 별사람, 별별일, 별다르다, 별나다, 별스럽다, 별 볼일 없다, 별에 별 것'의 '별'을 한자의 '별(別)'로 보는 것도 잘못이다. 한자가 생기기 이전에도 '별'자를 일부 명사나 동사 앞에 붙여 '보통과 다른, 특별한, 이상한, 온갖'이란 뜻으로 썼다고 볼 수 있는 몇 가지 근거가 있기 때문이다.

(1) 순수 한국어와 한자가 결합하여 이렇게 다양하게 쓰인 어휘는 찾기가 어렵다. 순수 한국어와 한자의 결합은 물과 기름에 비유될 만큼 어려운 것이 한국어의 현실이다. 이런 환경 속에서 접두사 '별'이 이렇게 다양하게 쓰이고 있다는 것은 접두사 '별'이 순수 한국어이기 때문에 가능했다고 볼 수 있다.

(2) 별을 보고 점을 치며 희생의 산 제물을 바치던 '보통과 다른·특별한·이해하기 어려운·이상한' 행사들이 치러지면서, 별이란 말에 '보통과 다른·특별한·별처럼 많은 온갖·이상한'이란 뜻이 생기게 되었다고 볼 수 있다. '별별'은 별을 중복 사용하여 별이 많다는 뜻이 됨으로써 '여러 가지·온갖'이란 뜻을 갖게 되었다. 한자의 별(別)자에는 '여러 가지·온갖'이란 뜻이 없다.

(3) 접두사 '별'이 한자라면 한자가 쓰이기 이전에는 순수 한국어에 '보통과 다른·특별한'이란 어휘가 없었다는 뜻이 된다. 이토록 고대 한국어가 빈약했다고 보기는 어렵다.

(4) '별(別)'자의 원 뜻은 '칼로 살을 발라내어 살과 뼈를 가르다'이다. 그래서 '나누다'란 뜻을 갖는 것이다. 별(別)자에 '유별나게'란 뜻이 있는 것은 밤하늘의 별을 보며 신에게 희생의 산 제물을 바치고 뼈와 살을 바르던 공희의 살벌한 분위기가 숨겨져 있기 때문이다. 그러므로 '별(別)'자의 소리는 '별[星]'에서 기원했다고 볼 수 있고, 한자로 별이란 글자인 '성(星)'의 소리는 '스타(star = Saint ar?)'와 관련이 있다고 볼 수 있다.

불교가 국교로 되면서 점성술은 별[星] 볼일이 없어졌다.

'낙동강 오리알'은
'낙동강 아리안'이다.

가야는 수메르 인의 땅이다.

　'가야(伽倻)'는 낙동강 유역에 있었던 고대 국가들의 이름이고, 이 일대를 이르던 옛 지명이다. 경상남도와 경상북도의 경계에 가야산(伽倻山)이 있고, 충청남도 삽교천 유역에도 가야산(伽倻山)이 있다. '가야'는 수메르 인들이 자신들의 지역을 이르던 이름이었다. 그래서 '가야'라는 이름이 옛날부터 있는 지역은 수메르 인들이 이주한 곳이었다고 볼 수 있다.
　앞에서 이야기하였지만 (90쪽, 113쪽 참고), 다른 나라에도 '가야'라는 이름이 있다. 나이지리아 북부에 있는 카노(Kano)라는 도시의 전설에 의하면, 가야(Gaya)족의 카노(Kano)라는 대장장이가 철을 찾아 이곳에 와서 이 도시를 건설했다고 한다. 카노의 동쪽 지역에 '가야'라는 작은 도시가 있다. 인도의 갠지스 강 유역에는 힌두교의 성지인 '가야', 불교의 성지인 '부다 가야'가 있다. 이 가야란 이름들도 한국의 가야와 마찬가지로 수메르 인들이 이동하여 남겼다고 볼 수 있다.
　'경상도 문둥이'란 말은 낙동강 유역에 수메르 인들이 많이 살

왔다고 볼 수 있는 언어 자취다. '문둥이'의 '문'은 수메르 인을 지칭하는 말인 '모니'가 원형이고, '둥이'는 바람둥이의 '둥이'와 같다. 따라서 '문둥이'는 수메르 인을 지칭하는 말이었다고 볼 수 있다. '문둥병'이란 말이 생긴 까닭은 아리아 인들의 힘에 밀리며 가난에 찌든 수메르 인(문둥이, 모니둥이)들이 이 병에 많이 걸렸기 때문에, 이 병을 '모니둥이 병'이라 하게 되었고, 이 말이 줄어 '문둥병'으로 되었다고 볼 수 있다.

'낙동강(洛東江)'은 동쪽으로 흐르는 강이 아닌데도 '동(東)'자가 쓰인 것으로 보아, 소리에 원 뜻이 있다고 볼 수 있다. '낙(洛)'은 '나이'를, '동(東)'은 '땅'을 음역한 것으로 볼 수 있으므로, '낙동'은 '나이 땅'이 어원이고 그 뜻은 '큰 강이 흐르는 땅'이었다고 할 수 있다. 왜냐 하면, 낙동강의 서쪽에 있는 '섬진강(蟾津江)'의 '섬진(蟾津)'은 이두로 '심나이'·'시나이'가 되어, '낙동강'·'섬진강'은 이집트로 이주한 수메르 인들이 남긴 '나일'·'시나이'와 기원이 같다고 볼 수 있기 때문이다. (89쪽 참고)

낙동강 유역의 고인돌들은 남방형이다. 북방형 고인돌이 없다는 것은 수메르 인들이 이 지역으로 이주한 시기가 매우 늦었다는 뜻이다. 이것은 원주민들의 저항이 강해, 수메르 인의 남진이 오랫동안 지연되었다는 뜻이다. 수메르 인들의 이동이 끝나고 한동안 잠잠했던 낙동강 유역에 다시 이동의 물결이 일기 시작했다. 중국에서 진(秦)나라에 이어 한(漢)나라가 통일을 이룩하면서, 황하 유역에서 일어난 종족 대이동의 물결이 낙동강 유역에까지 밀어닥친 것이다.

가야 지역의 고분들에 대한 고고학자들의 연구에 의하면, 고분들의 형식에 몇 차례 큰 변화가 있었다는 것을 알 수 있다.

그러나 고분에서 출토되는 유물들만으로는 어떤 종족들이 이주해 왔는지를 알 수가 없다. 하지만 '낙동강 오리알 신세가 되었다.'라는 속담은 수메르 인들의 뒤를 이어 아리아 인들이 낙동강 유역으로 이주했다는 것을 확인할 수 있는 언어 자취다.

낙동강 오리알 신세가 되었다.

"낙동강 오리알 신세가 되었다."·"낙동강 오리알 떨어지듯 했다."·"낙동강 오리알처럼 떨어졌다." 이 말들은 매우 처량한 신세가 된 형편을 비유할 때 쓰는 속담이다. '낙동강 오리알'과 '처량한 신세' 사이에 어떤 관계가 있었기에 이런 속담이 생겼을까?

6·25 때 낙동강 전투에서 패한 인민군들의 처량한 신세를 오리알에 비유하게 되면서 이 속담이 생겼다는 주장이 있다. 그래서 '낙동강 오리알'은 '어떤 무리에서 떨어지거나 뒤에 처져 처량하게 남게 된 신세'를 비유하는 말이라는 것이다.

그럴 듯한 해석이지만, 이 해석을 이 속담의 기원으로 보기는 어렵다. 표현에 문제가 있기 때문이다. 오리알은 다리나 날개가 없어 걸을 수 없고 날 수도 없어 무리에서 떨어지거나 뒤에 처질 수 없다. 그러므로 "낙동강 오리 신세가 되었다."·"낙동강 오리 떨어지듯 했다."·"낙동강 오리처럼 떨어졌다."라는 표현이 더 적절했을 것이다. 그러나 이런 속담은 없다.

잘못 표현된 속담이 유행되었을 리가 없다. 이 속담이 유행되었다는 것은 표현에 하자가 없었다는 뜻이다. 그러므로 이 속담은 문법적으로 완전하다고 보고 출발해야 한다. 또, 6·25 이전에도 있었다고 보아야 한다.

'떨어지다'의 뜻에 '함락되다'가 있다. '오리알이 함락되다'라는 말은 더 이상한 표현이다. 하지만, '오리알'을 낙동강 일대로 이동한 '아리안(아리아 인)'이나 '아리아 인들이 세운 작은 나라'로 보면 의문이 풀리게 된다. '아리랑'의 유래가 잊혀지면서 이 속담의 유래도 잊혀졌었지만, 때를 만남으로써 그 유래를 알 수가 있게 되었다.

아리아 인들이 낙동강 유역으로 이동한 시기는 언제였을까? 수메르 인들이 일본의 규슈 지방으로 이동을 시작한 시기는 야요이 문화가 시작된 기원전 3~2세기경이다. 고조선 유민들이 남하하면서 수메르 인들의 일부가 일본으로 이동했던 것이다. 낙동강 유역의 '가야'라 이름은, 수메르 인들이 남겼다고 볼 수 있으므로, 이 일대에서 고인돌들이 축조될 때부터 있었다고 볼 수 있다. 그러나 진한(辰韓)의 12국과 변한(弁韓)의 12국을 포함하여 낙동강 유역에 있었던 가야라는 이름의 소국들 중에는, 고조선과 황하 유역에서 이주한 아리아 인들이 주축이었던 나라들이 많았다고 볼 수 있다. 이들은 통일 국가를 이룩하지 못함으로써, 하나하나 신라에 병합되었다. 그래서 "낙동강 오리알 떨어지듯 했다."·"낙동강 오리알 신세가 되었다."라는 속담이 생긴 것이다. 비옥한 낙동강 유역을 차지하고도 통일을 이룩하지 못했기 때문에 신라에 맥없이 떨어진 아리아 인의 소국들에 관한 이야기를 역사적 교훈으로 후세에 전하기 위하여 이 속담이 생긴 것이다. 역사를 잃어버림으로써 빛이 바랬지만, 음미할수록 뜻이 깊은 속담이다.

'낙동강 오리알'은 '낙동강 아리안'이다.

낙동강 유역에 있었던 아리아 인의 소국들은 신라에 의해 멸망되었다. 그러므로 이 속담은 신라 시대에 만들어졌다고 볼 수 있다. 신라 건국의 주체는 서라벌 즉 슬라브 계 아리아 인들을 비롯하여, 육촌을 이루고 있었던 고조선계 아리아 인들이었다. 같은 아리아 인들이었는데 어떻게 이 속담이 신라에서 유행될 수 있었을까?

이 물음의 해답을 낙동강 유역에서 고인돌들을 축조한 수메르 인들에게서 찾을 수가 있다. 낙동강 유역의 수메르 인들이 아리아 인들에 의해 완전히 밀려 역사의 장에서 사라졌다고 보기는 어렵고, 신라가 발전할 수 있었던 데는 수메르 인들의 적극적인 참여가 있었다고 볼 수 있기 때문이다.

신라 김(金)씨 왕들의 시조인 김알지(金閼智)가 제4대 탈해왕 때 황금 궤짝에서 나왔다는 설화는 수메르 인계가 정치의 중심에 등장하기 시작한 사건으로 볼 수 있다. '金(금)'자가 '곰'의 뜻으로 쓰인 예가 많으므로, '김(金)'은 수메르 인의 상징이었던 '곰'을 음역한 것으로 볼 수 있어, '김(金)씨는 수메르 인이었다고 할 수 있기 때문이다. 제3대 노례(유리)이사금의 왕비가 김(金)씨였던 것으로 보아 수메르 인의 힘이 건국 초기부터 만만하지 않았음을 알 수 있다.

그러므로 수메르 인계 김씨 왕들에 의해 낙동강 일대에 있었던 아리아 인의 소국들이 신라로 합병되었기 때문에 "낙동강 오리알처럼 떨어졌다."·"낙동강 오리알 신세가 되었다."라는 속담이 생겼다고 볼 수 있다. 김씨 왕들이 아리아 인이었다면, 이 속담이 유행하지 못했을 것이다.

한국의 '행주산성'과
영국의 '스톤헨지'

　한국의 한강 유역에 있는 '행주산성'의 '행주', 영국의 솔즈베리에 있는 '스톤헨지(Stonehenge)'의 '헨지', 파키스탄의 인더스강 유역에 있는 고대 유적지인 '모헨조다로(Mohenjo-dalo)'의 '헨조'는 소리가 비슷하다. 우연히 생긴 비슷한 소리들일 수 있지만, 그냥 지나치기가 아쉽다. 아리아 인들이 한국·영국·인도로 이동했으므로 '행주·헨지·헨조'는 아리아 어에서 기원한, 어원이 같은 어휘들일 가능성이 있기 때문이다. 그렇다면, 고대의 전통 어휘들은 당시의 종교와 깊은 관계가 있었으므로, 이 어휘들은 알알 문명의 종교에서 기원했다고 볼 수 있다. 따라서 '행주·헨지·헨조'는 당시의 종교 행사였던, 신에게 제물을 바치는 공희의 제사와 관계가 있는 어휘였다고 볼 수 있다.

　스톤헨지는 영국의 솔즈베리 평원에 있는 고대의 유적이다. 영국 고고학자들의 연구에 의하면, 스톤헨지가 건설되기 시작한 것은 기원전 3500년경부터이며, 돌을 세우기 시작한 것은 기원전 2000년경부터이고, 기원전 1000년경부터는 버려졌다고 한다. 스톤헨지라는 이름은 색슨 인이 명명한 것이라고 한다. 그러나 어디에도 '스톤헨지'의 뜻이 무엇이란 말은 없다. 영어로 '스톤(stone)'은 돌이란 말이니까 거석들을 가리킨다고 볼 수 있지만, '헨지(henge)'의 뜻을 알 수가 없기 때문이다. '헨지'의 뜻을 알기 위해서는 한국어의 '행주산성·행주치마·행주·행주질'의 '행주'와 '헨지' 사이에 어떤 관련이 있는지를 찾아볼 필요가 있다. 서로를 보완함으로써 '솔즈베리·서벌·서울'의 뜻을 알 수 있었듯이, '헨지'와 '행주산성·행주치마·행주·행주질'이 갖고 있는 뜻들을 활용하여 서로를 보완해 보면, 이 어휘들의 원 뜻을 찾을 가능성이 있다고 보기 때문이다.

행주산성은 한강 하류 북쪽 강변에 있는 작은 산성으로서, 임진왜란 때 이곳에서 벌어졌던 싸움(1593년)에서의 승리로 유명해진 곳이다. 이 행주산성 싸움에서 부녀자들이 앞치마에 돌을 담아 날라 싸움을 도왔다고 해서 '행주치마'라는 말이 생겼다는 이야기가 전해지고 있다. 그러나 임진왜란보다 앞서 1481년에 초간된 『두시언해(杜詩諺解)』에 "帉 힝ᄌ쵸마 호"라는 기록이 있는 것으로 보아, 행주치마라는 말은 임진왜란이 일어나기 이전부터 있었던 것으로 보는 것이 정설이다.

'힝ᄌ쵸마'란 말이 임진왜란 이전부터 있었듯이 '행주'·'행주질'이란 말들도 옛날부터 있었을 것이다. 따라서 '행주'란 말은 아리아 어에서 기원했다고 볼 수도 있으므로, '행주'와 어원이 같은 말이 영어에도 있을 것이다. '스톤헨지'의 '헨지'가 '행주치마'의 '행주'와 어원이 같다면, '행주'의 원 뜻이 그릇 닦는 헝겊이었다고 보기는 어렵다. 그렇다면 '행주'의 원 뜻은 그릇 닦는 일과 관련된 어떤 행위를 이르는 말이었다고 볼 수 있다.

'행주치마'의 '치마'는 영어의 '치미어(chimere)'와 어원이 같다고 볼 수 있다. '치미어(chimere)'는 영국 국교회파의 주교가 때때로 입는 헐겁고 소매가 없는 웃옷이다. 이 '치미어'와 '치마'의 어원이 같다면, 행주치마의 기원은 종교 행사와 관계가 있다고 볼 수 있다. 따라서 행주치마는 옛날에 '행주'란 행사를 치를 때 사제가 입는 소매가 없는 웃옷에서 기원했다고 볼 수 있다.

행주산성의 축성 시기는 통일 신라 시대의 토기가 나오는 점으로 보아 그 이전으로 보고 있다. 따라서, 고려 시대에 이 일대를 행주(幸州)라고 부르기 이전에도 행주산성은 있었다고 볼 수 있다. 고려 시대 이전에 행주산성의 이름은 무엇이었을까? 강변에 솟아 있는 작은 산이지만 토성이 있는 것으로 보아 산의 이름이 있었을 것이다. 산의 이름은 지역의 이름이 바뀔 때마다 바뀌었다고 보기 어렵다. 산의 이름이 '행주산'이어서 행주산성이라고 불렀다면, 고려 시대의 행주란 지명은 행주산성에서 유래되었다고 볼 수 있다. 고려가 건국하고 개명한, 중부 지방의 지명들 중에는 고조선 시대의 지명에서 유래되었다고 추측되는 것들이 많다. 지명이 통일 신라에 의해 개명되었어도 이 지역 사람들은 옛 그대로 불러오다가, 고려가 건국되면서 옛 이름들을 공식 명칭으로 사용하게 되었다고 볼 수 있다. '행주'란 지명도 그 하나였다고 볼 수 있다.

오래된 지명들은 한자의 뜻보다 소리에 원 뜻이 있다. 그러므로 '행주산성'의 '행주'도 소리에 원 뜻이 있다고 보아야 한다. 그렇다면 오래되었다는 공통성으로 볼 때, '행주산성'의 '행주'는 '행주치마·행주질'의 '행주'와 어원이 같을 가능성이 높다. 따라서, '행주산성'은 '행주란 행사를 치르던 산성'으로 해석될 수 있다. '행주(幸州)'란 지명에 행복이란 뜻인 '행(幸)'자가 쓰인 것으로 보아, '행주'란 말은 무언가를 기원하는 일과 관계가 있었다고 볼 수 있다.

스톤헨지가 있는 '솔즈베리'란 지명은 한국 고대사에 등장하는 고구려의 졸본, 신라의 서벌, 백제의 사비·소부리 등과 어원이 같다. 따라서, 솔즈베리는 그 주변 일대에 살던 종족들의 수도이었고, 솔즈베리의 중심인 스톤헨지는 종교 행사를 치르던 곳이었다고 볼 수 있다. 어떤 행사가 있었을까?

'솔즈베리'·'서벌'은 '살벌(殺伐)'이란 말과 소리가 비슷하다. '살벌'은 '분위기나 풍경 또는 인간 관계 따위가 거칠고 서먹서먹함'을 뜻한다. '살벌(殺伐)'은 '솔즈베리'를 음역한 것이라고 할 수 있다. 왜냐 하면, 솔즈베리에서 행해졌던 신에게 희생의 산 제물을 바치던 공희의 제사 분위기가 살벌하여, '솔즈베리'란 말에 '살벌(殺伐)'이란 뜻이 생겼다고 볼 수 있기 때문이다. 다수를 위한다는 명분에 의해 소수의 희생이 강요됨으로써 솔즈베리에 살벌한 기가 감돈 것이다. 이 살벌했던 공희의 행사 이름이 '행주'·'헨지'이었다고 볼 수 있다.

따라서, '행주산성'은 한강변에서 아리아 인들이 신에게 희생의 제물을 바치던 공희의 행사인 '행주'를 치르던 산성이었고, '행주치마'는 이 행사를 할 때 제사장이 입었던 앞치마이었고, '스톤헨지'는 공희의 행사인 '헨지'를 치르던 돌 제단이란 뜻이었다고 할 수 있다.

파키스탄의 인더스 강 유역에 있는 인더스 문명의 유적지인 모헨조다로(Mohenjo-dalo)는 기원전 2500년경~기원전 1500년경까지 인더스 문명의 중심이었던 고대 도시다. 기원전 1500년 경에 인더스 강 유역으로 침입한 아리아 인들이 이 도시를 파괴시켰다고 보는 것이 정설이다.

'모헨조다로'라는 말이 언제부터 전해졌는지는 알 수 없지만, 오래된 이름이라면, 한국어와 영어로 그 뜻을 풀이해 볼 수가 있을 것이다. '모(Mo)'는 수메르 인들이 즐겨 사용한 성인이라는 말인 '모니(muni)'와 같다고 볼 수 있다. '헨조(henjo)'는 '스톤 헨지'의 '헨지', '행주산성'의 '행주'와 같다고 볼 수 있다. '다로(dalo)'는 (넓은)골짜기라는 말인 영어의 '데일(dale)'과 같다고 볼 수 있다. 데일(dale)이란 말은 지금은 (넓은)골짜기란 뜻이지만, 아랄 시절에는 강이 흐르는 넓은 골짜기에 있는 충적 지대에서 농사가 잘되었기 때문에, 아랄 시절에 데일(dale)은 농경이 가능한 비옥한 충적 지대가 있는 계곡을 이르던 말이었다고 볼 수 있다. 이 '데일(dale)'이란 말이 한국어에서는 '들'로 되었다고 볼 수 있다. 그래서 '데일(dale)'은 고조선의 도읍지였던 '아사달(阿斯達)'의 '달(達)'과 어원이 같다고 볼 수 있다. 영국의 잉글랜드 버크셔에 서닝데일(Sunning dale)이란 지명이 있는 것으로 보아, '다로·달·데일·들'은 어원이 같고, 옛날에 지명으로 많이 사용되었다고 볼 수 있다.

그러므로 '모헨조다로'의 뜻은 '모니(수메르 인)들이 공희의 제사를 지내던 제단이 있는 들'이라고 할 수 있다. 이 해석은 '모헨조다로'의 뜻이 '사자(死者)의 언덕(the mound of the dead)'이라고 전해지는 것과 서로 통한다.

『환단고기』의 뿌리는 역사다.

문자가 없었던 시절에 노래[lore]로 암송되어 전해지던 역사가 문자로 기록된 것이 신화라고 할 수 있다. 그러므로 신화 속에는 역사의 뿌리가 있다고 볼 수 있다. 신화의 형식을 갖춘 창작된 신화들도 있을 것이지만, 각국의 건국 신화들은 대전제 "아리랑은 아리아 인, 쓰리랑은 수메르 인, 이들의 원주지는 중앙 아시아의 아랄이다."에 뿌리를 두고 있다고 볼 수 있다. 수메르 인과 아리아 인이 세계로 이동하며 파종한 문명의 시작이 각국의 건국 역사이었고, 이것이 압축되어 문자로 기록된 것이 각국의 건국 신화라고 할 수 있기 때문이다.

고조선의 건국 신화인 '단군 신화'에도 역사가 압축되어 있다. 하지만, 오래 전부터 정사(正史)는 고조선의 역사적 실체를 인정하면서도 그 시작을 전하는 단군 조선에 관한 역사 기록을 의도적으로 기피하는 전통을 갖고 있다. 고려 때 김부식이 왕명을 받아 편찬한 『삼국사기』에는 '朝鮮遺民(조선유민)'이란 글귀가 고조선에 관한 기록의 전부이지만, 뒤에 일연이 개인적으로 편찬한 『삼국유사』에는 '고조선'의 건국 신화인 '단군 신화'가 기록되어 있다는 것이 그 증거의 하나다. 당시에는 고조선에 관한 자료들이 지금보다 많이 있었을 것인데, 선대의 역사를 편찬하는 국가적 사업에 고조선의 역사를 누락시키고 삼국에 국한하여 편찬한 이유가 무엇인지를 알 수가 없다. 고려의 뒤를 이은 조선은 '조선'이란 국호를 사용하면서도 고조선의 역사 기록을 역시 기피했다. 조선 세조 3년에는 『고조선비사(古朝鮮秘詞)』, 『삼성밀기(三聖密記)』등과 같은 문서를 사처에 소장하지 말고 진상하도록 한 수거령이 있었다. 수거된 문서가 얼마나 되었고 어떻게 보관되었다는 기록이 없으니, 잘 보관하기 위한 수거가 아니었고, 뿌리를 뽑기 위한 수거령이었다고 보는 것이 옳을 것이다. 이렇게 정사가 대를 이어 고조선의 역사 기록을 기피한 이유는 무엇이었을까?

가장 큰 이유는 종교 문제였다고 볼 수 있다. 불교가 국교로 공인되면서 재래 종교의 몰락과 더불어 고조선의 역사도 배척을 당하게 되었다. 고조선의 역사는 재래 종교와 유착되어 있어서 역사만을 따로 분리하여 계승할 수가 없었기 때문이었다. 불교가 국교로 공인되면서 고조선의 역사와 전통이 철저하게 배척되었다는 것을 확인할 수 있는 간접적인 증거가 기록에 있다. 신라 초기에 임금을 차차웅·이사금·마립간 등으로 부르게 된 유래에 대하여 8세기경 신라의 대학자였던 김대문(金大問)의 어원 해석이 『삼국사기』와 『삼국유사』에 기록되어 있는데, 이 해석은 원래의 뜻과는 전혀 다르다. 이런 엉뚱한 해석이 생기게 된 원인은 재래 종교의 제사장들이, 불교가 국교로 공인되면서, 공식적으로 설자리를 잃게 되어 그들에 의해 간신히 유지되었던 고조선의 역사와 언어가 갑자기 단절되었기 때문이었다고 볼 수 있다. 불교가 국교였던 고려 시대에도 고조선의 역사 계승은 공식적으로 인정되지 않았기 때문에 『삼국사기』에 기록되지 않은 것이다.

조선 시대에는 유교가 종교를 지배했기 때문에 재래 종교와 연관되었던 고조선의 역사는 계승될 수 없었다. 또, 고조선의 역사는 너무 오래 되고 지나치게 압축되어 현실과 거리가 먼 이야기들이었기 때문에 유용성이 없었던 것도 계승되지 못한 한 원인이었을 것이다. 그러므로 재래 종교에 대한 신앙적인 믿음이 없이는 고조선의 역사는 온전히 전승되기가 힘들었다. 그래서 고조선에 관한 기록은 장구한 역사에 비해 너무 빈약하다.

이제 종교의 족쇄는 풀렸지만, 정사의 전통은 신화란 꼬리표를 붙여 여전히 고조선의 시작인 단군의 역사를 금기시하고 있다. 그러나 아리랑의 뜻이 밝혀짐으로써 단군 신화는 역사로 복원될 수 있는 길이 열리게 되었다.

단군의 역사를 기록해 놓은 『환단고기(桓檀古記)』란 책이 있지만, 정사는 이 책을 위서로만 평가하고 거들떠보지도 않는다. 그러나 이런 편협한 역사관을 갖고는 세계의 고고학 자료들을 분석하여 종합해 낼 꿈도 꿀 수 없고, 『일본서기』의 신화 시대를 제대로 읽어 낼 수 없고, 한국 고대사에 대한 외국 학자들의 역사 왜곡을 반박할 수 없다. 잃어버린 역사를 찾아 밝히자는 것이지 없었던 역사를 만들자는 것은 아니다.

물론 문제는 있다. 『환단고기』는 창조론적 역사관에 기초되어 있어 종교성이 강한 것이다. 그러나 이것은 역사의 압축으로 인해 생긴 문제로 보고 하나하나 풀어 가면 된다. 『역사의 키워드 아리랑과 알파벳』은 있는 그대로를 추구하는 역사관에 기초하여 고대사를 연구함을 원칙으로 한다.

『환단고기』에 근세에 생긴 용어들이 있다고 해서 전체를 위작으로 평가하는 것은 옳지 않다. 이런 종류의 문헌들을 소지하는 것 자체가 금지되었던 시절에 그 내용들이 온전히 전해졌을 리가 없다. 그 속에 잃어버린 역사가 있다고 보고, 옥석을 가릴 때가 되었다. 이런 뜻에서 『환단고기』에 나오는 글 중에서 주목할 만한 호칭·국명·지명 등의 어원을 해석해 보았다. 이러한 해석을 통해 『환단고기』와 알알 문명이 상호 연계된다는 사실을 역사학계는 주시해야 할 것이다.

"天帝桓因氏亦稱安巴堅(천제환인씨역칭안파견)"이란 기록이 있다. 이 글은 천제(天帝)인 '환인(桓因)'을 '안파견(安巴堅)'이라고도 칭했다는 뜻이다. '안파견'의 '안파'는 '알파·알프스·알평'과 어원이 같고, '견'은 임금을 뜻하는 '칸'과 같다고 볼 수 있다. 따라서, '안파견'의 뜻은 '아랄의 평화를 지키는 임금'이라고 할 수 있다.

'아프가니스탄(Afghanistan)'의 '아프간'은 '안파견(安巴堅)'과 어원이 같다고 볼 수 있다. 그러므로 '아프가니스탄'을 직역하면, '천제 환인 안파견의 땅(나라)'이 된다.

'須密爾國(수밀이국)'이란 기록이 있다. 수밀이국은 메소포타미아의 '수메르(Sumer)'라고 할 수 있다. 『환단고기』에 나오는 파나류 12국의 영역은 아랄 해를 중심으로 하는 당시의 세계 지도였다고 볼 수 있다.

"斯白力之天(사백력지천)"이란 기록이 있다. 아리아 인들은 아랄 지역을 '斯白力'이라 불렀다고 볼 수 있다. '斯白力'은 '시베리아(Siberia)'의 음역으로 볼 수 있지만, 불교에서 중생이 여러 가지 고통을 참고 견디어야 하는 이 세상이라는 뜻인 '사바 세계'와도 어원이 같다고 볼 수 있다. 왜냐 하면, '시베리아'의 '시베'와 '사바 세계'의 '사바'에서 '시'와 '사'는 둘 다 '새로운·신성한'이란 뜻이고 '베'와 '바'는 곰이란 말인 '베어(bear)'와 어원이 같다고 볼 수 있어, '시베리아'와 '사바 세계'는 둘 다 '새로운·신성한 백곰의 땅'으로 해석되기 때문이다. 인도로 이동한 아리아 인들은 '사바 세계' 즉 '아랄 지역'에서 종족들간에 싸움이 자주 일어났기 때문에, '사바 세계'를 매우 고통스러운 세상으로 생각했다고 볼 수 있다.

'阿耳斯它(아이사타)'라는 기록이 있다. '아이사타'는 인류의 조상이 처음 만난 곳이고, '사타려아(斯它麗阿)'라고도 한다고 기록되어 있다. '아이사타'와 '사타려아'에 '사타'가 공통으로 있다. '사타'의 '타'는 그리스 알파벳의 '델타·제타·이타·시타·이오타'에서 볼 수 있듯이 장소를 뜻한다. 따라서 '사타'는 '세인트(saint)·산타(santa)'와 어원이 같다고 볼 수 있으므로, 그 뜻은 '성인들이 사는 곳'·'신성한 곳'이다.

'아이사타'의 '아이'는 '알'에서 기원한 말로서 한국어의 '아이'와 어원이 같고 '새 생명·새로운'이란 뜻이 있다고 볼 수 있으므로, '아이사타'의 뜻은 '새 생명이 있는 신성한 곳'이다.

'사타려아'의 '려아'는 지역을 뜻하는 에리아(area)와 어원이 같다고 볼 수 있으므로, '사타려아'의 뜻은 '신성한 지역'이다.

'波奈留之山(파나류지산)'이란 기록이 있다. '파나류'는 '파미르(Pamirs)' 고원을 가리킨다고 볼 수 있다. '파'는 '위대한'이란 뜻이고 '나루'는 '나라'와 같다고 볼 수 있으므로, '파나류'의 뜻은 '위대한 나라'라고 할 수 있다.

　'天海(천해)'의 동쪽에 환인의 파나류국이 있었고 그 강역이 매우 넓었다는 기록이 있다. 중앙 아시아의 아랄 해(Aral Sea)를 중심으로 펼쳐진 광활한 영역이 카스피 해(Caspian Sea)의 동쪽에 있는 것으로 볼 때, 천해는 카스피 해라고 할 수 있다. 또, '카스피 해(Caspian Sea)'의 '카(Ca)'는 '카인(Cain)'의 '카'와 어원이 같다고 볼 수 있어, '카스피 해'의 원 뜻은 '카인의 바다'·'환인의 바다'였다고 볼 수 있기 때문이다. 지금으로부터 1만여 년 전에 빙하기가 끝나고 종족들이 북상하기 시작한 초기에 백인계 카인은 카스피 해를 중심으로, 흑인계 아벨(Abel)은 흑해(Black Sea) 남부 연안을 중심으로, 황인계 셋(Seth)은 아랄 해를 중심으로 수렵채취에 주로 의존하여 각각 성장하기 시작했다고 볼 수 있다. 그후 인구의 증가로 농경의 비중이 증가하게 되면서, 아랄 해의 아무 다리아 강과 시르 다리아 강 유역의 델타 지대가 각광을 받게 되었다. 카인은 아무 다리아 강 유역에, 셋은 시르 다리아 강 유역에 정착하게 되었다. 그러나 아벨은 힘 겨루기에 밀려 정착하지 못하고 다른 곳으로 이동했다. 이후, 아랄 해의 두 강 일대에서 인류 문명의 탄생이 시작되었다. 여기가 『성경』에 나오는 에덴(Eden)의 배경이다.

　아벨이 흑인계였다고 볼 수 있는 유전학적 자취를 일본의 소수 민족인 아이누에서 찾을 수 있다. 『성경』에서 카인이 아벨을 죽인 사건은 카인 족이 아벨 족을 아랄 지역에서 밀어낸 싸움이었다고 볼 수 있다. (279쪽 "아이누는 아프리카 인의 후예다." 참고)

'흑해(Black Sea)'란 이름이 생긴 유래에 대한 몇 가지 설이 있지만, 브리타니카 백과사전에 "몇몇 기록에 의하면, 아마 흑인종(a black race)이 살았던 데서"라는 짤막한 기록이 있다. 옛날에 이 바다 남부 연안 일대에서 흑인들이 살았기 때문에 이 바다를 흑해라고 불러온 역사가 있었던 것으로 볼 수 있다. 홍수 시대에 이 일대로 아프리카 흑인의 진출이 만만치 않았음을 유추할 수 있다.

천해를 바이칼호로 보는 것은 잘못이다. 바이칼호는 염호가 아니고, 그 주위에는 농경이 가능한 충적 지대가 발달되지 않아, 큰 집단이 탄생하기에는 부적합한 지역이었다. 바이칼호 동쪽에 있는 흑룡강(黑龍江)은 흑인계 아이누가 이 일대를 장악하고 있었기 때문에 쓰인 이름이라고 볼 수 있다.

'黑水(흑수)'와 '白山(백산)'이란 기록이 있다. 「삼성기」 첫 장에 나오는 '흑수'와 '백산'은 환인의 무리들이 하늘에서 내려온 곳이다. 이 때는 환웅의 무리가 이동하기 이전이므로 흑수를 흑룡강으로, 백산을 백두산이라고 할 수는 없다. 여기서의 흑수는 흑해(Black Sea)이고, 백산은 흑해와 카스피 해 사이에 있는 카프카스 산맥의 엘브루스(El brus, 5642m)산이나, 아랄 지역 남부의 산악 지대인 엘부르스 산맥, 또는 아랄 해 동쪽의 산악 지대인 파미르 고원의 고봉들이라고 할 수 있다. '엘브루스'의 '엘'은 가나안 신화에서 신들과 인간의 아버지가 되는 신이었던 것으로 볼 때, '엘브루스'의 뜻은 '엘을 부르는 산', '엘을 위하여 제사를 지내는 산', '엘이 강림하는 산'이라고 할 수 있다. 일찍부터 엘부르스는 성지로 여겨졌다고 볼 수 있다.

'靑邱(청구)'라는 기록이 있다. '청구(靑邱)'의 '청(靑)'은 '파라(Pa Ra)'를, '구(邱)'는 '고을[Gaul]'을 음역한 것이라고 할 수 있다. 따라서 '靑邱(청구)'의 어원은 '파라고을(Pa Ra Gaul)'이고, 뜻은 '위대한 태양신의 고을'이다. 남미(南美)에 있는 나라의 이름인 '파라과이(Paraguay)'와, 대구시에 있는 '팔공산(八公山)'의 '팔공(八公)'은 '파라 고을'과 어원이 같다고 볼 수 있다.

'장당경(藏唐京)'이란 기록이 있다. '장당(藏唐)'은 '성스러운'이란 말인 독일어 '장크트(sankt), 영어 세인트(saint)'와 어원이 같다고 볼 수 있다. 따라서 '장당경'은 '성스러운 수도'란 뜻이다.

'가림토(加臨土)'라는 문자 기록이 있다. '가림토'란 말은 고대 한국어일 것이므로, 어원은 '가람 터'와 같다고 할 수 있다. 가람(伽藍)의 어원으로 보는 승가람마(僧伽藍摩)의 산스크리트 어 'samgharama'는 '삶 god Ra many' 즉 '승려들이 많이 사는 곳'으로 해석된다. 따라서, '가림토 문자'는 불교 이전에 있었던 재래 종교의 사찰(가람 터)에서 승려들이 사용한 문자였다고 할 수 있다. 비슷한 문자가 인도에도 있는 것으로 볼 때, 아랄 시절에도 이와 유사한 문자가 사용되었음이 유추된다. (주 3-6)

부분적이기는 하지만 이런 내용들로 볼 때 『환단고기』를 아무런 근거도 없는 조작품으로만 볼 수는 없다. 그러나 현재의 내용을 그대로 받아들이기는 어렵다. 취사 선택도 쉽지는 않다. 많은 연구가 있어야 될 것이다. 분명한 것은 『환단고기』를 조작된 것으로 보아온 편견은 사라져야 된다는 것이다.

니나 노 닐리리야
(Nina know Nilerea)

닐리리야

　'닐리리야'는 경기 민요의 하나로서 무당들이 굿을 할 때 부르던 무가(巫歌)인 창부 타령(倡夫打令)에서 전화된 노래다. 지금까지 '닐리리야'란 말은 피리의 음색을 딴, 뜻이 없는 구음으로 알려져 왔다. 그러나 이것은 고대에 한반도로 이주한 종족들의 이동 역사를 잃어버린 현대인의 잘못된 해석이다. '닐리리야'는 세계가 잃어버린 알알 문명의 존재를 증언하는 노래다. 이 노래 속의 노랫말들을 해석해 보면, '닐리리야'에 잊혀진 역사가 담겨 있다는 것이 확인되기 때문이다.

　　"짜증을 내어서 무엇하나. 니나노 닐리리야 닐리리야
　　　니나노, … 얼씨구나 절씨구나 좋다 좋아."

　'니나노 닐리리야'는 현대 한국어로 해석되지 않는다. 아무런 뜻도 없는 구음이 노래의 제목으로 되기는 어렵다. 뜻을 알 수 없는 아리송한 노래이니 아리아 인의 노래에서 기원했다고 보

고, 이 노랫말을 아리아 어의 원형이 가장 잘 보존되어 있다고
볼 수 있는 영어로 옮겨 보았다. (주 3-7)

"Judging raise what. Nina know Nilerea. Nilerea
Nina know, all seek, jury seek, joy joy."

'짜증을 내어서 무엇하나'를 'judging raise what'이라고 옮겨
보았다. '짜증'은 '재판하다'란 말인 'judge'의 진행형 'judging',
'내다'는 '일으키다'라는 말인 'raise', '무엇'은 '무엇'이라는 말인
'what'과 어원이 같다고 보면, 'judging raise what'의 뜻은 "옳
고 그른지를 판단하기 위하여 재판을 해서 무엇하나?"라고 해
석되기 때문이다. 옛날부터 재판을 한다는 것은 짜증스러운 일
이어서, '저지(judge)'의 진행형 '자징(judging)'이 '짜증'으로 전
의되었다고 볼 수 있다.

'니나(Nina)'는 바빌로니아 신화에서 대양(大洋)의 신(神)인
'에아(Ea)'의 딸이며, 강의 여신이다. 한국어에서 '에아'는 뱃노
래 소리인 "에아디야 어기야디야"의 '에아'로 지금도 남아 있다
고 할 수 있다. (주 3-8)

'노'는 'know(알다)'와 어원이 같다고 할 수 있다.

'닐리리아(Nilerea)'는 '나일 에리어(Nile area)' 즉 나일 강 유
역을 뜻했다고 볼 수 있다. 아리아 인들은 기원전 2000년경 아
랄 지역에서 외부 세계로 이동을 하기 이전부터 이집트의 나일
강 유역에 대한 소식을 듣고, 나일 강 유역을 이상향으로 생각
하고 '닐리리야'라 부른 것이다.

'얼씨구'는 'all seek' 즉 '모두 찾아보자'란 뜻이고, '절씨구'는

'jury seek' 즉 '배심원이 찾아보자'란 뜻이라고 하면, 앞뒤의 말이 통한다. '좋다'는 'joy'와 어원이 같다고 볼 수 있다. 따라서 위의 노래를 직역하면 다음과 같다.

"재판을 해서 무엇하나. 강의 여신 니나(Nina)는 나일 강 유역의 이상향 닐리리야(Nilerea)를 알고 있다. 모두들 찾아가 보자, 배심원이 찾아가 보자, 좋다 좋아."

아마도 몇 사람이 모여서, 들은 풍월로, '대양의 신 에아가 사는 집터'인 '이집트'의 나일 강 유역에 대한 이야기를 하다 서로의 이야기가 달라 싸움이 벌어졌던 것 같다.

"옳고 그른지를 누가 판단해 줘야 할 텐데, 아무도 가보질 못했으니 재판을 한들 누가 어떻게 판단해 줄 수 있겠느냐? 에아의 딸인 강의 여신 '니나'는 나일 강 유역의 이상향 닐리리야를 잘 알고 있을 것이다. 우리도 닐리리야가 어떤 곳인지를 알기 위해 모두 다 같이 찾아가 보자, 배심원들이 대표로 찾아가 보자, 어떻게 할 것인가를 결정하자. 좋다 좋아 해보자." 이런 뜻이 담겨 있다면, 지나친 망상일까?

가정이 가정을 낳고 있지만, 그 결과는 '알알 문명의 이동'이라는 역사적 사실을 증명하고 있다. 뿔뿔이 흩어진 것들을 하나의 가정을 통해 모음으로써 잊혀졌던 것을 찾아 낼 수 있다면, 그 가정은 진실이다.

'닐리리야'라는 노래가 한반도에서 불려져 온 지는 적어도 2천년 이상 되었다. 아리랑과 마찬가지로 문자로 기록된 일이 없이 입으로만 전승된 노래다. 이렇게 원형이 온전하게 구전될 수 있었던 것은 옛날의 지명들이 한자로 표기되었어도 옛 소리 그대로 불러온 전통이 있었고, 특히 시골의 자연 부락 이름들은 한 세기 전까지만 해도 거의 다 옛 소리 그대로 불려질 만큼, 한국어의 뿌리가 깊고 튼튼했기 때문이었다.

 뜻을 잃어버렸던 '조선, 서울, 서벌, 아리랑, 쓰리랑, 닐리리야, 미추홀, 아리송' 등을 알알 문명이란 하나의 고리에 연결시켜 해석하면, 각각의 뜻들이 자연스럽게 상통하는 것을 알 수 있다. 이것은 종족 이동의 역사가 있었다는 증거다. 억지나 우연이나 전파에 의해, 각각의 뜻들이 이렇게 상통할 수는 없다.

아리랑

 아리랑에는 '서울 아리랑, 강원도 아리랑, 밀양 아리랑, 진도 아리랑, 정선 아리랑' 등 그 종류가 다양하다. 너무 흔하다고 그냥 지나치기가 섭섭하여 '서울 아리랑'을 옮겼다.

 "아리랑 아리랑 아랄이요, 아리랑 고개를 넘어간다.
  나를 버리고 가시는 임은 십리도 못 가서 발병이 난다."

 아리랑은 임과의 관계를 종족 이동의 역사에 비유한 노래로서 3~4천 년 전의 역사를 온전히 간직하고 적어도 2000여 년 이상 구전되었다고 볼 수 있다. 그 힘의 원천은 무엇이었을까? 알알 문명의 종교와 전통은 불교가 국교로 공인되면서 설자리를 잃게 되었지만, 민간에서 굿과 광대의 형태로 그 명맥이 이어졌다. 아리랑은 지난날 광대가 부르던 판소리나 잡가를 통틀어 이르는 타령에 속한다. 타령은 서민의 노래였다. 아리랑이

니나 노 닐리리야 *(Nina know Nilerea)* 183

옛 노래 책에 오르지 못했던 아마도 가장 큰 원인은 지배층이 타령을 천시했기 때문으로 볼 수 있다. 하지만, 아리랑은 한국인들을 한데 묶어 하나로 결속시키는 철학이 되어, 어려운 고비를 넘기는 힘이 됨으로써 지금도 싱싱한 생명력을 갖게 되었다고 볼 수 있다. 그래서 아리랑은 한국인의 정이다.

아리랑이란 노래는 있어도 쓰리랑이란 노래는 없다. 이유는 '우두커니 서 있다'·'우두망찰하다'라는 말이 있듯이 쓰리랑이 아리랑의 힘에 밀렸기 때문이다. (211쪽 "우두커니 서 있다." 참고) 하지만, 아리랑과 쓰리랑은 "아리 아리랑 쓰리 쓰리랑 아랄이가 났네."와 같은 공존의 철학을 갖고 융화의 길을 걷게 되었다고 볼 수 있다.

서경별곡(西京別曲)

고려 시대의 가요다. 작자 미상인 이 노래는 조선 성종 때 옛 노래들을 정리하여 출간한 『악학궤범(樂學軌範)』에 수록되지 못했다. 가사에 음란한 표현이 많이 있어 제외되었다고 전해진다. 그런데 중종·명종 시대에 박준(朴浚)이 편찬했다는 설이 있는 『악장가사(樂章歌詞)』에 실려 전해지고 있다. 현대의 윤리 개념으로도 음란물로 취급될 만큼 강렬한 사랑의 밀어가 담겨 있다.

이 노래 속에 반복되는 구절인 "위 두어령셩 두어령셩 다링디리"는 아리아 어에서 기원했다고 볼 수 있다. 8세기경 신라 시대에 이미 아리아 어의 전통이 단절되었던 것으로 볼 때, 고려 시대에도 아리아 어가 사용되지 않았을 것이므로, 서경별곡과 비슷한 노래가 고려 시대 훨씬 이전부터 불리어졌다고 볼 수 있다.

"위 두어렁셩 두어렁셩 다링디리"의 뜻을 바르게 해석하기 위해서는 전체를 음미할 필요가 있다.

셔경(西京)이 아즐가
셔경(西京)이 셔울히 마르는
위 두어렁셩 두어렁셩 다링디리

닷곤 디 아즐가
닷곤 디 쇼셩경 고외마른
위 두어렁셩 두어렁셩 다링디리

여히므론 아즐가
여히므논 질삼뵈 브리시고
위 두어렁셩 두어렁셩 다링디리

괴시란디 아즐가
괴시란디 우러곰 좃니노이다.
위 두어렁셩 두어렁셩 다링디리

구스리 아즐가
구스리 바회예 디신들
위 두어렁셩 두어렁셩 다링디리

니나 노 닐리리야 *(Nina know Nilerea)*

긴히ᄯᆫ 아즐가
긴힛ᄯᆫ 그츠리잇가 나논
위 두어렁셩 두어렁셩 다링디리

즈믄 히를 아즐가
즈믄 히를 외오곰 녀신ᄃᆞᆯ
위 두어렁셩 두어렁셩 다링디리

신(信)잇ᄃᆞᆫ 아즐가
신(信)잇ᄃᆞᆫ 그즈리잇가 나논
위 두어렁셩 두어렁셩 다링디리

대동강(大同江) 아즐가
대동강(大同江) 너븐디 몰라셔
위 두어렁셩 두어렁셩 다링디리

빈 내여 아즐가
빈 내여 노흔다 샤공아
위 두어렁셩 두어렁셩 다링디리

네 가시 아즐가
네 가시 럼난디 몰라셔
위 두어렁셩 두어렁셩 다링디리

녈 비에 아즐가

널 비예 연즌다 샤공아
위 두어렁셩 두어렁셩 다링디리

대동강(大同江) 아즐가
대동강(大同江) 건넌편 고즐여
위 두어렁셩 두어렁셩 다링디리

비타들면 아즐가
비타들면 것고리이다 나논
위 두어렁셩 두어렁셩 다링디리

"위 두어렁셩 두어렁셩 다링디리"를 어떻게 해석하느냐가 이 노래의 뜻을 바르게 이해할 수 있는 핵심이다. 이 소리를 영어로 옮겨 보면 "We do a love song, do a love song, darling."이 된다고 할 수 있다. 이 소리는 지금으로부터 3~4천 년 전에 사용되었던 아리아 어의 원형이었다고 볼 수 있다. 현재의 문법으로는 잘못된 표현이지만, 당시에는 정상이었을 수도 있다. 설령 단어의 표기가 잘못되었다고 하더라도, 노래 속에 흐르는 의미로 볼 때, 원래의 뜻과 크게 다르지는 않을 것이다.

셔경(西京)이 셔울이니, 팔도 강산의 중심이 아즐가,
닷곤 디 따끈 뜨끈한 담글대, 닷곤 디 아즐가,
여희므른 잘도 여무른, 요물단지 아즐가,
괴시란디, 꼬시랑대 우러곰 좃니노이다 아즐가.
모두가 신체의 중심을 빗대어 달리 부른 것으로 볼 수 있다.

니나 노 닐리리야 *(Nina know Nilerea)* 187

"우러곰 좃니노이다"를 "계시는 데 물어 물어 쫓아가겠다"로 해석하면 직역이 되고, "우뚝서 좋니노이다", "울고 싶도록 좋니노이다"로 해석하면 너무 야하다.

노래하는 사람이 가사의 내용을 조금씩 변화시키거나, 힘을 어디다 주느냐에 따라서 노래의 맛이 다양해진다. 뜻은 듣는 사람이 기분에 따라 해석할 나름이다.

"구스리 바회예 디신둘"은 "조약돌이 커서 바위가 되도록 긴 시간이 흐른들"이다.

"긴힛똔 그츠리잇가 나는"은 "급한 일이 있다고 하면 그치려 하십니까? 나는"이다.

"즈믄 희를 외오곰 녀신둘"은 "해가 저물고 시간이 지체되었다고 몇 번을 말한들"이다.

"신(信)잇돈 그즈리잇가 나는"은 "약속이 있다고 하면 그치려 하십니까? 나는"이다.

이 노래 속에 담긴 전체적인 흐름의 뜻과 "We do a love song, do a love song, darling."의 뜻이 서로 통한다. 그림에 비유한다면, 추상화와 사실화가 한데 어우러진 한 폭의 현대화라고 할 수 있다.

이러한 해석에 비평도 있을 것이다. 물론 이 노래 하나만을 놓고 보면 우연이라고 할 수 있고, 억지라고도 볼 수 있다. 그러나 우연이나 억지란 비평은 전체적인 역사의 흐름을 이해하지 못하고 있다는 뜻이다. 우연도 자주 발생하면 그 속에 어떤 원인이 있다고 보아야 할 것이다.

해석이 너무 야하다면, 정석가(鄭石歌)를 살펴보자.

정석가(鄭石歌)

『악장가사』와 『시용향악보』에 실려 있는 노래다. 작자·연대 미상의 고려 가요(高麗歌謠)로 추정되고 있다.

이 노래의 뜻을 바르게 이해하기 위해서는 제목부터 바르게 이해해야 한다. 제목이 '정석가(鄭石歌)'이어서 '정석(鄭石)이라는 사람이 부른 노래'라고 해석하면, 이 노래의 뜻은 반감되기 때문이다. 이 노래의 지은이는 "이 노래 속에 담긴 현실과 이상의 이중성(二重性)을 인간의 본성으로 보는 것이 정석(定石)이다."라는 철학을 갖고 이 노래의 제목을 '정석가(定石歌)'로 하고 싶었지만 차마 그렇게 하지 못하고 '정석가(鄭石歌)'로 표기했다고 보아야 이 노래의 맛이 살아나게 된다.

이 노래에는 이성과 감성, 정신과 육체, 질서와 파괴 등과 같은 대립적인 이중성을 둘로 분리할 수 없는 하나로 보는 철학이 담겨 있다. 지은이는 현실과 이상의 사이에서 갈등을 겪는 인격의 이중성이 인간의 본성이라고 이러한 노래를 통하여 주장하고 있는 것이다. 그러므로 '정석가는 임에 대한 영원한 사랑을 읊은 노래다'라는 해석만으로는 설득력이 부족하다. 이러한 뜻과 동시에 이 노래에는 남성 본위로 이루어진 일방적인 성의 구속으로부터 여성의 인격적 해방을 갈구하는 철학이 담겨 있다고 볼 수 있다. 이러한 이중성 개념은 로마 신화에 나오는 두 얼굴의 문지기 신 야누스(Janus)와 맥이 통한다. 따라서 이러한 이중성 개념은 알알 문명에서 이미 시작되었다고 볼 수 있다.

니나 노 닐리리야 (Nina know Nilerea)

이 노래에는 아리아 어에서 기원했다고 볼 수 있는 글귀가 없지만, 이 노래 속에 담긴 철학인 이중성 개념은 알알 문명에서 기원하여 한국의 전통 철학 속에 지금도 도도히 흐르고 있다고 사료되기 때문에 전체를 옮겨 보았다.

딩아 돌하 당금(當今)에 계샹이다
딩아 돌하 당금(當今)에 계샹이다
션왕셩딘(先王聖代)예 노니ㅇ와지이다

삭삭기 셰몰애 별헤 나는
삭삭기 셰몰애 별헤 나는
구은 밤 닷 되를 심고이다

그 바미 우미 도다 삭나거시아
그 바미 우미 도다 삭나거시아
유덕(有德)ㅎ신 님믈 여히ㅇ와지이다

옥(玉)으로 련(蓮)ㅅ고즐 사교이다
옥(玉)으로 련(蓮)ㅅ고즐 사교이다
바회 우희 졉듀(接柱)ㅎ요이다

그 고지 삼동(三同)이 퓌거시아
그 고지 삼동(三同)이 퓌거시아
유덕(有德)ㅎ신 님 여히ㅇ와지이다

므쇠로 텰릭을 몰아 나는
므쇠로 텰릭을 몰아 나는
텰ㅅ(鐵絲)로 주롬 바고이다

그 오시 다 헐어시아
그 오시 다 헐어시아
유덕(有德)ᄒ신 님 여희ᄋ와지이다

므쇠로 한쇼를 디여다가
므쇠로 한쇼를 디어다가
텰슈산(鐵樹山)애 노호이다

그 쇠 텰쵸(鐵草)를 미기아
그 쇠 텰쵸(鐵草)를 머거아
유덕(有德)ᄒ신 님 여희ᄋ와지이다

구스리 바회예 디신들
구스리 바회예 디신들
긴힛돈 그츠리잇가

즈믄 히롤 외오곰 녀신들
즈믄 히롤 외오곰 녀신들
신(信)잇돈 그츠리잇가

"딩아 돌하 당금(當今)에 계샹이다."를 직역하면 "둥근 달아

니나 노 닐리리야 (Nina know Nilerea) 191

가지 말고 그대로 계시어 주십시오."가 될 수 있으나, 의역하면 분위기는 흥분되어 떨리는 음성으로 딩아 돌하 당금(當今) 채로 그대로 있어 달라는 표현이 된다.

"구스리 바회예 디신돌"로 시작되는 마지막 연은 서경별곡에도 있는 구절들이다. 남녀의 정을 너무 야하게 표현했다고 비평을 받은 노래인 서경별곡 속의 야한 구절들이 이 노래에도 있다는 것은 이 노래 속에 이중성이 있다는 뜻이다.

임에 대한 애절한 정을 그리워하면서도 현실적 욕망을 뿌리치지 못하는 여인의 이중성을 읊은 노래가 이렇게 기록되어 전해지고 있다는 것은 옛 선인들이 이 같은 이중성을 긍정적으로 보았다는 증거다.

김치의 어원

 '김치'의 어원은 무엇일까? '김치'가 한자어 '침채(沈菜)'에서 기원했다는 주장이 있지만, 이것은 근거가 빈약한 억측일 뿐이다. '김치'가 순수 한국어라는 사실을 확인할 수 있는 언어 자료들이 있다.
 '김치'는 채소를 소금에 절여서 양념을 버무려 담근 반찬이므로 복합 명사로 시작되었다고 볼 수 있다. 그러므로 '김'과 '치'에 김치를 설명하는 뜻이 담겨 있을 것이다. 채소를 소금에 절여 먹기 시작한 것이 김치의 시초일 것이므로, '김치'의 '김'은 '채소'란 뜻이고 '치'는 '소금에 절이다'란 뜻이라고 보면, 김치의 어원은 '김치' 그 자체라고 간단하게 해결이 된다. 하지만, 김치의 어원이 이렇다는 설명은 어디에도 없다. 그 동안 김치의 어원은 김치 그 자체라고 볼 수 없었던 데는 그럴만한 이유가 있었다. 한국어 사전이 '김'을 '논밭에 난 잡풀'로 잘못 해석했기 때문이다. 믿어지지 않는 잘못이지만, 이것은 분명한 실수였다. 그래서 그 동안 '김치'와 '김장'의 '김'이 무슨 뜻인지를 알 수가 없었던 것이다.
 '김'이 '논밭에 난 잡풀'이라면, '김'이 이런 뜻으로 사용된 예가 있어야 할 것이다. 그러나 '김치·김장·김밥'의 '김'을 '논밭에 난 잡풀'로 볼 수 없듯이, '김'이란 말이 '논밭에 난 잡풀'의 뜻으로 사용된 예가 하나도 없다.

'김매다'의 '김'이 '논밭에 난 잡풀'로 사용된 예라고 볼 수는 없다. '매다'에 대한 사전의 해석은 잘못된 것이기 때문이다.

사전에 '매다'의 뜻은 "논밭의 풀을 뽑다."로, '김매다'의 뜻은 "논밭의 잡풀을 뽑거나 묻거나 하여 없애다."로 되어 있다. 그러나 '매다'에 '뽑다'란 뜻이 있다고 보기 어려운 이유가 있다.

(1) '김매다'·'논매다'의 '매다'에 '뽑다'란 뜻이 있다면, '김매다'는 '김을 뽑다'로 해석되지만, '논매다'는 '논을 뽑다'로 해석될 위험이 있다. 그러므로 '매다'에 '뽑다'란 뜻이 있다고 보기가 어렵다.

(2) '김매다'는 '김을 뽑다'가 되므로 '김'은 '매다'의 직접 목적어가 되지만, '논매다'는 '논에서 잡풀을 뽑다'가 되므로 '논'은 '매다'의 간접 목적어가 된다. 이렇게 격이 달라지는 까닭은 '김'과 '논'에 차이가 있어서가 아니고, '김매다'와 '논매다'에서 '매다'의 뜻이 각각 달라서도 아니다. 이것은 '매다'에 '뽑다'란 뜻이 없다는 뜻이다.

따라서, 사전이 '매다'의 뜻을 '논밭의 풀을 뽑다'로 해석한 것은 '김매다'의 '김'을 '논밭에 난 잡풀'로 보고 '매다'의 뜻을 유추했기 때문에 파생된 실수였다고 볼 수 있다.

그렇다면 '매다'의 뜻은 무엇일까? '매'란 단어에 '보통보다 공을 들여'라는 뜻이 있는 것으로 보아, '매다'에 '보통보다 공을 들여 잘 돌보다'라는 뜻이 있다고 볼 수 있다. 그러므로 '김매다'는 '김을 보통보다 공들여 돌보다'로 해석될 수 있다.

따라서, '매다'는 '잘 다듬어 손질하다'라는 말인 '매만지다'의 준말이라고 할 수 있다. 이렇게 보면 '논매다'와 '김매다'의 문제가 자연스럽게 해결된다. '논매다'의 원형은 '논을 매만지다'이고, 뜻은 '논을 잘 다듬어 손질하다'라고 할 수 있다. 마찬가지로 '김매다'의 원형은 '김을 매만지다'이고, 뜻은 '김을 잘 다듬어 손질하다'라고 할 수 있다.

그러므로 '김'은 '논밭에 난 잡풀'이 아니고 심어 놓은 농작물이다. 따라서, '김'의 원 뜻은 '먹는 풀' 즉 '채소'를 이르는 말이었다고 할 수 있다. 이렇게 보면 '김매다·김치·김장·김밥'의 '김'은 어원이 같아지며 뜻이 통하게 된다. '김밥'의 '김'은 '채소'란 말에 밀려 현재는 바다의 김을 이르는 말로만 쓰이게 되었다고 볼 수 있다.

'김치·김장·김매다·김밥'의 '김'이 어원이 같다는 것은 '김치'가 순수 한국어란 뜻이다. 김치가 순수 한국어이고 채소를 소금에 절여 먹는 풍습은 아주 오래 전부터 있었을 것이므로, 아리아 어에도 김치란 말이 있었을 것이다. 영어에는 '김치'와 어원이 같다고 볼 수 있는 단어가 없지만, 영어와 같은 게르만어계인 독일어에는 있다.

독일어의 '거미제(Gemuse)'는 무·배추·상추처럼 심어 가꾸는 채소를 이르는 말이다. '거미제 바우(Gemuse bau)'는 채소 재배, '거미제 베트(Gemuse beet)'는 채소의 묘판, '잘라트 베트(Salat beet)'는 상추밭이다. 따라서, 경작과 재배를 뜻하는 '바우(Bau)'와, 못자리나 묘판을 뜻하는 '베트(Beet)'는 한국어의 '밭'과 어원이 같다고 볼 수 있다. 이런 어휘들이 한국어와 독일어에 있는 것으로 볼 때 '김'은 '거미제(Gemuse)'와 어원이 같다고 볼 수 있다.

독일어 잘라트(Salat)는 영어 샐러드(salad)와 어원이 같다. '잘라트(Salat)'의 속어에 혼합이라는 뜻인 '거미쉬(Gemisch)'란 말이 있다. 속어에 '거미쉬(Gemisch)'라는 말이 있다는 것은 야채(Gemuse)에 과일·달걀·햄 따위를 넣고 소스를 친 잘라트(Salat)를 거미쉬(Gemisch)라고 말했던 종족이 옛날에 있었다는 뜻이다. '거미쉬(Gemisch)'를 글자 그대로 '게미쉬'라고 읽으면, 이 소리는 '김치'와 더 비슷하다. 그러므로 '김치'는 '거미쉬(Gemisch)'와 어원이 같다고 볼 수 있다. 어원이 같다는 것은 아랄 시절부터 채소를 소금에 절여 먹었고, 이것을 '김치'라고 이름한 종족이 있었고, 그들의 일부가 한국과 독일 쪽으로 각각 이동한 역사가 있었다는 뜻이다.

『두시언해(杜詩諺解)』에 원문(原文)의 '冬菹(동저)'를 '겨슱디히'라고 번역한 것이 있다. '겨슱디히'의 '디히'는 '오이지·짠지'의 '지'와 어원이 같다고 볼 수 있다. '디히'와 '지'는 '잘라트(Salat)'와 '샐러드(salad)'의 끝소리 't, d'와 어원이 같다고 볼 수 있다. 독일어 '잘라트(Salat)'와 영어 '샐러드(salad)'에는 '소금(salt)에 절이다'라는 뜻이 있다. 따라서 '김치'의 '치'는 '잘라트(Salat)'의 끝소리 '트(t)', '겨슱디히'의 '디히', '오이지'의 '지'와 어원이 같고, 그 뜻은 '소금에 절이다'라고 할 수 있다. 그러므로 김치(Gemisch)의 뜻은 김(Gemuse)을 소금에 절인 것이라고 할 수 있다.

『훈몽자회(訓蒙字會)』에 있는 "菹 딤치 조"의 '딤치'는 '김치'의 다른 표기다. '沈菜(침채)'란 말이 있다고 해서 '김치'가 '沈

菜'에서 왔다는 주장은 '김'과 '치'의 뜻을 몰랐다는 뜻이다. '沈菜(딤치)'가 '김치'로 변했다고 볼 수 있는 증거는 없다. 또, '김치'의 뜻은 '김을 절이다'이므로 어순이 목적어(O)+동사(V)이고, '沈菜(침채)'의 뜻은 '절이다 채소를'이므로 어순이 동사(V)+목적어(O)다. 이것은 김치와 沈菜(침채)는 뿌리가 다르다는 뜻이다.

한자가 쓰이기 시작하면서 '김치'가 '沈菜(침채)'로 음역되었고, '沈菜(침채)'를 '딤치'로 표기했을 가능성이 높다. 고대 한국어의 어휘들이 한자로 음역되면서 원래의 소리를 잃게 되어, 그 뿌리를 찾기가 어렵게 된 어휘들이 현대 한국어에 많이 있다. 사랑(舍廊 salon), 위태(危殆 wither), 임신녀(姙娠女 epsilon), 발랄(潑剌 ballet), 살벌(殺伐 salisbury) 등이 그 예이다.

종족마다 채소를 소금에 절여 먹는 풍습이 있었을 것이고, 지역이나 담그는 방식에 따라 차이가 있어, 여러 가지 이름이 있었다고 볼 수 있다.

'김치'와 '딤치'가 공존하다가 '김치'가 '딤치'를 눌렀다고 볼 수 있다. 이것은 '셔울'이 '徐伐(서벌)'을 누른 예와 같다. 서민들의 '김치'와 '셔울'이 선비들의 '沈菜(침채)'와 '徐伐(서벌)'을 수적으로 압도한 것이다. 그러므로 '김치'의 어원은 '김치'다.

'갓'은 '갓(god)', '상투'는 '세인트(saint)'

갓

 '갓'은 옛날에 어른이 된 남자가 머리에 쓰던, 말총으로 만든 의관(衣冠)의 한 가지로서 모자의 일종이다. '갓'의 어원은 영어로 신이라는 말인 '갓(god)'과 같다고 볼 수 있다. 이주지에서 지배자들이 자신들을 '갓(god)'이라 칭하고, '갓'과 같은 모자를 썼던 데서 유래되었다고 볼 수 있다. 영어의 'god'에 모자란 뜻이 없는 것으로 볼 때, 아랄에서 이동한 이후에 한국어 '갓'에 '모자'란 뜻이 생겼다고 할 수 있다.
 '갓'의 고어는 '갇'이다. [갇爲笠 (訓民正音解例)] '갓'의 고어인 '갇'에 'ㄷ'받침이 쓰였다는 것은 '갓'과 '갇'은 영어의 '갓(god)'과 어원이 같다는 주장에 힘을 더한다.
 테가 없는 모자는 추울 때 아무나 쓸 수 있었어도, 테가 있는 모자는 높은 지위를 상징하는 뜻이 있어 아무나 쓸 수 없었다고 볼 수 있다. 이런 주장의 증거가 한자의 '저자 시(市)'자에 있다고 할 수 있다. '시(市)'자의 뜻을 풀어보면, '둥근 테(ㅗ)'가 있는 '두건[巾]'을 쓴 사람들이 사는 곳[市]이 된다. 아무나 시(市)에서 살 수 있었던 것은 아니었다.

'시(市)'자는 영어로 도시라는 말인 '시티(city)'의 소리·뜻과 상통한다. 그러므로 한자의 시(市)자에는 아리아 어의 자취가 있다고 볼 수 있다. 이와 같이 한자에는 아리아 어의 자취가 있는 것들이 많이 있다. (주 1-6 참고)

상투

'상투'는 지난날 한국의 성인 남자들이 머리털을 끌어올려 틀어서 감아 매었던 머리 모양을 이르는 말이다. '상투'의 어원은 영어의 '세인트(saint)', 독일어의 '장크트(Sankt)', 라틴 어계의 '산타(Santa)'와 같다고 볼 수 있다.

아주 먼 옛날에 '상투'는 높은 지위를 뜻했고, 지배 계급의 성인 남자와 무사의 상징이었다고 볼 수 있다. 이러한 뜻을 갖고 있던 아리아 어 어휘가 영어에서는 '성스러운'이라는 말인 '세인트(saint)'로, 한국어에서는 머리 모양을 나타내는 말인 '상투'로 되었다고 볼 수 있다.

'갓'과 '상투' 이외에도 한국의 전통 어휘들 중에는 수메르 어와 아리아 어에서 기원했다고 볼 수 있는 것들이 많다. 특징이 있는 것들의 뜻을 해석해 보았다. 이런 해석의 옳고 그름을 판단할 수 있는 기준은 없지만, 한국어가 영어로 이렇게 해석된다는 그 자체가 중요하다. 다른 언어로는 이런 흉내를 낼 수 없다는 것은 역사가 있었다는 뜻이기 때문이다.

'갓'은 '갓(god)', '상투'는 '세인트(saint)'

가난뱅이와 마리화나

사전에는 '가난뱅이'의 '가난'은 '간난신고(艱難辛苦)'의 '간난(艱難)'이 본디말이라고 되어 있다. 과연 그러할까? '게으름뱅이'나 '주정뱅이'와 같이 '뱅이'가 붙으면 앞의 말이 뜻하는 행위를 꾸짖거나 멸시하는 말이 된다. 어렵고 고생스러움을 뜻하는 '간난(艱難)'은 자의에 의해서만 이루어졌다고 볼 수 없기 때문에, 꾸짖거나 멸시의 대상이 될 수 없다. 그러므로 '가난뱅이'라는 말이 아리아 어에도 있었다고 보고 영어에서 찾아보면, 대마초라는 말인 '캐너비스(cannabis)'와 어원이 같다고 볼 수 있다. '캐너비스'와 '가난뱅이'의 어원이 같다면, 가난뱅이의 원 뜻은 환각제에 탐닉되어 생활이 어려워진 사람을 멸시하는 말이었다고 볼 수 있다. 그러므로 이것은 옛날에 축제 때 환각제를 많이 사용했다고 볼 수 있는 언어 자취다.

'캐너비스'의 다른 말인 '마리화나(marihuana, marijuana)'의 원 뜻은 '말이 화나' 즉 '대마초 연기에 취하여 말을 마구 하다'였다고 볼 수 있다. 또 '말[馬]이 (건초에 섞인 대마초를 먹고) 화나(쥐나)'가 원래의 뜻이라고 볼 수도 있다. 이런 해석에 의아해할 필요는 없다. '마리화나'는 수메르 어에서, '캐너비스'는 아리아 어에서 기원했다면 이런 해석은 당연하기 때문이다.

영어로 담배라는 말인 '시가렛(cigarette)'은 엽궐련이라는 말인 '시가(cigar)'에 작고 귀엽다는 뜻을 나타내는 지소어미인 'ette'가 붙은 것이다. '시가(cigar)'의 어원은 마야 어(Mayan)로 '연기를 피우다'라는 말인 '시카(sik'ar)'를 개작한 것이라는 설이 있지만, 스페인 어로 매미라는 말인 '시가로(cigarro)'에서 기원했다는 설이 유력하다. 엽궐련의 모양이 매미와 비슷하게 생겼기 때문에 '시가로'라 하게 되었다는 것이다. 그러나 '시가로'라는 말에 단순히 매미라는 뜻만 있었다면, '시가로'라는 말이 엽궐련의 이름으로 사용되지 않았을 것이다. '시가로'라는 말에 숨겨진 뜻이 있었다고 보아야 한다.

'매미'는 스페인 어로 cigarro, 영어로 cicada와 cigala, 독일어로 Zikade이다. 소리가 비슷하므로 어원이 같다고 볼 수 있다.

'시가로(cigarro)'의 어원은 메소포타미아에 있는 고대의 유적인 '지구라트(Ziggurat)'와 '지구리(ziggura)'와 같다고 볼 수 있다. '지구라트'는 '지구라를 위한 터'라는 뜻이고, '지구라'는 '전쟁을 주관하는 지오(Zio) 신(Zio god Ra)'을 위해 희생을 제물을 바치는 행사였다고 볼 수 있다.

'지구라' 즉 '시가로' 행사 때, 여자 가수(?)가 등단하여 왕의 족보와 치적을 노래하듯 읊어대면, 대부분의 사람들은 무슨 소리인지 알아들을 수 없었기 때문에, 매미가 노래하는 소리처럼 들려서, 아랄 시절에 이미, 사람들이 '매미'를 '시가로'라고 말했다고 볼 수 있다.

시가로(cigarro) 행사 때 환각제를 피웠기 때문에 '시가로'라는 말에 환각제라는 뜻이 담겨 있어, '엽궐련'을 '시가로'라고 부르게 되었다고 볼 수 있다.

한국어 '매미'란 말은 시가로 행사 때 노래를 하는 여자의 칭호가 '마미(Mamie, Mary의 애칭)'였던 데서 유래되었다고 볼 수 있다.

'제기랄'의 어원은 '지구라 같은'이다. 즉, '지구라' 행사에 대한 강한 거부감을 나타낸 표현이다.

'징그럽다'의 어원은 '지구라럽다'이다. 즉, '지구라' 행사처럼 소름이 끼칠 정도로 끔찍하고 흉하다는 뜻이다.

'시끄럽다'의 어원은 '시가로(Cigaro)럽다'이다. 즉, 희생의 제물을 바치는 시가로 행사 때와 같이 떠들썩하다는 뜻이다.

'부드럽다'의 어원은 '부다(Buddha)럽다'이다. 즉, 희생의 의식이 없는 불교 행사 때와 같이 부드럽다는 뜻이다.

'수다스럽다'의 어원은 '수드라(Sudra)스럽다'이다. 즉, 천민처럼 말이 많고 수선스럽다는 뜻이다. 인도 카스트 제도의 최하위 계급인 '수드라'가 한국어 어휘에 있다는 것은 아랄 시절에도 천민 계층이 있었다는 뜻이다.

갈피를 못 잡다.

이 말은 '어찌할 줄을 모르다'라는 뜻이다. '갈피'는 송아지라는 말인 영어의 '캐프(calf)', 독일어의 '칼프(Kalb)'와 어원이 같다. 따라서 '갈피를 못 잡다'라는 말의 원 뜻은 "들소 사냥에서 남들은 큰 소를 잡는데, 송아지도 못 잡고 어찌할 줄을 모른다"라는 뜻이다.

'책갈피'의 '갈피'는 영어의 '캐프(calf)', '갈비뼈'의 '갈비'는 독일어의 '칼프(Kalb)'와 어원이 같다고 볼 수 있다.

굿

　한국어의 '굿'은 무당이 노래하고 춤추며 귀신에게 치성을 드리는 의식이고, 영어의 '갓(god)'은 신이라는 뜻이다. '굿'의 대상이 신[god]이므로, '굿'과 '갓(god)'은 어원이 같다.
　불교가 삼국 시대에 들어와 국교로 공인되면서부터 몰락하기 시작한, 아랄 문명에서 기원한 재래 종교는 '굿'과 같은 형태로 현재까지도 유지되고 있다.

노래와 루렐라이(Lorelei)

　한국어 '갓·덩실덩실·상투'는 영어 'god · dancing · saint', 독일어 'Gott, Tanz · Sankt'와 어원이 같다고 볼 수 있으므로, 이 어휘들은 아리아 어에서 기원했다고 할 수 있다. 그렇다면 한국어 '노래'와 어원이 같다고 볼 수 있는 말이 영어와 독일어에 있을 것이다. 영어의 '로(lore)', 독일어 '로렐라이(Lorelei)'의 '로레'는 한국어 '노래'와 어원이 같다고 볼 수 있다.
　영어의 '로(lore)'는 '민족 단체 따위의, 또는 어떤 특정 분야에 관한 전승적인 지식'이라는 뜻이다. 문자가 없었던 시절에는 옛날부터 전해 내려오는 종족의 역사를 전승시키기 위하여 그 내용을 특정인에게 외우도록 하고, 큰 경사나 제사 때, 노래를 하듯이 큰 소리로 암송시켜서 여러 사람이 알도록 한 관습이 있었다. 이런 관습에서 유래되어 영어에서는 옛날부터 전승되어 온 지식을 '로(lore)'라 하였고, 한국어에서는 암송하는 행위를 '노래'라고 하게 된 것이다.

'로렐라이(Lorelei)'는 '로레(lore)'와 '라이(lei)'의 복합어다. '로레(lore)'는 '노래', '라이(lei)'는 '내'와 어원이 같다고 볼 수 있다. 그러므로 '로렐라이(Lorelei)'의 원 뜻은 '노래하는 강', '노래를 부르면서 제사를 지내던 강'이라고 할 수 있다.

라인(Rhein) 강변에 로렐라이가 있다. '라인(Rhein)'은 켈트어(Celtic)로 강이다. '라인(Rhein)'은 한국어 '내'와 어원이 같다고 볼 수 있다. 이집트의 '나일(Nile)'도 한국어 '내'와 어원이 같다고 볼 수 있다. '로렐라이'의 '라이(lei)'는 '라인(Rhein)'·'나일(Nile)'과 같이 강을 뜻하는 말이라고 할 수 있다. 이것은 '라이·라인·나일·내'는 어원이 같다는 뜻이다. 이것을 우연이나 억지로만 보기는 이제 어렵게 되었다. 이 어휘들은 세계의 거의 모든 고대 문명들의 기원이 되는 알알 문명을 일구었던 한 종족인 수메르 인들이 세계로 이동하여 파종한 것으로 볼 수 있기 때문이다.

라인 강 유역에 정착한 수메르 인들이나 아리아 인들이 신에게 감사를 드리거나 간곡히 도움을 청해야 할 때 종족의 역사를 노래하며 제사를 지냈던 장소가 '로렐라이'였다.

옛날에 라인 강을 오르내리던 배들이 로렐라이에서 자주 난파된 원인은 이곳의 물살이 세고 암초가 있었기 때문이기도 했겠지만, 암벽에 부딪치는 물소리가 이곳 전설에 나오는 '로렐라이'라는 요정의 노랫소리처럼 들려, 뱃사공들이 넋을 잃었기 때문이었다는 것이다.

이 전설의 이면에는 고대인들이 로렐라이에서 신에게 산 제물을 바치는 행사를 치르던 역사가 있다고 볼 수 있다. 이곳에서 행해졌던 공회에 얽힌 살벌한 이야기들이 전해지면서, 이러한 이야기들이 전설로 되었을 것이고, 이 전설이 뱃사공들의 마음을 어지럽히고 넋을 잃게 했을 것이다.

근세에 이러한 전설이 문학 작품의 소재로 되면서 로렐라이는 더욱 유명해졌다. 작품 속의 이야기들은 순수한 창작이 아니라, 옛날부터 내려온 전설을 줄거리로 하여 새롭게 창작된 것이라고 보아야 한다. 새로운 창작을 통해 새로운 활력이 추가됨으로써 전설은 생명력을 이어가는 것이다.

단오(端午)

단오는 음력 5월 5일이고, 수릿날·중오절(重五節)·천중절(天中節)이라고도 한다.

'수릿날'의 '수리'와 '수라상'의 '수라'는 어원이 같다. '수라'의 어원은 '선라(sun Ra)'이고, 뜻은 위대한 태양신으로 볼 수 있기 때문이다. 수릿날 즉 단오는 태양신을 섬기는 날이었고, 한가위는 달 신을 섬기는 날이었다. 전통적으로 북쪽 지방은 단오를, 남쪽 지방은 한가위를 보다 큰 명절로 쳤다.

단오는 태양신을 섬기는 날이므로, 태양의 활동 시간이 가장 긴 날 즉 낮이 가장 긴 날인 '하지'가 기념일로 가장 적합했을 것이다. 그러나 음력으로는 하지가 일정하지 않아, 어쩔 수 없이, 하지에 근접하는 음력 5월 5일로 정했을 것이다. 그런데 하필 5월 5일이었을까? 태양신의 날은 협동 정신을 강조하기 위한 명절이었기 때문에, '더불어'란 뜻을 강조하기 위해, 5가 중복되는 음력 5월 5일을 태양신의 날로 정했다고 볼 수 있다. 그러므로 '端午(단오)'란 말은 아리아 어로 5가 둘이라는 뜻인 '다블오(double 5)'를 음역한 것이라고 할 수 있다. 따라서 영어로 '2배, 이중'이란 말인 '다블(double)'은 한국어로 '함께'라는 말인 '더불어'와 어원이 같다고 볼 수 있다.

'단오'는 태양신에게 제사를 지내고, 씨름과 그네뛰기 등의 행사를 하며 여름을 대비하기 위한 단합 대회였다.

닭, 오리

'닭'은 영어로 오리라는 말인 '덕(duck)'과 어원이 같다고 볼 수 있다. 황하 유역과 한반도로 이주한 초기의 아리아 인들은 닭을 오리와 구별하지 않고 '덕(duck)'이라고 불렀다고 볼 수 있기 때문이다.

닭과 오리를 구별하여 부르게 되면서 '덕(duck)'은 '닭'을 가리키는 말이 되었고, 오리[鴨]는 아리아 인의 원주지인 아랄 지역과 아리아 인을 상징하는 새라는 뜻에서 '오리'라고 이름하게 되었다고 볼 수 있다.

피닉스(Phoenix)는 절대 왕권을 상징하는 새였고, 덕(duck)은 합의적인 연합체를 상징하는 새였다고 볼 수 있다. 제사 터인 소도를 관장하는 제사장은 왕권을 견제하는 세력이었기 때문에 연합체를 추구했다고 볼 수 있다. 그래서 솟대 끝에 매단

새는 오리였다고 볼 수 있다.

신라가 삼국 통일을 완성할 즈음 경주에 안압지(雁鴨池)를 축조한 가장 큰 원인은, 당(唐)에 대항하기 위하여, 삼국의 주체였던 아리아 인들과 수메르 인들의 화합을 도모하기 위한 상징물이 필요했기 때문이었다고 할 수 있다. '안압지(雁鴨池)'라고 이름한 까닭은 '아랄 해'와 소리가 비슷하고, 기러기[雁]와 오리[鴨]는 아랄 지역에 많이 서식했던 새들이었기 때문이었다고 볼 수 있다.

'대가야(大伽耶)'의 '대(大)'자는 '덕(duck)'을 음역한 것이라고 할 수 있다. (250쪽 참고)

빈대떡, 콩

'빈대떡'은 녹두를 물에 불리어 맷돌에 갈아서 고기와 양념을 넣고 기름에 지진 지짐이다. 그래서 '녹두 지짐이', '녹두 부침개'라고도 한다. 석기 시대였던 아랄 시절에도, 날것으로 먹기 어려운 콩이나 녹두와 같은 곡식은 갈아서 넓적한 돌에 불을 때고 지져먹었을 것이고, 이 지짐이를 이르는 이름이 있었을 것이다. 이 이름에서 기원한 어휘들이 지금도 쓰이고 있을 것이다. 영어로 녹두는 그린 피즈(green pease)고, 콩은 빈(bean)이다. '피즈(pease)'와 '피자'는, 소리가 비슷하므로, 어원이 같다고 볼 수 있다. 그렇다면 '빈(bean)'에서 '빈대떡'이 기원했다고 볼 수 있다. 빈대떡은 녹두로 만들지만, '빈대떡'의 '빈'은 영어로 콩이라는 말인 '빈(bean)'과 어원이 같다고 볼 수 있기 때문이다.

동쪽으로 이주한 아리아 인들은 만주 지역에서 빈(bean)이 많이 생산되어 주곡이 됨으로써, 빈(bean)을 주요 곡물이란 말인 '콘(corn)'이라 부르게 되었다고 볼 수 있다. 이로 인하여 한국어에 '콩'이라는 말이 생긴 것이다. 아랄 시절부터 빈(bean)으로 만든 지짐이를 '빈즈떡(beans dough?)'이라 불렀고, 콩으로 만든 지짐이 즉 빈대떡이 지짐이의 주류를 이루었고, 녹두와 콩은 비슷한 점이 많아 혼합하여 지짐이를 만들기도 했기 때문에, 이런 종류의 지짐이를 포괄적으로 '빈대떡'이라 불렀다고 볼 수 있다. 그래서 지금도 녹두 지짐이를 빈대떡이라 부른다고 볼 수 있다.

영어의 '콘(corn)'은 원래 그 지방의 주요 곡물을 가리키는 말이다. 그래서 미국과 캐나다에서는 '옥수수', 영국에서는 '밀', 스코틀랜드에서는 '귀리'를 '콘(corn)'이라고 하는 것이다. 지역에 따라 그 지역의 주요 곡물을 콘(corn)이라고 이름했던 까닭은 '콘(corn)'은 지난날 백성들이 나라에 세금으로 바치던 곡물을 일컫는 말이었기 때문으로 볼 수 있다. '빈(bean)'이 한국에서 주곡을 뜻하는 '콘' 즉 '콩'으로 되었다는 것은 아랄 시절에 농경이 활발하여 곡물을 세금으로 내는 관습이 있었다는 뜻이다.

살짝, 소금

'소금'은 영어의 솔트(salt)와 어원이 같고, 독일어로 소금이라는 말인 '잘츠(Salz)'가 한국어 '살짝'과 어원이 같다면 웃기는 일이 될지 모른다. 그러나 '살짝'이라는 말 대신 '소금 그릇을 다

루듯이'·'소금을 치듯이'라는 말을 사용해 보면, 말의 뜻이 잘 통한다. 이것은 '살짝'이 독일어 '잘츠(Salz)'와 어원이 같다는 뜻이다.

소금은 물에 녹기 쉽고 부식시키는 성질이 강해, 오래도록 잘 보관하기 위해서는 침습·부식되지 않는 그릇을 이용해야 한다. 옛날에는 질그릇에 소금을 보관했을 것이다. 그릇이 튼튼하지 못했고 소금이 귀했던 시절이라, 소금을 다룰 때는 소금 그릇이 깨지지 않도록 항상 조심해야 했다. 또, 음식에 소금을 칠 때 살짝 알맞게 넣어야 되기 때문에 주의가 필요했다. 소금과 관련된 이런 습관에서 '살짝'이라는 말이 생긴 것이다.

'슬쩍하다'라는 말도 이웃집 소금을 슬쩍하는 일이 자주 발생하였던 데서 유래되었다고 볼 수 있다.

봉급을 뜻하는 '샐러리(salary)'라는 말도 고대 로마의 병사들에게 급료의 일부로 소금이 지급된 데서 유래되었듯이, 소금과 연관된 어휘들이 여러 언어 속에 많이 있을 것이다.

설

'설'은 음력으로 새해의 첫 날이다. 새로운 해의 시작인 '설'의 어원은 '선(sun)'이라고 할 수 있다. '선(sun)'에는 태양이라는 뜻 외에, '한두 해'의 '해'와 같이, '년[year]'이란 뜻이 있다. 따라서 '새해를 맞이하다'라는 말인 '설쇠다'의 어원은 '선(sun과 어원이 같은 아리아 어)을 세다'이고, 뜻은 '해가 바뀌는 수를 세다' 즉 '나이를 세다'라고 할 수 있다.

지금은 나이를 세는 기준이 생일이지만, 옛날에 나이를 세는 기준은 생일이 아니라 설날이었다. 그래서 12월에 난 아이는 다음해 1월이 되면 2살이라고 했던 것이다. 이러한 풍습이 있어, '나이를 세다'라는 뜻인 '선(sun)을 세다'가 '설쇠다'로 되었다고 볼 수 있다.

신(神)들의 이름

메소포타미아의 수메르 신화는 수메르 인이 이동하여 파종한 알알 문명의 종교에서 기원했다고 볼 수 있다. 수메르 인들은 한국으로도 이동했고 수메르 어는 한국어의 뿌리가 되었으므로, 메소포타미아의 수메르 신화에 나오는 신들의 이름이 한국어 속에도 남아 있을 것이다.

수메르 신화에 나오는 삼대(三大) 신은 하늘의 신 '안(An)', 대지와 대기의 신 '엔릴(Enlil)', 물의 신 '엔키(Enki)'이다. 한반도로 이주한 수메르 인들도 이 신들을 섬겼다고 볼 수 있다. 이 신들의 이름은 불교와 유교의 힘에 밀려 다음과 같이 천대받는 말로 전의되었다고 볼 수 있기 때문이다.

"아니 이 놈이!"의 '아니'는 안(An)과 어원이 같다.

"에라 이 놈아!"의 '에라'는 엔릴(Enlil)과 어원이 같다.

"에끼(에키) 이 놈!"의 '에끼(에키)'는 엔키(Enki)와 어원이 같다.

'아니·에라·에끼(에키)'라는 감탄사가 욕이 되는 까닭은 수메르 인들이 섬겼던 신들의 이름이었기 때문이다. 그러므로 "아니, 에라, 에끼(에키) 이 놈이!"의 원 뜻은 "안, 엔릴, 엔키를 믿는 이 남(놈)이!"이다. 이것은 단순한 욕이 아니고, '이교도 이민족'으로 몰아세우는 일종의 저주다.

우두커니 서 있다.

'우두머리'는 '우두(牛頭)'와 '머리[頭]'가 합쳐진 말이다. '우두(牛頭)'를 이두로 읽으면 '소머리' 즉 '수메르'가 된다. 그러므로 '우두머리'는 '수메르 머리'·'수메르 인의 지도자'라는 뜻이다. 한반도에서 수메르 인은 아리아 인의 힘에 밀려 작은 집단으로만 유지되었다. 그래서 '우두머리'는 '어떤 조직이나 집단의 가장 윗사람'이란 뜻으로 쓰이면서도, 약간 멸시적인 뜻을 내포하고 있다고 할 수 있다.

'머리[頭]'의 어원은 뫼[山], 산스크리트 어의 모니(muni), 영어의 마운틴(mountain) 등과 뿌리가 같다고 볼 수 있다.

"우두커니 서 있다."의 '우두커니'는 '우두칸(牛頭Kan)이'가 원형이다. '우두칸'은 '소머리칸'·'수메르칸' 즉 '수메르 인의 지도자'라는 뜻이다. "우두커니 서 있다."는 '힘을 잃은 수메르 인의 지도자'·'우두칸'이가 따분한 모습으로 서 있다는 뜻으로서, '힘없이 넋을 잃고 서 있는 사람'을 이르는 말이다.

'우두망찰하다'라는 말이 있다. 이 말은 '갑작스러운 일로 얼떨떨하여 어찌할 바를 모르다'라는 뜻이다. 아리아 인들이 피지

'갓'은 '갓(god)', '상투'는 '세인트(saint)'

배층이었던 수메르 인의 마을들을 감시하며 갑작스럽게 사찰을 하던 일이 자주 있었던 데서, '우두망찰하다'라는 말이 생겼다고 볼 수 있다. 사전에는 '우두망찰'이란 말에 한자 표기가 없지만, '牛頭望察(우두망찰)'이라고 보면 뜻이 통한다.

한가위

한가위는 음력 팔월 보름날이다.

한가위의 어원은 『삼국사기』 '신라본기 유리니사금'조에 기록된 '가배(嘉俳)'로 보는 것이 정설이다. 여러 명절 중에서 음력 팔월 보름날인 '가배'가 가장 큰 행사가 됨으로써, 크다는 뜻인 '한'이 추가되어 '한가배'가 되었고, 이것이 다시 '한가위'로 되었다고 보는 것이다. '嘉俳(가배)'는 아리아 어였다고 볼 수 있으므로, 어원이 같은 단어가 영어에 있을 것이다.

'가배(嘉俳)'는 영어로 사육제라는 말인 '카니발(carnival)'과 어원이 같다고 볼 수 있다. '카니발'의 '칸'은 임금을 뜻하는 말인 '칸(Kan)', '발(val)'은 무도회를 뜻하는 말인 '볼(ball)', 중간음 '이(i)'는 한국어의 소유격 '의'와 어원이 같다고 볼 수 있다. 따라서, '카니발(carnival)'의 원 뜻은 '칸(Kan)의 무도회' 즉 '왕이 주관하는 무도회'였다고 볼 수 있다. 그러므로 카니발은 왕이 백성들의 사기를 돋우어 주기 위하여, 제도에 얽매이지 않고, 먹고 마시며 놀 수 있도록 허용한 축제였다고 볼 수 있다.

따라서, '한가위'의 원 뜻은 '큰 카니발'이다.

백두산 · 베어 헤드(Bear-head)산

한국에서 유명한 산들의 이름은 아리아 어와 수메르 어에서 기원했다고 볼 수 있다. 옛 이름이 한자로 표기되면서 원래의 소리가 변했지만, 옛 이름의 티가 한자의 소리에 남아 있어 이것을 복원하면 원래의 소리를 찾을 수가 있다.

백두산(白頭山)

'백두산'을 한자의 뜻으로 해석하면 '흰머리 산' 즉 정상에 흰 눈이 쌓여있는 산이다. 하지만, 이러한 해석은 고대인들이 남긴 이름들에는 당시의 종교와 철학이 짙게 깔려 있다는 사실을 간과한 것이다.

'백두산'의 어원은 '베어 헤드(bear head)산'과 같다고 할 수 있다. '백(白)'은 시르 다리아 강 출신인 아리아 인의 상징이었던 '곰' 즉 '베어(bear)'를, '두(頭)'는 '헤드(head)'를 음역한 것이라고 할 수 있기 때문이다. '백(白)'은 아리아 인을 상징하며, 수메르 인을 상징하는 '금(金)'에 대비되는 글자로 쓰였다고 볼 수 있다. 아리아 어의 원형이 없기 때문에 '베어 헤드(bear head)'의 원래 소리를 알 수 없지만, 영어와 한국어의 소리가 비슷한 것으로 볼 때, 현재의 영어 음과 큰 차이는 없었을 것 같다.

'백두'의 소리와 뜻이 영어의 '베어 헤드(bear head)'와 비슷한 것으로 볼 때, '백두산'은 고조선계 아리아 인들이 지은 이름이었다고 볼 수 있다.

'장백산(長白山)'은 '백두산'의 다른 이름이다. '장'은 독일어로 '성스러운'이라는 뜻인 '장크트(Sankt)'와 어원이 같다고 볼 수 있다. 따라서 '장백산'은 '성스러운 아리아 인(백곰)의 산'이라는 뜻을 갖고 있다고 볼 수 있다. 그러므로 '장백산'이란 이름은 독일어와 같은 계열의 아리아 어를 사용한 아리아 인들이 고구려를 세웠다고 보는 증거의 하나다.

한국의 옛날 지명들 중에 백(白)자가 있는 지역은 아리아 인들의 거주지였다고 보아도 무방할 것이다. 백제의 중심지였던 금강(錦江)이 『일본서기』에는 백강(白江)으로 표기되었다. 금강 상류에 있는 공주(公州)의 옛 이름은 웅주(熊州)고, 중류에 있는 부여(扶餘)는 영어로 곰이란 말인 베어(bear)와 어원이 같다고 볼 수 있다. 그러므로 '금강'과 '공주'는 수메르 어의 '곰'에서 기원했다고 볼 수 있고, '백강'과 '부여'는 아리아 어의 '베어'에서 기원했다고 볼 수 있다.

묘향산(妙香山)

'묘향산'의 '묘'는, 수메르 인을 지칭하는 말이었다고 볼 수 있는, 성인이라는 말인 '모니(muni)'를 한자로 표기한 것으로 볼 수 있다. '향'은 '꽃'과 관계가 있고, 일본에 '아스카[明日香]'라는 지명이 있는 것으로 보아, '향(香)'은 장소를 나타내는 '카'의 이두식 표기였다고 볼 수 있다. 따라서 '묘향'의 원래 소리는 '모니카(Monica)'·'모나코(Monaco)'와 같고, 뜻은 '모니들이 사는 곳(Muni court)'이었다고 볼 수 있다. 그러므로 묘향산은 수메르 인들의 근거지였다고 볼 수 있다. 묘향산의 최고봉은 '비로봉(毘盧峰)'이다.

강화도 '마니산(摩尼山)'의 '마니', 전북 '마이산(馬耳山)'의 '마이', 공주 '마곡사(麻谷寺)'의 '마'는 수메르 인을 가리키는 말인 '모니(muni)'와 어원이 같다고 볼 수 있다. 한자의 뜻에 구애받지 말고, 수메르 인들이 이들 지역에 오랫동안 거주했었기 때문에 이 이름들이 생겼다고 보아야, 이들 지역의 잊혀진 역사를 옳게 찾을 수가 있을 것이다.

구월산(九月山)

'구월(九月)'의 '구(九)'는 '아홉'이고 '월(月)'은 '달'이므로, '구월'의 원래 소리는 '아달'이었다고 볼 수 있다. '아달'의 어원은 아리아 인의 중심지를 뜻하는 '아리아 인의 들'이라는 말인 '알스 달(Ar's dale)'과 같다고 볼 수 있다. 따라서 '구월(九月)'은 '단군 신화'에 나오는 '아사달'의 이두 표기라고 할 수 있다.

'단군 신화'에 "평양성(平壤城)에 도읍하고 조선(朝鮮)이라 일컬었다. 또 도읍을 백악산(白岳山) 아사달(阿斯達)로 옮겼는데"라는 기록이 있는 것으로 볼 때, 구월산 일대가 아사달이었던 시절이 있었다고 볼 수 있다.

금강산(金剛山)

'금강(金剛)'의 '금(金)'은 '곰'과 어원이 같다고 볼 수 있다. '곰'은 수메르 인을 상징하는 동물이었고, 일본어로 신이란 말인 '가미'와 어원이 같다고 할 수 있다. 그러므로 '가미'는 일본으로 이주한 수메르 인들의 언어에서 유래되었다고 볼 수 있다.

'금강(金剛)'의 '강(剛)'은 임금을 뜻하는 '칸'을 음역한 것으로 볼 수 있다. 그러므로 '금강산'의 뜻은 '수메르 인의 곰 신 산'이라고 할 수 있다.

금강산에서 제일 높은 봉우리는 비로봉(毘盧峰)이다. 비로봉이라는 이름은 묘향산, 팔공산 등에도 있다. '비로봉'이란 이름은 그 산에서 가장 높은 봉우리에만 붙여졌다. '비로'에 어떤 뜻이 있었을까?

'비로'는 알프스(Alps)의 최고봉 '몽브랑(Mont Blanc)'의 '브랑'과도 어원이 같다고 볼 수 있다. '알프스(Alps)'는 '아랄의 평화'·'아리아 인의 평화'라는 뜻이고, '비로'와 '브랑'은 '위대한 태양신'이라는 말인 '바라(bara)'·'파라(para)'와 어원이 같다고 볼 수 있다. 따라서 '비로봉'이란 말은 영어로 최고 권력을 쥔 군주라는 말인 '파라마운트(paramount)'와도 기원이 같다고 볼 수 있다. 그러므로 '비로봉'은 '위대한 태양신의 산봉우리'란 뜻이다. 당시는 태양을 신으로 섬기던 시절이었으므로, '비로봉'은 '가장 높은 산봉우리'에만 붙여진 이름이었다.

'비로'라는 말이 불교에서 유래되었다면, 알프스의 최고봉이

'몽블랑'으로 될 수가 없었을 것이다. 그러므로 '비로'라는 말은 알알 문명의 종교와 철학에서 유래되었다고 볼 수 있다.

비로봉이란 이름의 산봉우리가 있는 산에서는 수메르 인들의 자취를 찾을 수 있다. 이것은 한반도에만 있는 현상은 아니다. '몽블랑'이란 봉우리가 있는 알프스 일대에서 동양계의 특징인 단두형 두개골이 발굴되는 것은 서유럽으로 이동한 수메르 인들이 원주민들이나 새로 이주해 오는 아리아 인들의 힘에 쫓기면서 알프스 일대로 이동했다고 볼 수 있는 증거다.

설악산(雪嶽山)

옛날에 강원도 강릉 일대를 '아슬라주(阿瑟羅州)'라 하였던 것으로 볼 때, '설악'이란 이름은 아리아 어에서 기원했다고 볼 수 있다. 그러므로 태양신이라는 말인 '선라(sun Ra)'를 음역하여 '설악(雪嶽)'이라고 표기한 것으로 볼 수 있다. 해석을 위한 해석 같지만, 한자가 사용되기 이전에도 이 일대에서 살았던 아리아 인들이 이 산을 부르던 이름이 있었을 것이므로, 이런 해석이 가능한 것이다.

태백산(太白山)

'태백'의 어원은 한국어 '텃밭'으로 볼 수 있다. 이 이름은 수메르 인들이 즐겨 사용했다고 볼 수 있다. 그래서 이집트의 '테베', 그리스의 '테베', '티베트 고원'의 '티베트', '태백산맥'의 '태백' 등은 기원이 같다고 볼 수 있다. 이런 주장은 과거의 개념으로 보면 헛소리에 불과하지만, 이들 지역으로 수메르 인들이 이동했다는 시각으로 보면 너무도 당연한 것이다.

팔공산(八公山)

대구광역시의 북쪽을 감싸고 있는 '팔공산(八公山)'의 '팔공'은 '파라 고을(Para gaul)'과 어원이 같다고 볼 수 있다. '파라 고을'의 뜻은 '위대한 태양신의 고을'이다. 이 말은 남아메리카에 있는 파라과이(Paraguay)와 맥이 통한다. 팔공산의 최고봉인 비로봉(毘盧峰)의 어원은 금강산의 비로봉 같이 위대한 태양신이라는 뜻인 바라(Ba Ra)다.

전북의 마이산 도립 공원 남쪽에도 팔공산(八公山)이 있다.

가야산(伽倻山)

'가야'란 이름이 낙동강 유역에만 있는 것은 아니다. 인도의 갠지스 강 유역에 '부드가야(Buddh Gaya)'가 있고, 나이지리아의 '카노'에는 이 도시를 '가야 족'이 처음 건설했다는 전설이 있다. 이 '가야'란 이름들은 어원이 같다고 볼 수 있다.

경상도 낙동강 유역에 '가야산'이 있고, 충남 삽교천 유역에도 '가야산'이 있다. '가야산'의 '가야' 역시 수메르 인들이 이주지에 남긴 이름인 '가야'와 기원이 같다고 볼 수 있다. 삽교천의 가야산이란 이름은 낙동강의 가야산에서 유래된 것이 아니다. 충남의 '가야산·금강·공주·마곡사' 이 이름들은 이 지역에 살았던 수메르 인들의 언어에서 유래되었다고 볼 수 있기 때문이다.

지리산(智異山)

'지리산(智異山)'은 『삼국사기』와 『삼국유사』에 '地理山(지리산)'으로 기록되어 있다. 소리는 같지만 한자 표기가 다르다는 것은 소리에 원 뜻이 있다는 뜻이다. '지(智)'는 '지(知)'와 동의어로도 쓰이므로, '智異山(지리산)'의 원 뜻은 '알리산'이었다고 볼 수 있다. '알리'의 뜻은 '알리' 즉 '위대한 태양신'이다. 그러므로 '지리산'의 뜻은 '위대한 태양신의 산'이다. '智異山(지리산)'을 격하시켜 '地理山(지리산)'으로 표기했던 것이 아닐까?

한라산(漢拏山)

'한라'의 어원은 '하라(Ha Ra)'로 볼 수 있다. '하'는 '위대한'·'신성한'이란 뜻이고, '라'는 태양신을 뜻한다. 그러므로 '한라산'의 뜻은 '위대한 태양신'이다.
　제주도의 상징물인 '돌하라방(돌하루방)'의 '하라'는 '한라'와 맥이 통한다. 돌하라방은 집안과 마을을 지키는 수호신이고, 한라산은 제주도를 지키는 수호신이다.

위대한 혼혈·한국인

2002 한일 월드컵에서 한국의 4강 진출과 더불어 '대~한민국'이 떴다. 대~한민국인은 어떻게 형성되었을까? '단군의 자손'·'배달 민족'이란 어휘들 속에는 한 핏줄의 순수성을 한국인 원래의 참모습으로 보려는 의지가 담겨 있다. 그러나 역사적 참모습은 그렇지가 않다. 단군 신화를 역사로 볼 때, 환웅의 일행은 외부에서 이주한 종족이었고, 환웅과 웅녀 사이에서 단군 왕검이 태어났다는 이야기는 한국인의 혈통이 생각처럼 단순하지 않다는 역사적 기록이라고 할 수 있기 때문이다.

한국인의 뿌리를 밝히기 위해서는 "아리 아리랑 쓰리 쓰리랑 아랄이가 났네."를 확대 해석한 대전제 "아리랑은 아리아 인, 쓰리랑은 수메르 인, 이들의 원주지는 중앙 아시아의 아랄이다."를 역사적 사실로 보고, 이것을 단군 신화에 접목시켜 볼 필요가 있다. 대전제가 역사적 사실이라면, 단군 신화 속에 아리랑과 쓰리랑의 역사가 있을 것이다.

환인의 서자 환웅의 일행은, 이주했던 시기로 볼 때, 아리랑 즉 아리아 인이다. 아리랑의 노랫말 "아리 아리랑 쓰리 쓰리랑 아랄이가 났네."에는 아리랑과 쓰리랑은 고향이 같으니 사이 좋게 지내자는 뜻이 담겨 있다고 볼 수 있으므로, 아리아 인은 같은 고향 출신인 수메르 인과 손을 잡았다고 볼 수 있다. 따라서,

곰에서 사람으로 변한 웅녀는 쓰리랑 즉 수메르 인이라고 할 수 있다. 그러므로 환웅과 웅녀의 사이에서 태어난 단군 왕검은 아리아 인과 수메르 인의 혼혈이다.

이러한 역사가 있었다는 것을 확인할 수 있는 한 가지 방법은 한국어의 뿌리를 밝히는 것이다. 고대에 종족들이 이동하며 상호 융화됨으로써 그들의 언어들도 융화되어 오늘의 언어가 되었다고 볼 수 있으므로, 언어의 뿌리가 형성된 과정은 그 언어를 사용하는 종족의 형성 과정과 같다고 볼 수 있기 때문이다.

세계의 여러 고대 문명들이 남긴 전통 어휘들이 한국어로 해석되고, 한국어에 영어와 어원이 같다고 볼 수 있는 어휘들이 최소 200여 개 있다는 것이 밝혀졌다. 그러므로 한국어의 뿌리에 수메르 어와 아리아 어가 있다고 보는 것은 당연하다.

문제는 어순이다. 한국어는 주어(S)+목적어(O)+동사(V) 즉 SOV형 어순이고, 아리아 어는 주어(S)+동사(V)+목적어(O) 즉 SVO형 어순이다.

SOV형 언어는 초원에서 생성되었다고 볼 수 있다. 초원 지대에서는 서로 멀리 떨어져 있는 상태에서 말하는 기회가 많아, 자연히 큰 소리로 목적어부터 말하는 것이 의사 전달을 빠르고 정확하게 할 수 있다는 경험을 쌓게 되었고, 이것이 발전하여 SOV형 언어로 되었다고 볼 수 있다. 그러므로 SOV형 언어는 초원에서 유목 생활을 하던 종족들이 발달시킨 언어라고 할 수 있다. 알타이 어계에 속하는 터키 어·몽골 어·퉁구스 어·한국어·일본어 등이 여기에 속한다.

SVO형 언어는 숲에서 생성되었다고 볼 수 있다. 숲에서는 서로 가까운 거리에서 말을 하는 기회가 많아, 상대가 무엇을 말하려 한다는 것을 눈치로 어느 정도 알고 있는 상태라, 목적어보다 동작을 나타내는 말을 먼저 하는 것이 자연스럽고 의사 전달이 빠르고 정확하다는 경험을 쌓게 되면서, 이것이 발전하여 SVO형 언어로 되었다고 볼 수 있다. 그러므로 SVO형 언어는 그 기원이 숲이고, 일찍부터 농경 생활을 하던 종족들이 발달시킨 언어라고 할 수 있다. 인도 유럽 어족의 언어·셈 어·중국어 등이 여기에 속한다.

한국어의 어휘들 중에는 아리아 어에서 기원한 것들이 많이 있지만, 한국어의 어순은 아리아 어와 다르다. 이것은 아리아 어가 한반도에서 중심 언어로 성장하지 못했다는 뜻이고, 숲의 언어인 SVO형 언어를 사용한 아리아 인을 능가하는, 초원의 언어인 SOV형 언어를 사용한 저변 세력이 한반도에 있었다는 뜻이다. 그 저변 세력의 실체는 어떤 종족이었을까?

그 종족은 수메르 인이었다고 볼 수 있다. 왜냐 하면, 메소포타미아의 수메르 어는 SOV와 SVO의 혼합형으로 알려져 있지만, 인도의 드라비다 어가 한국어와 어순이 같은 SOV형 언어인 점으로 볼 때, 수메르 어의 원형은 SOV형이었다고 볼 수 있기 때문이다. 아리아 인을 뜻하는 아리랑이란 노래는 있어도 수메르 인을 뜻하는 쓰리랑이란 노래는 없는 것이 현실인데, 어떻게 이런 일이 일어날 수 있었을까? 이것은 아리아 인들이 지배는 했지만 수메르 인들의 수가 훨씬 많았기 때문에 아리아 어가 수메르 어에 흡수되었다는 뜻이다. 수메르 인들의 수가 많았다는 것은 한반도에 있는 고인돌의 수를 통해 짐작할 수 있다. 고인돌은 수메르 인들이 축조한 것이다. 세계에 널리 분포되어 있는 5만여 기의 고인돌 가운데 그 절반이 한반도에 있다. 한반도에 있는 고인돌의 수가 한반도로 이주한 수메르 인의 수와 비례되는 것은 아니지만, 수메르 인의 수가 많았다는 하나의 증거로 보아도 무방할 것이다.

한반도의 원주민들이 사용한 언어가 어떤 어순의 언어였는지, 한국어의 어떤 어휘들이 원주민어에서 유래되었는지를 알 수는 없다. 하지만, 원주민어가 고대 한국어에 아무런 영향도 주지 않았다고 보기는 어렵다. 원주민의 세력이 만만치 않았다고 볼 수 있는 몇 가지 증거가 있기 때문이다.

(1) 북방형 고인돌이 한강 이북에 주로 분포되어 있다는 것은 원주민들이 한강 유역을 경계로 하여 수메르 인들의 남진을 초기에 저지했었다는 뜻이다.

(2) 낙동강 유역에 있는 고인돌들이 거의 다 남방형이란 사실은 수메르 인들이 낙동강 유역으로 진출한 시기가 매우 늦었다는 뜻이다. 이것은 원주민들이 비옥한 낙동강 유역에서 강력한 세력을 유지하고 수메르 인의 남진을 오랫동안 저지했었다는 증거다.

(3) 고인돌이 북방형에서 남방형으로 변하게 된 원인들 중의 하나는, 수메르 인들과 원주민들이 융화되며, 수메르 인의 조장 풍습과 원주민의 매장 풍습이 융화된 결과였다고 할 수 있다. 수메르 인들과 원주민들은 초기에 격렬하게 충돌했지만, 아리아 인들의 남진이 본격화되면서부터는 공동으로 저지하기 위하여 융화를 택하지 않을 수 없었기 때문에, 이 과정에서 원주민어와 수메르 어가 융화되었다고 볼 수 있다.

일찍이 한반도 북쪽과 만주 일대에서 고조선을 건국한 아리아 인들은 북방 아시아계 종족들의 남진을 저지하기 위하여 곰

즉 수메르 인과 손을 잡았다. 이 과정에서 아리아 어와 수메르 어가 융화되었다고 볼 수 있다.

북방에서 형성된 '아리아 어 + 수메르 어'와 남방에서 형성된 '수메르 어 + 원주민어'가, 고조선의 유민들이 한반도로 남진함으로써, 상호 융화되어 고대 한국어로 되었다고 할 수 있다.

고대 한국어는 교착어였고, SOV형과 SVO형의 혼합형이었다고 볼 수 있는 고대 한국어의 어휘들이 『일본서기』에 있다. 이 어휘들은 일본으로 이주한 고대 한국인들이 남긴 것이다. 당시의 어휘들이 현대 한국어와 큰 차이가 없다는 것은 이 시절의 고대 한국어가 현대 한국어의 근간이라는 뜻이다.

이러한 언어 증거들로 볼 때, 현대 한국어는 다음과 같이 여러 언어가 융화된 복합 언어라고 할 수 있다.

현대 한국어 = 한반도 원주민어 + 수메르 어 +
　　　　　　　아리아 어 + 중국어를 비롯한 외래어

수메르 어와 아리아 어가 한국어의 뿌리가 되었다는 주장은 한국뿐만 아니라 세계의 역사학계와 언어학계가 짚고 넘어야 할 과제다. 하지만, 중앙 아시아의 아랄 해 일대에서 성장한 수메르 인과 아리아 인이 세계로 이동했고 그들의 일부가 한반도로 이동했다는 사실들이 부정되기는 어렵게 되었다. "아리 아리랑 쓰리 쓰리랑 아랄이가 났네."와 '그리스 알파벳'이 상고 시대의 역사를 풀 수 있는 키워드가 됨으로써, 수메르 인과 아리아 인의 이동이 역사적 사실로 확인되기 때문이다.

충북 제천시 황석리 고인돌에서 발굴된 기원전 5세기경의 것으로 추정되는 두개골의 형태가 장두형이란 사실은 시사하는 바가 크다. 이 장두형 두개골은 단편적으로나마 아리아 인이 한반도로 이동했다는 사실을 확인할 수 있는 역사적인 증거가 되기 때문이다.

삼국 시대 초기에 황하 유역에서 한국으로 이주한 아리아 인들은 국가 건설에는 성공했지만 그 수가 많지 않아 그들의 언어는 고대 한국어에 흡수되었다고 볼 수 있다.

이상과 같이 수메르 인과 아리아 인의 언어가 한국어의 근간이 되었기 때문에, 한국어는 알타이 어 계통에 속하면서도 특이한 형으로 분류되고 있는 것이다.

한국의 한자음이 고대 중국음에 더 가까운 것은 받아들인 쪽이 원형을 더 잘 보존하는 속성이 있기 때문이라고 보는 속설이 있다. 그러나 이 속설은 종족 이동의 시각으로 고대사를 보지 못했기 때문에 생긴 잘못된 설이다.

받아들인 쪽이 원형을 더 잘 보존하는 속성이 진리라면, 현재의 영국어보다 미국어가 19세기 영어의 원형을 더 잘 보존하고 있어야 한다. 그러나 그렇지가 않다. 먼 뒷날, 한국이나 일본이 영어 어휘들의 원형을 영국보다 더 잘 보존할 것이라고 주장할 사람은 없을 것이다. 소리는 멀어질수록 흐려지는 법이다. 한 종족이 원주지에서 다른 지역으로 다수가 이동한 다음에 그 원주지에 다른 언어를 사용하는 종족이 진입해 지배했기 때문에, 원주지 언어보다 이주지 언어가 원형을 더 잘 보존하게 된 현상을 언어의 속성으로 돌릴 수는 없다. 그러므로 과거의 역사에서 받은 쪽이 준 쪽보다 원형을 더 잘 보존한 것과 같은 현상이 발생하였던 것은 언어의 속성이 아니고 종족 이동의 결과였다고 보아야 한다.

그러므로 한국의 한자음이 고대 중국음에 더 가까운 것은 황하 유역에서 주도적인 역할을 하던 아리아 인들이, 한(漢)나라가 중국을 통일하게 되면서, 남방 세력에 쫓겨 한반도로 이주하여 삼국 시대의 주축이 된 역사가 있었기 때문이다. 그들이 갖고 온 고대 중국의 한자음은 한국어에 그대로 보존되어 있고, 황하 유역의 고대 중국 한자음은 남방계를 비롯하여 여러 변방의 음들과 융화되며 원형이 변하여 현재와 같이 된 것이다.

한국이 중국의 한 성(省)이 되지 않고 독립적으로 존재할 수 있었던 힘은 황하 유역에서 주도적인 역할을 하다 밀려 생존을 위해 피난 온 종족들인 수메르 인과 아리아 인이 "아리 아리랑 쓰리 쓰리랑 아랄이가 났네."를 합창하며 줄기차게 저항한 역사가 있었기 때문에 가능했던 것이다. 이 같은 종족들의 이동이 없었다면, 중국이란 호기심에 이끌려 벌써 손들었을 것이다.

한국인을 단일 민족으로 보아 온 기존의 견해는 바뀔 때가 되었다. 수메르 인은 북방 아시아계의 여러 종족들이 아랄 지역에서 융화되며 새롭게 태어난 종족이었고, 아리아 인은 유럽계의 여러 종족들이 아랄 지역에서 융화되며 새롭게 태어난 종족이었다. 이렇게 혼혈된 두 종족이 한반도에서 상호 혼혈되었고, 여기에 한반도의 원주민을 비롯하여 중국계와 일본계가 유입되었다. 그러므로 한국인은 위대한 혼혈이다. 큰 나라일수록 혼혈의 비율은 증가하게 마련이다.

제 4 장

고대 한국어의 보고
『일본서기』

일본 신화 시대의 신들은 고대 한국인이다.
천손강림신화는 고대 한국인의 일본 침략사다.
일본 천황의 시조는 대가야 출신이다.
『일본서기』에 고대 한국어 노래들이 있다.
'사무라이'는 '수메르 인'이다.
스모의 경기 용어는 아리아 어다.
아이누는 아프리카 인의 후예다.
왕따 당한 아이누(Ainu)

토의를 원하신다면,
www.soon.or.kr을 방문하시길 바랍니다.

일본 신화 시대의 신들은 고대 한국인이다.

 일본은 청동기 시대를 거치지 않고 기원전 3~2세기경부터 석기 시대에서 청동기 및 철기 시대로 동시에 진입했다. 고고학을 통해, 기원전 3~2세기경부터 북부 규슈의 일각에서 갑자기 철기 문화가 일어나 동쪽으로 파급되었다는 것이 밝혀졌기 때문이다. 이 철기 문화가 야요이 문화다. 야요이 문화의 특징은 청동기 및 철기와 고온에서 열처리된 새로운 형태의 양질의 토기가 사용되기 시작한 것이다. 이런 생활 도구의 갑작스런 발전이 무역을 통해 이루어졌다고 보기는 어렵다. 이 변화는 이런 도구들을 만들 줄 아는 기술을 가진 종족 집단이 일본으로 대거 이주했기 때문에 생겼다고 할 수 있다. 왜냐 하면, 대륙에서 1천여 년 이상 지속된 청동기 시대를 일본이 거치지 않았다는 것은 이전까지는 대륙과의 교역이 이루어지지 않았었다는 뜻인데, 갑자기 제반 여건이 성숙되며 교역이 활발하게 이루어지기 시작했다고 볼 수 있는 역사적인 증거가 없기 때문이다.
 어디서 어떤 종족이 북부 규슈로 이주했을까? 지리적으로 보나 출토된 유물·유적의 양식으로 보나, 그들은 한반도에서 이주한 고대 한국인이었다. 그러나 이것을 입증할 수 있는 결정적인 증거가 없기 때문에, 일본의 역사학계는 이런 사실을 인정하려 들지 않는다. 이것을 인정하게 되면, "고대 한국인의 일부가 일본으로 이주하여 일본의 신화 시대를 지배했고, 일본 천황의 시조는 고대 한국인이었다."라는 사실을 인정하지 않을 수 없게 되기 때문이다. 그래서 예나 지금이나 일본 역사학계가 갖고 있는 첫째 목표는 고대 한국인이 일본의 신화 시대를 지배한 신들이었다는 사실을 철저히 감추고 부정하는 일이다. 천황 체제를 유지하기 위해 필요했던 선택이었다.

그러나 일본의 신화 시대에 신들이 사용한 언어가 고대 한국어였다는 사실이 확인됨으로써, 일본의 신화 시대를 지배한 신들은 한반도에서 이주한 고대 한국인이었다는 것을 증명할 수 있게 되었다. 일본으로서는 자존심 상하는 기막힌 일이어서 인정할 수 없겠지만, 그럴 수도 없는 것이 신들이 사용한 언어가 고대 한국어였다는 것을 확인할 수 있는 기록들이 다름 아닌 일본의 국보인 『일본서기(日本書紀)』에 있기 때문이다.

『일본서기』는 서기 720년에 편찬된 일본의 역사책으로서, 신화 시대에서부터 7세기까지의 일본 고대사가 기록되어 있다. 전체 30권 중에서 권제1・2・3에 신들의 계보, 천손 강림 신화, 야마토 지역을 정벌하고 제1대 신무 천황이 즉위하기까지 신화 시대의 이야기들이 기록되었다. 이 신화 시대에 나오는 신들의 이름이나 지명 등에 쓰인 한자를 일본에서 읽어 온 그 소리들이 고대 한국어인 것이다.

『일본서기』의 편자는 옛날부터 전해 내려오던 신들의 이름・지명 등을 한자로 기록하면서 뜻과 소리를 둘 다 함께 살려 표기하기가 어려웠기 때문에 어쩔 수 없이 뜻에 치우쳐 표기하고,

중요한 것들을 골라 그것들의 원래 소리를 한자음으로 기록해 놓았다. 그리고 원래 소리를 적은 한자들을 일본어로 읽는 소리가 일본 문자인 가나로 기록되어 전해지게 되었다. 이로써 신화 시대에 신들이 사용한 이름·지명 등의 원래 소리가 전해지게 된 것이다.

하지만, 일본은 이 소리들에 무슨 뜻이 있는지를 모르고 있다. 소리가 있으면 뜻이 있게 마련인데, 뜻은 잊혀지고, 이 소리들은 신화 시대에 신들이 사용한 언어로만 여겨지고 있다. 그래서 원래의 소리를 기록해 놓음으로써 선대의 역사와 전통이 후대에 이어지기를 기대했던 편자의 의도가 빛을 보지 못하고 있는 것이다. 그러나 고대 한국인들이었던 수메르 인과 아리아 인의 일부가 일본으로 이동했다는 시각을 갖고 이 소리들을 풀이한 결과, '이 소리들은 고대 한국어'라는 사실을 알게 되었다. 편자의 의도가 이제 빛을 보게 된 것이다.

2천여 년 전과 오늘의 말소리가 별 차이 없이 들리고 뜻이 통한다. 그래서 『일본서기』는 고대 한국어의 보고다. 그 동안 이 소리들이 고대 한국어란 사실을 몰랐던 까닭은 이 소리들에 아리아 어가 포함되어 있어 해석이 되지 않았었기 때문이다. 그런데 이상한 것은 원래의 소리를 적어 놓은 한자들이 암호처럼 기록되어 있다는 것이다.

『일본서기』에는 신들이 어디에서 일본으로 왔다는 구체적인 기록이 없다. 이것은 당시의 정치 상황이 한반도에서 이주해 왔다는 사실의 기록을 허용하지 않았다는 뜻이다. 그래서 편자는 원래의 소리들을 기록하면서 간접적으로 이 소리들이 한국어라는 사실을 은연중에 알리려고 계획적인 모험을 시도했다고 볼 수 있다. 그렇지 않고는 이렇게 꼭 필요한 말들을 선별하여, 치밀하게 때로는 대담하게 기록할 수 없었을 것이다. 편자는 이 소리들의 뜻을 잘 알고 있었기 때문에 이렇게 기록할 수 있었다고 볼 수 있다.

원래의 소리를 전하기 위하여 기록해 놓은 한자를 일본에서 읽는 소리가 고대 한국어란 사실은 일본 신화 시대의 신들은 일본으로 이주한 고대 한국인이었다는 뜻이다. 또한 이것은 일본으로 이주한 고대 한국인은 수메르 인과 아리아 인이었다는 것을 확인시켜 주는 언어 증거들이다.

수수께끼로만 여겨졌던 일본 신화 시대의 신들이 사용했던 어휘들이 해석됨으로써, 지금으로부터 2천여 년 전인 한국 삼한 시대의 언어를 편린이나마 알 수 있게 되었고, 수메르 인과 아리아 인이 아랄 지역에서 동쪽으로도 이동했다는 사실을 일본 역사를 통해서도 알 수 있게 되었다.

원래의 소리가 따로 표기되지 않은, 신들의 이름과 지명 등에도 일본어로 읽는 소리가 고대 한국어였다고 볼 수 있는 것들이 있다. 이런 어휘들도 그 소리들을 해석해 보았다.

미코토 [尊, 命]

『일본서기』에 기록된 신(神)들의 이름에는 '미코토[尊, 命]'라는 존칭이 반드시 붙어 있다. "더없이 귀함을 존(尊)이라 하고, 그 밖에는 명(命)이라 하며, 둘 다 '미코토'라고 읽는다."라는 기록이 있다.

이 '미코토'라는 말은 조로아스터 교(Zoroaster敎)에서 선(善)과 빛을 지배하는 최고의 신인 '아후라 마즈다(Ahura Mazda)'의 '마즈다'와 기원이 같다고 볼 수 있고, 영어로 '님'이란 말인 '미스터(mister)'나 '대가'라는 말인 '마스터(master)'와도 의미가 상통한다. 그러므로 '미코토'는 아리아 어에서 기원했다고 볼 수 있다.

우마시아시카비히코지노미코토 [可美葦牙彦舅尊]

다음은 「권제1」의 첫머리 글을 요약한 것이다.
【옛날에 하늘과 땅이 나누어지지 않고 음과 양이 구별되지 않고 있다가 … 개벽이 되고 … 변하여 신이 되었으니 이름이 國常立尊(국상립존)이다. … 어떤 책에는 옛날에 나라와 땅이 제대로 이루어지지 않았을 시절 … 신이 생겼으니 이름이 可美葦牙彦舅尊(가미위아언구존)이고 그 다음이 國常立尊이다. … 可美(가미)는 于麻時(우마시)로 읽는다. 어떤 책에는 … 彦舅(언구)는 比古尼(비고니)로 읽는다.】

일본에서는 '國常立尊'을 '구니노토코타치노미코토'라고, '可美葦牙彦舅尊'을 '우마시아시카비히코지노미코토'라고 읽는다.
여기서 문제는 왜•첫머리에는 '구니노토코타치노미코토'가 최초에 태어났다고 기록하고, 곧 뒤이어 "어떤 책에는 '우마시아시카비히코지노미코토'가 먼저 태어났다고 쓰여 있다"라고 기록했느냐는 것이다. 편찬의 객관성과 공정성을 기하기 위해 전해져 오는 그대로 기록했다고 볼 수 있지만, 이것은 수메르 인이 아리아 인보다 일본으로 먼저 이주했다는 사실을 우회적으로 표현한 것이라고 할 수 있다. 왜냐 하면, '구니노토코타치노미코토'는 아리아 어의 티를 갖고 있어 아리아 인들이 섬겼던 신으로 볼 수 있고, '우마시아시카비히코지노미코토'는 한국어로 다음과 같이 해석되므로 수메르 인들이 섬겼던 신으로 볼 수 있기 때문이다.

'우마'는 '엄마', '어머니'라는 뜻이다.
'시아시'는 '씨앗이'다.
'카'는 주격조사 '가'다.
'비'는 '핀', 즉 '피어나다'라는 뜻이다.
'히코지'는 '흰 꽃'이며, '아름다운 꽃'이라는 뜻이다.
'노'는 일본어에서 소유를 나타내는 격조사다.
'미코토[尊]'는 신의 이름 뒤에 붙인 존칭이다.

이상을 종합하면, '우마시아시카비히코지노미코토'는 '엄마 씨앗이가 핀 흰 꽃 신'으로 해석된다. 시적 운치가 나는 이름이다. 천지가 개벽되며 최초로 나타난 신의 이름이 '엄마'로 시작된다는 것은 인간의 초기 집단은 모계 사회였다는 것을 확인시켜주는 간접 자료가 된다.

다카미무스히노미코토 [高皇産靈尊]

일본에서는 '高皇産靈尊(고황산영존)'을 '다카미무스히노미코토'라고 읽는다. 이 소리는 한국어다.

'다'는 '모든', '카미'는 일본어로 '신(神)'이고, '무스히'는 '무서

위하는'이라는 뜻이다. 따라서, '다카미무스히노미코토'는 '다 가
미 무스히노 미코토' 즉 '모든 신들이 무서워하는 신'이므로 지
위가 매우 높은 신이라는 뜻이다. 실제로 이 신은 천손 강림 신
화에서 일본으로 이주하는 황손의 외할아버지로 등장하며, 황
손의 일행을 전송했다. 이 기록으로 볼 때, 모든 신들이 무서워
할 만큼, 그 지위가 매우 높았음을 알 수 있다.

스사노오노미코토 [素戔嗚尊]

【又廻 首顧眄之間 則有 化神 是謂 素戔嗚尊 … 顧眄之間 此
云 美屢摩沙可梨爾 】라는 기록이 있다. 이 글의 뜻은【또 머리
를 돌려보는 사이에 태어난 신이 있다. 이 신을 素戔嗚尊[소전
명존]이라 한다. … 顧眄之間(고면지간)은 美屢摩沙可梨爾(미루
마사가리이)라고 읽는다.】이다.

'素戔嗚尊'의 일본음은 '스사노오노미코토'이고, '美屢摩沙可
梨爾'의 일본음은 '미루마사카리니'이다.

여기서 문제는 왜 신의 이름이나 지명이 아닌 '돌려보는 사이'
라는 말인 '顧眄之間'을 '미루마사카리니'라고 읽는다고 기록했
느냐는 것과, '首顧眄之間(수고면지간)'에서 왜 '首(수)'자를 빼
고 나머지 글자들만의 읽는 소리를 기록했느냐는 것이다. 이 의
문은 다음과 같이 풀린다.

'首'와 '顧眄之間'을 연결하여 읽으면 '首顧眄之間'은 일본음으
로 '슈미루마사카리니'가 된다.

'슈미루마사카리니'에서 '슈미루'는 '수메르'라는 뜻이고, '마

사카리'는 군신·'마르스(Mars)의 '칼'이라는 뜻이고, '니'는 한국어로 사람을 뜻하는 '이'와 같다고 볼 수 있다. 따라서, '슈미루마사카리니'는 '수메르 인의 군신·마르스의 칼을 가진 사람'이란 뜻이다.

『일본서기』의 편자가 '슈미루마사카리니'의 뜻을 몰랐기 때문에 수(首)자를 빼고 나머지 글자들의 원래 소리를 기록했다고 보기는 어렵다. 당시의 상황이 수메르 인의 역사를 기록하여 남기는 것을 허용하지 않았기 때문에, '슈미루마사카리니'라는 소리를 그대로 기록할 수가 없어, '수(首)'자를 빼고 기록했다고 볼 수 있다.

위와 같은 사실에 근거하여 원문을 의역하면 "수메르 인의 군신인 스사노오노미코토[素戔嗚尊]가 태어났다."가 된다.

『일본서기』의 편자는 '스사노오노미코토'가 수메르 인들이 섬기던 군신이었다는 사실을 후세에 알리기 위하여 이런 기록을 남겼다고 볼 수 있다. 계획된 의도가 없이는 이런 엉뚱한 기록이 생길 수 없기 때문이다. 그래서 이 기록은 암호였다고 하지 않을 수가 없는 것이다.

아마테라스오오미카미 [天照大神]

'아마테라스오오미카미'는 일본 황실의 조상신이다.

'아마테'의 '아'는 아리아 인의 원주지인 '아랄'에서 기원했고, '아리아 인'을 뜻하기도 하며, '위대한'이라는 뜻으로도 쓰였다. '마'는 '많은'과 어원이 같다. '테'는 한국어의 '터'와 같다.

그러므로 '아마테'는 신화적으로는 신들이 살았던 천상의 낙원을, 역사적으로는 아리아 인들의 고향을, 현실적으로는 아리아 인들의 중심지를, 미래적으로는 아리아 인들의 이상향을 뜻하는 말이었다고 볼 수 있다.

'라'는 이집트의 태양신 '라(Ra, Re)', '로마(Roma)'의 '로', '신라(新羅)'의 '라', '고구려(高句麗)'의 '려'와 어원이 같다.

'쓰'는 소유격인 한국어의 'ㅅ', 영어의 "s'와 같다.

'오오미'의 앞에 있는 '오'는 한자로 어(御)에 해당하는 존칭이고, '오미'는 한국어의 '어미[母]'다. 그러므로 '오오미'는 위대한 어머니라는 뜻이다.

'카미'는 한국어의 '곰[熊]'과 어원이 같으며, 일본어로 신(神)이라는 뜻이다. 곰을 섬기던 종족이 남긴 언어의 자취다.

따라서, '아마테라스오오미카미[天照大神]'의 뜻은 '아마테의 태양신이신 위대한 어미신[母神]'이다. 여신을 최고의 조상신으로 모시는 것은 수메르 인의 관습에서 유래되었던 것으로 볼 수 있다.

마사카아카쓰카치하야히아메노오시호미미노미코토
[正哉吾勝勝速日天忍穗耳尊]

'마사카아카쓰카치하야히아메노오시호미미노미코토'는 '아마테라스오오미카미'의 아들이며, '다카미무스히노미코토'의 딸과 결혼하여 황손 '아마쓰히코히코호노니니기노미코토'를 낳았고, 이 황손을 일본으로 이주시켰다.

이 긴 이름이 고대 한국어라고 할 수 있는 충분한 근거가 있다. 먼저, 이 이름을 풀이하면, '(정의로운 군신) 마사(Mars)께서 (싸움마다 승리할 수 있도록) 나와 항상 같이 하기를 비오니 이루어 주소서 참 이삭귀 미코토'라는 뜻이 된다.

'마사카[正哉]'의 원형은 '마스(Mars)가'다. 이것을 한자의 뜻을 참고하여 의역하면 '정의로운 군신·마스(Mars)께서'가 된다. '마사카'의 '마사'는 로마 신화의 군신인 '마르스(Mars)', 신라 임금의 칭호인 '마수간(麻袖干)'의 '마수'와 어원이 같다.

'아(吾)'는 '나'를 뜻한다.

'카쓰카치하야히[勝勝速日]'는 '같이같이하여히'이다. 싸움마다 항상 승리할 수 있도록 '항상 같이하도록 해'의 뜻이다.

'아메[天]'는 영어의 '아멘(Amen)'과 어원이 같다. '간청한 대로 이루어 주기를 간절히 기원하다'라는 뜻이다.

'노'는 일본어의 소유격이다.

'오시호미미[忍穗耳]'의 '忍穗耳'(인수이)를 한국의 한자음으로 읽으면 '참을 인(忍)', '이삭 수(穗)', '귀 이(耳)'이다. 따라서, '忍穗耳'는 이두로 '참 이삭귀'가 된다. '이삭귀'는 『성경』에 나오는 '이삭(Isaac)'과 어원이 같다고 볼 수 있다. 지나친 비약 같지만, 가능성이 배제될 수는 없다.

아마쓰히코히코호노니니기노미코토
[天津彦彦火瓊瓊杵尊]

'아마쓰히코히코호노니니기노미코토'는 일본으로 이주한 황손이다. 이 이름의 뜻은 '아마테의 희고 흰 빛 니니기 미코토'다.

'아마[天津]'는 '아마테'를 줄인 말이다.

'쓰'는 소유격이다.

'히코히코호[彦彦火]'는 '희고 흰 불'이라는 뜻이다. '히코[彦]'는 태양족의 아들이라는 뜻인 '히코[日子]'와 같다. 그러므로 '히코'를 반복한 '히코히코'라는 말에는 '매우 희다'는 뜻과, '태양족의 순수 혈통'이라는 뜻이 포함되어있다고 볼 수 있다.

'니니기[瓊瓊杵]'는 그리스 신화에 나오는 승리의 여신 '나이키(Nike)'와 소리가 비슷하다. 이 둘은 아랄 신화에서 승리를 상징한 신의 이름에서 유래되었다고 볼 수 있다.

천손강림신화는 고대 한국인의 일본 침략사다.

다음은 「권제2」에 있는 천손 강림 신화(天孫降臨神話)의 일부다. 이 글의 앞부분에는 새로운 세계인 아시하라노나카쓰쿠니[葦原中國]에 대한 몇 번의 탐색 과정에 대한 이야기가 기록되어 있다. 탐색을 마치고 때가 되자, 황손의 일행은 이주를 실행하게 되었다.

【于時高皇産靈尊, 以眞床追衾, 覆於皇孫天津彦彦火瓊瓊杵尊使降之. 皇孫乃離天磐座,(天磐座, 此云 阿廠能以簸矩羅.) 且排分天八重雲, 稜威之道別道別而, 天降於日向襲之高千穗峰 矣. 旣而皇孫遊行之狀也者, 則自槵日二上天浮橋, 立於浮渚在平處.(立於浮渚在平處, 此云 羽企爾磨梨陀毗邏而陀陀志) 而膂肉之空國, 自頓丘覓國行去.(頓丘, 此云 毗陀烏. 覓國, 此云 矩貳磨儀. 行去, 此云 騰褒屢.) 到於吾田長屋笠狹之碕矣.】

다음의 <해석1>은 위의 글에 대한 기존의 일반적인 해석이고, <해석2>는 수메르 인과 아리아 인의 이동이란 관점에서 원문을 의역한 새로운 해석이다.

<해석1>

【때가 되자, '다카미무스히노미코토[高皇産靈尊]'는 '마토코오우후스마[眞床追衾 신성한 이불]'로 황손 '아마쓰히코히코호노니니기노미코토[天津彦彦火瓊瓊杵尊]'를 덮고 싸서 내려보냈다. 황손 일행은 '아마노이하쿠라[天磐座]'를 떠나, 천팔중운(天八重雲)을 헤치고, 위엄과 권위의 도리로써 길을 구별하고 찾아, '휴가소[日向襲]'의 '다카치호노타케[高千穂峰]'에 강림하였다. 황손은 이곳에서 내려, '구시히[槵日]'의 후타가미[二上]의 천부교(天浮橋)에서, '우키지마리타히라[浮渚在平處]'에 내려서, 소시시[膂肉]의 무나쿠니[空國]에서, '히타오[頓丘]', '구니마기[覓國]', '도호루[騰裒屨]'를 거쳐서, 아타[吾田]의 長屋의 가사사노미사키[笠狹之碕]에 도달하였다.】

<해석2>

【때가 되자, '다카미무스히노미코토'는 '마토께서 눈물을 흘리시며'라는 이불로 황손 '아마쓰히코히코호노니니기노미코토'를 덮고 싸서 내려보냈다. 일행은 "아마 너희들은 해낼 것이다."라는 곳에서 출발하여 많은 어려움을 이겨내고 드디어 '해가 솟아나는 곳'에 도착했다. 황손 일행은 높은 산봉우리에 올라가, 모두들 어려움을 이기고 다 같이 잘 해낸 일을 기념하여, 그 산봉우리를 '다 같이 해낸 산봉우리'라고 이름지었다. 그곳에서 태양신에게 고국과의 유대 관계가 끊기지 않고 오래도록 잘 유지되도록 하여 주고, 이 삭막한 땅에서 나라가 번성하여 큼지막하게 되도록 도와주기를 기원하며 신에게 제사를 지냈다. 내려와서 아타의 長屋의 가사사노미사키에 도착했다.】

『일본서기』의 편자는 옛날부터 전해 내려오는 중요한 말들을 골라서 원래의 소리들을 기록해 놓았지만, 지금은 이 소리들에 무슨 뜻이 있는지를 알 수 없기 때문에, 어쩔 수 없이 한자의 뜻에 의존하다보니 <해석1>과 같이 의미의 전달이 잘 되지 않는 해석들이 나오게 된 것이다.

천손 강림의 시기는 『일본서기』가 편찬된 서기 720년을 기준으로 하여 대략 천여 년에서 최소 육백여 년 전이다. 수메르 인들은 기원전 3세기경에 일본으로 이주했고, 뒤에 이주한 아리아 인들은 3세기경 히미코가 등장하기 최소 1백여 년 전에 이주했다고 볼 수 있기 때문이다. 책을 편찬할 당시는 많은 세월이 흐른 뒤였다. 구전되어 오던 인명 지명 등의 원래 소리를 한자로 기록하는 데는 많은 어려움이 있었을 것이다. 역사적 진실을 그대로 기록할 수 없는 제약도 있었다고 볼 수 있다.

하지만, 이제 이 화석 같은 어휘들의 소리가 고대 한국어였다는 것이 밝혀짐으로써, 인류 역사의 시작을 전후한 시대에 있었던 세계사를 부분적으로나마 바르게 알 수 있게 되었다. 그러므로 진실을 밝혀 후대에 전하려는 숭고한 역사 의식과 용기를 갖고 『일본서기』를 집필한 편자에게 감사하지 않을 수가 없다.

마토코오우후스마 [眞床追衾] = 마토께서 우시며

'眞床追衾(진상추금)'의 읽는 소리는 기록되어 있지 않지만, 일본식 발음인 '마토코오우후스마'를 한국어로 보고 해석하면, '마토께서 우후시며' 즉 '마토께서 우시며'가 된다. 이것은 '마토께서 어린 자식을 이국 땅으로 보내며 눈물을 흘렸다는 뜻이다.
'마토'란 말은 '마사카아카쓰카치하야히아메노오시호미미노미코토[正哉吾勝勝速日天忍穗耳尊]'의 첫 글자 '마'와 끝 글자 '토'를 따서 간략하게 표기한 것이다.

'코'는 '께서'이고, '오'는 존칭의 뜻인 '어(御)'다.

'우후스마'는 '울으시며'다.

임금께서 눈물을 흘리시며 배웅했다고 전해져 내려오는 이야기를, 차마 그대로 기록에 남길 수가 없어, 이불의 이름을 이렇게 지어 간접적으로 표현했다고 볼 수 있다.

아마노이하쿠라 [阿麻能以簸矩羅] = 아마 너희는 할꺼라

'天磐座(천반좌)'를 '阿麻能以簸矩羅(아마능이파구라)'라고 읽는다고 기록되어 있다. 이것을 일본에서는 '아마노이하쿠라'라고 읽는다. 황손 일행이 일본으로 출발한 장소다.

'아마'는 확실히 단정하기는 어렵지만 어느 정도 그럴 것이라고 생각하는 경우에 쓰이는 한국어다. '노이'는 '너희'이고, '하쿠라'는 '할꺼라·해낼 것이다'라는 뜻이다. 따라서, '아마노이하쿠라'는 "아마 너이 하쿠라." 즉 "아마 너희는 해낼 것이다."라는 격려의 말이다. 출발지에서 이런 내용의 격려사가 있었다고 보는 것은 당연하다.

'아마노이하쿠라'는 경상도 억양이다. 이 억양은 일본의 초대 천황인 신무 천황의 부친이 경상도 낙동강 유역에 있었던 고대 국가의 하나인 대가야 출신이란 주장에 힘을 더해 주는 언어 증거다. (248쪽 참고) 2천여 년 전의 대가야 억양이 오늘의 경상도 억양과 같다는 사실이 놀랍다.

『일본서기』의 편자는 '아마노이하쿠라'라는 말을 후세에 전하기 위하여, 天磐座라는 가상의 지명을 설정하고, 그 읽는 법을 기록했던 것으로 볼 수 있다. 아마도 편자는, 마토께서 어린 자식을 낯선 세계로 보내게 되어 격한 나머지 눈물을 흘리시며 "아마 너희는 해낼 것이다."라고 격려하던 송별식에서의 숙연했던 분위기를 전해져 오는 그대로 전하고 싶었던 것이다.

휴가소 [日向襲] = 해가 솟는

'휴가소'의 '휴'는 '해', '가'는 주격 조사, '소'는 '솟다'·'솟아나다'가 원형이다. 따라서 '휴가소'는 '해가 솟는' 즉 '해[日] 신(神)이 솟아 나는 곳'이라는 뜻이다.

다카치호노타케 [高千穂峰] = 다 같이 해낸 산봉우리

'다카치호노타케'를 한국어로 해석하면 '다 같이 해낸 산봉우리'라는 뜻이다. 모두들 다 같이 힘을 모아 훌륭하게 해낸 역사적인 일을 기념하기 위하여, 산봉우리의 이름을 이렇게 지은 것이다. 한자를 사용하기 이전, 순수 한국어로 이름들을 지었던 시절에 이런 이름은 매우 자연스러운 표현이었다.

'다카치'는 '다 같이', '다 함께'라는 뜻이다.

'호'는 '해냈다'라는 뜻이다. '노'는 일본어의 소유격이다.
'타케'는 일본어로 산봉우리다.

구시히 [櫛日] = 굿을 해

'구시히'는 '굿을 하다' 즉 '태양신에게 굿을 하고, 제사를 지내다'란 뜻이다. '구시후루노타케[櫛觸之峰]'의 '구시후루'는 '갓(god)을 부르다'로 해석되므로, '구시후루노타케'는 '신의 가호가 있기를 빌며 제사를 지낸 산봉우리'라는 뜻이다.

우키지마리타히라이타타시 [羽企爾磨梨陀毗邏而陀陀志] = (고국과의 관계가) 끊기지 말도록 하라고 다짐하다.

본문에【立於浮渚在平處(입어부저재평처) 此云(차운) 羽企爾磨梨陀毗邏而陀陀志(우기이마리타비라이타타지)】라는 글이 있다.

'立於浮渚在平處'의 읽는 소리를 기록해 놓았다는 것은 원래의 의미가 한자의 뜻에 있지 않고 기록해 놓은 소리에 있다는 뜻이므로, 소리를 해석해야 원래의 뜻을 알 수 있다.

'羽企爾磨梨陀毗邏而陀陀志'를 일본에서는 '우키지마리타히라이타타시'라고 읽는다.

'우키지[羽企爾]'의 '우(羽)'는 한국어로 '깃 우'다. 따라서, '우키지'는 '깃키지'로 읽을 수 있으므로, 뜻은 '끊기지'가 된다.

'마리타히라이[磨梨陀毗邏而]'는 '마리타 하라이' 즉 '말도록 해 달라이'가 된다.

'타타시[陀陀志]'는 '다지고 다지다' 즉 여러 번 다짐을 했다는 뜻이다.

그러므로 '羽企爾磨梨陀毗邏而陀陀志'의 뜻은 '깃키지 마리타 히라이 다다지'가 된다. 즉, 두 나라의 유대 관계가 '끊기지 말도록 하자고 다짐을 했다'는 뜻이다. 이렇게 되도록 '신에게 기원했다'는 뜻이다.

히타오 [毗陀烏] 구니마기 [矩貳磨儀] 도호루 [騰裒屢]
= 해다오 큼지마케 되도록

본문에 【自頓丘覓國行去.(頓丘, 此云 毗陀烏. 覓國, 此云 矩貳磨儀. 行去, 此云 騰裒屢.)】라는 기록이 있다.

( )속 글의 뜻은 【頓丘(돈구)는 毗陀烏(비타오)라 읽고, 覓國(멱국)은 矩貳磨儀(구이마의)라 읽고, 行去(행거)는 騰裒屢(등포루)라 읽는다.】이다.

이 글은 『일본서기』에 기록된 암호문의 대단원이자, 편자의 마지막 승부수였다.

일본에서는 '毗陀烏(비타오)'를 '히타오', '矩貳磨儀(구이마의)'를 '구니마기', '騰裒屢(등포루)'를 '도호루'로 읽는다.

'히타오'는 '해다오'이다.

'구니마기'는 '큼지마케'이다.

'도호루'는 '되도록'이다.

그러므로, "히타오 구니마기 도호루"는 "해다오 큼지마케 되도록"이라는 뜻이다. 새로운 이 나라가 번영하여 큼지막하게 되도록 해 달라고 신에게 기원했다는 뜻이다. 긴 세월이 흘렀지만 지금도 이 소리들은 한국인의 입과 귀에 익은 소리들이다.

본문의 【則自穗日二上天浮橋, 立於浮渚在平處.(立於浮渚在平處, 此云 羽企爾磨梨陀毗邏而陀陀志) 而膂肉之空國, 自頓丘覓國行去.(頓丘, 此云 毗陀烏. 覓國, 此云 矩貳磨儀. 行去, 此云 騰裒屨.)】는 한자로 해석되지 않는다. 난해했기 때문에 이 글에 쏟아졌던 비난은 이제 찬사로 바뀌게 되었다. 이 글은 암호였다. 의역하면, "신에게 고국과의 관계가 끊기지 않고 잘 유지되게 하여 주고 이 삭막한 땅에서 나라가 큼지막하게 되도록 하여 주기를 기원했다."가 된다.

아시하라노나카쓰쿠니[葦原中國]
= 아시하라(아랄의 위대한 태양신)가 (솟아) 나는 나라

'아시하라[葦原]'는 '알스하라(Ar's Ha Ra)'가 원형이다.
'아시(Ar's)'는 '아랄(Aral Sea)'과 어원이 같다고 볼 수 있다.
'하'는 '큰', '위대한', '신성한'이라는 뜻이다.
'라'는 태양신·'라[Ra]'이다.
'나카'는 '낳다', '나오다'가 원형이다. '쓰'는 소유격이다.
'쿠니'는 '나라'라는 뜻의 일본식 한자음이다.
그러므로 '아시하라노나카쓰쿠니[葦原中國]'의 뜻은 '아랄의 위대한 태양신이 솟아 나는 나라'다.

일본 천황의 시조는
대가야 출신이다.

일본 천황의 시조는 어디서 이주한 어떤 종족이었을까?

이 문제에 일본 역사학계는 침묵한다. 역사와 무관한 신화이기 때문에 관심이 없다는 뜻이지만, 속내는 그렇지가 않다. 이 문제를 논한다는 것은 너무 불경스러운 일이어서, 오래 전부터 공개적으로 논의할 수 없는 금기 사항으로 이심전심 합의된 전통이 있기 때문에, 일본 역사학계가 논의를 기피하고 있는 것이다. 오늘날에도 일본 역사학계가 이 문제에 침묵하고 있다는 것은, 이 문제를 풀기 위해 깊이 들어가면, 천황의 시조는 고대 한국인이란 사실을 인정하지 않을 수 없다는 것을 잘 알고 있다는 암시다.

신화란 다 꾸며낸 이야기들이니 없었던 일로 하자는 얼빠진 주장도 있지만, 이것은 천황의 시조가 고대 한국인이란 사실을 은폐해 온 일본의 전통에 물든 헛소리에 불과하다.

『일본서기』에 기록되어 있는 일본 신화 시대에 신들이 사용한 언어가 고대 한국어란 사실이 밝혀짐으로써, 일본 신화의 신들은 고대 한국인이었다는 것을 알 수 있게 되었다. 더불어, 일본 천황의 시조는 고대 한국인이었다는 사실을 입증할 수 있는 기록도 찾게 되었다.

『일본서기』에 초대 천황인 신무 천황(神武天皇)과 그의 부친의 시호(諡號)가 기록되어 있다. 놀라운 것은 이 시호들에 쓰인 한자를 일본어로 읽는 소리는, 일본어가 아니고, 고대 한국어란 사실이다. 특히, 부친의 시호에는 부친이 고대 한국의 대가야 출신이란 사실이 분명하게 기록되어 있다. 그런데도 일본은 전통적으로 이 원래의 소리를 그대로 지금까지 전하고 있다.

「권제3」의 첫 머리에 다음과 같은 글이 있다.

【神日本磐余彦天皇, 諱彦火火出見. 彦波瀲武鸕鷀草葺不合尊第四子也.】

이 글의 뜻은 【가무야마토이와레비코노스메라미코토[神日本磐余彦天皇]의 휘(諱)는 히코호호데미[彦火火出見]이다. 히코나기사타케우가야후키아에즈노미코토[彦波瀲武鸕鷀草葺不合尊]의 넷째 아들이다.】가 된다.

가무 야마토이 와레 비코노 스메라미코토

'神日本磐余彦天皇(신일본반여언천황)'은 초대 천황인 신무 천황(神武天皇)의 시호다. 신무 천황은 규슈[九州]의 휴가[日向]에서 혼슈[本州]의 야마토[大和] 지역으로 진출하여 일대를 평정하고 야마토 조정[大和朝廷]을 수립한 업적을 남겼다.

'神日本磐余彦天皇'의 일본식 발음을 띄어쓰기하면 '가무 야마토이 와레 비코노 스메라미코토'가 된다. 이것을 한국어로 해석하면 '신은 야마토에 오신 태양의 아들이신 천황'이 된다. '가무'는 '신'이고, '야마토이'는 '야마토에'이고, '와레'의 '레'는 '그래・아니래'의 '래'와 같은 종결어미로 보면 '와레'는 '오신'이란 뜻이고, '비코' 즉 '히코'는 일본어로 '태양의 아들'이고, '스메라미코토'는 '천황'이란 뜻이기 때문이다. 야마토에 와서 일본을 반석 위에 세워 놓은 신무 천황의 치적이 시호에 간명하게 담겨 있다. 시호는 선왕의 공덕을 기리어 붙인 이름이므로, 한자를 쓰지 않았던 시절에 이런 표현은 매우 자연스러운 것이다.

휘(諱 죽은 어른의 생전의 이름) '히코호호데미[彦火火出見]'는 '태양의 아들 활활 탐이'로 해석된다.

신무 천황의 시호가 한국어로 해석됨으로써, 신무 천황을 비롯하여 일본 신화 시대의 신들이 고대 한국인이었다는 것을 시호를 통해서도 확인할 수 있게 되었다.

아직 확신이 가지 않을지라도, 신무 천황의 부친의 시호에 대한 다음과 같은 해석에는 확신이 가지 않을 수 없다.

히코 나기사 타케우 가야 후키아에즈노 미코토

'彦波瀲武鸕鶿草葺不合尊(언파렴무로자초집불합존)'은 신무 천황의 부친의 시호다. 이 시호의 일본식 발음을 띄어쓰기 하면 '히코 나기사 타케우 가야 후키아에즈노 미코토'가 된다. '히코'는 일본어로 '태양의 아들'이고, '나기사'는 한국어로 '태어나시다'다. '타케우 가야'는 '덕 가야(Duck Gaya)' 즉 대가야(大伽倻)다. 그러므로 이 시호를 해석하면 '태양의 아들이 태어나신 곳은 타케우가야[大伽倻] 후기아[咸安(함안)?]에서의 귀인[尊]'이 된다. 초대 천황인 신무 천황의 부친의 시호에 신무 천황의 부친이 대가야(大伽倻) 후기아[함안(咸安)] 출신이란 사실이 기록되어 전해지고 있는 것이다.

'타케우 가야'의 어원은 '덕 가야(Duck Gaya)'이고, 이것을 한자로 음역한 것이 대가야(大伽倻)라고 볼 수 있다. 왜냐 하면, 한자가 사용되기 이전에도 대가야(大伽倻)의 기원이었던 국명이 있었을 것이고, '덕(duck, '덕'이 아리아 어의 원래 소리는 아니지만 이와 유사하였을 것이다.)' 즉 '오리'는 아리아 인을 상징하는 새여서, '덕 가야'라는 이름이 일찍부터 국명으로 사용되었다고 볼 수 있기 때문이다.

신무 천황이 부친의 시호에 부친의 출생지가 분명하게 기록되어 있다는 것은 그 시절에는 고국과의 관계를 돈독히 하려는 의지가 있었다는 뜻이다. 이것은 "끊기지 말도록 해 주기를 기원하며 다짐했다."란 기록과 상통한다. (245쪽 참고) 그러나 고국에서 신라가 서기 676년에 삼국을 통일하자 위협을 느낀 일본은 한반도와의 관계를 단절하고, 천손 강림 신화를 만들어 한반도에서 이주했다는 사실을 숨기는 역사 왜곡을 시도했다. 이것은 자신들의 지위를 격상시켜 지배의 정당성을 강화시키며 내부 결속과 단속을 철저히 하기 위한 수단이었다고 볼 수 있다. 서기 720년에 편찬된 『일본서기』는 이런 시도의 시작이었다. 하지만, 옛날부터 전해져 오는 선조의 시호를 마음대로 바꿀 수 없는 일이었고, 이 소리들은 일본어나 한국어로 해석되지 않았기 때문에 지금까지 온전히 전해질 수 있었다고 볼 수 있다.

『일본서기』에 기록된 고대 한국어 노래들

아고요, 이 나쁜 무리 배를

「권제3」에 다음과 같은 노래가 있다. 이 노래는 신무 천황이 싸움을 앞두고 필승을 기약하며 부른 것이다.

【伽牟伽筮能, 伊齊能于瀰能, 於費異之珥夜, 異波臂茂等倍屢, 之多儀瀰能, 之多儀瀰能, 阿誤豫, 阿誤豫, 之多太瀰能, 異波比茂等倍離, 于智弖之夜莽務, 于智弖之夜莽務.】

이 노래에 아리송한 표기가 있다. 동일한 한자로 표기되어야 할 것 같은데 다른 한자로 표기된 것들이 있는 것이다. '異波臂茂等倍屢(이파비무등배루)'의 '臂(비)'자와 '屢(루)'자가 '異波比茂等倍離(이파비무등배리)'에서 '比(비)'자와 '離(리)'자로 표기되어 있고, '之多儀瀰能(지다낭미능)'의 '儀(낭)'자가 '之多太瀰能(지다태미능)'에서 '太(태)'자로 표기되어 있다.

잘못 기록된 것으로 보기에는 잘못이 너무 많다. 이것은 처음부터 의도된 기록이었다고 볼 수 있다. 왜냐하면, 이 잘못된 기록 속에는 '이 노래는 한자의 뜻과는 무관하고 소리에 뜻이 있다'라는 『일본서기』의 편자가 처음부터 의도한 암시가 담겨 있다고 볼 수 있기 때문이다.

이 노래는 고대 한국어 노래를 한자의 음으로 기록한 것이라고 볼 수 있는 몇 가지 이유가 있다. (1) 이 노래는 한자나 일본어로 해석되지 않으므로, 고대 한국어를 한자음으로 기록한 것이다. (2) 나라를 이룩할 만큼 많은 사람들이 이주했고, 신무 천황의 부친은 대가야에서 태어났으므로 이 노래를 부른 시기는 이주하고 한 세대 이상 지나지 않았던 때였다. 그러므로 당시 이주민들은 고대 한국어를 사용했다고 보지 않을 수가 없다. (3) 신들의 자존심이 원주민어로 노래 부르는 것을 허용하지 않았을 것이다.

그러므로 이 노래를 한국어로 해석하면 뜻이 통할 것이다. 그러나 이 노래가 실린 『일본서기』가 편찬된 8세기초는 신들의 이동이 있고 수백 년이 흐른 뒤이므로, 원래 소리가 많이 변해 있었을 것이다. 변한 소리가 일본 한자음으로 기록되며 다시 소리가 많이 변했을 것이다. 따라서, 이 노래를 한국의 한자음으로만 읽어서는 원래의 소리를 찾을 수가 없게 되었다. 그러므로 일본음을 참고하지 않을 수가 없다.

'伽牟伽笨(가모가서)'를 일본에서는 '가미카제[神風]'로 번역한다. 이 말의 어원은 '가미갓[熊 god]'으로 볼 수 있다. 수메르인의 '가미[熊]'와 아리아 인의 '갓(god)'을 합한 말이다.

문제는 '之多儀瀰能, 之多儀瀰能, 阿誤豫, 阿誤豫'를 어떻게 해석하느냐는 것이다. 이것을 일본에서는 "시타다미노 시타다미노 아고요 아고요."로 읽는다.

'시타다미노[之多儞彌能(지다냥미능)]'는 한자의 뜻과는 관계없고, 소리에 원래의 뜻이 있다고 보아야 되므로, '시타다'의 기원은 아랄 해로 흐르는 '시르 다리아 강'으로 볼 수 있다. 야마토 조정[大和朝廷]을 수립한 신무 천황은 고조선계 아리아 인이었고, 고조선계 아리아 인은 시르 다리아 강 유역에서 살다가 이동했다고 볼 수 있기 때문이다. (126쪽 참고)

'미'는 일본 고대어에서 신(神)이라는 뜻으로 쓰인 예가 있다. '바다의 신'이란 말인 '와타쓰미(海神)'에서 '와타'는 '바다', '쓰'는 소유를 뜻하는 격조사, '미'는 신(神)이라는 뜻이다. 따라서, '시타다미'는 '시르 다리아 강의 수신'으로 해석될 수 있다.

'아고요[阿誤豫(아오예)]'는 이 노래를 해석할 수 있는 실마리다. '아고요'라는 말은 256쪽의 노래에도 있는 것으로 볼 때, 중요한 뜻을 갖고 있는 어휘였다고 볼 수 있기 때문이다. '아고요'가 고대 한국어였다면, 한국어와 영어에 비슷한 어휘가 있을 것이다. 한국어에 '아고요'란 말이 없으므로, '요'는 하오체의 종결어미로 보고, '아고'와 소리가 같은 어휘를 찾아야 할 것이다. 한국에서 상가에 문상을 가면 "아이고, 아이고."하는 울음소리를 들을 수 있다. 요즘은 이 소리를 듣기가 어렵지만, 이 '아이고'는 '아고예'의 '아고'와 어원이 같다고 볼 수 있다. '아이고'와 '아고'는 영어에서 액체와 물을 뜻하는 말인 '애쿼(aqua)'와 어원이 같다고 볼 수 있다. 따라서 "시타다미노 시타다미노 아고요 아고요."의 '아고'는 시르 다리아 강 수신의 이름이라고 할 수 있다. 영어 '애쿼(aqua)'에 수신이라는 뜻은 없지만, 빛과 생명을 지배하는 태양신 '라(Ra)'에 대립되는 신인, 비와 죽음을 지배하는 수신 '아이고(Aqua?)'가 공존했다고 볼 수 있기 때문이다. 그래서 비와 죽음을 지배하는 수신 '아이고'에게 죽은 자의 사후를 잘 부탁한다는 뜻으로 "아이고, 아이고."하며 신의 이름을 부르던 상가의 풍습이 한국에 아직도 남아 있다고 볼 수 있다.

 기원하는 목적에 따라서 부르는 신이 달랐을 것이다. 이것은 하나의 신이 모든 것을 지배하는 것이 아니고, 신들은 각자의 역할이 있었다는 뜻이다. 빛과 생명에 관한 것은 태양신에게, 비와 죽음에 관한 것은 수신에게, 전쟁터에서 적을 무찔러 주기를 기원할 때는 수신과 군신에게 빌었다고 볼 수 있다.

 그러므로 "시타다미노 시타다미노 아고요 아고요."를 직역하면 "시타다 수신, 시타다 수신, 아고요, 아고요."가 되고, 의역하면 "시르 다리아 강의 수신, 시르 다리아 강의 수신, 아고요, 아고요."가 된다고 할 수 있다.

 伊齊能于瀰能(이제능우미능)은 '이제는 우리를'이란 말을 한자로 표기한 것으로 볼 수 있다.

 '於費異之珥夜(어비이지이야)'는 '어여뻐 여기여'를 한자로 표기한 것으로 볼 수 있다.

 '異波比茂等倍離(이파비무등배리)'는 '이 나쁜 무리 배를'로 해석되고, '于智弓之夜莽務(우지?지야망무)'는 '무찔러 주십시오'로 해석된다.

 이렇게 보고 이 노래를 풀이하면 다음과 같다.

【 가미 신이시여, 이제는 우리를 어여뻐 여기여
　　이 나쁜 무리배를, 시타다의 수신 시타다의 수신
　　아고요 아고요, 시타다의 수신이시여,
　　이 나쁜 무리 배를 무찔러 주십시오 무찔러 주십시오.】

해석이 너무 미끈해서 신뢰가 가지 않는다는 소리는 다음 노래를 통해 사라질 것이다.

고마워요, 고마와요.

「권제3」에 다음과 같은 노래가 있다. 이 노래는 싸움에서 승리를 하고 부른 것이다.

【 伊奘波豫 伊奘波豫 阿阿時夜塢,
　伊奘儺而毛 阿誤豫 伊奘儺而毛 阿誤豫.】

이 노래에도 阿誤豫(아오예)란 표기가 2번 있다. 이 노래 역시 阿誤豫를 어떻게 해석하느냐가 이 노래를 해석하는 실마리가 된다.

'阿誤豫'는 앞의 노래에서 '수신(水神) 아고요'로 해석되었다. '아고'는 한국의 상가에서 들을 수 있는 곡소리 '아이고, 아이고'와 어원이 같다고 앞에서 주장했다. 과거의 개념으로는 일본의 '阿誤豫', 한국의 '아이고', 영어의 '애쿼(aqua)'가 어원이 같다는 상상을 할 수가 없다. 하지만, 아리아 인들이 아랄 지역에서 나누어져 동서로 이동했다는 시각을 갖고 역사를 보게 되면, 이것은 당연한 발상이다.

'伊奘波豫(이망파예)'를 일본에서는 '이마와요'로 읽고 이것을 일본어로 해석하지만, 무슨 뜻인지를 알 수가 없다. '伊(이)'의 일본훈은 '고레'이므로, '이마와요'는 '고마와요'로 읽을 수 있다.

'伊弉儴而毛(이망낭이모)'는 '고마낭이모'로 읽을 수 있다. 따라서, 이 노래는 다음과 같이 읽을 수 있다.

"고마와요 고마와요 아아시야오, 고마낭이모 아고요, 고마낭이모 아고요."

'고마와요'는 '고맙다'는 뜻이고, '고마낭이모'는 '고맙네요' 즉 '고맙습니다'라는 뜻이라고 할 수 있다.

'아아시야오(阿阿時夜塢)'에 대한 해석이 문제다. '아아'는 감탄사로 보고, '오'는 하오체의 종결어미로 보면, '시야'는 '고마와요'의 대상이 되는 신의 이름이라고 할 수 있다. 이렇게 보아야 '시야'와 '아고'가 짝을 이룬다. 따라서, '시야'는 게르만 신화의 군신 '지오(Zio)'와 어원이 같다고 볼 수 있다. 그러므로 이 노래는 싸움을 승리로 이끌어준 군신 '지오(Zio)'와 수신 '아고'에게 감사하기 위하여 부른 것이라고 할 수 있다. 그러므로 이 노래는 다음과 같이 해석된다.

【 고마워요, 고마워요, 오오 '지오'이시어,
    고맙습니다 '아고'요, 고맙습니다 '아고'요. 】

이상의 두 노래는 "고대 한국인이었던 수메르 인과 아리아 인의 일부가 일본으로 이주하여, 일본 신화 시대의 주역이 되었다."라는 역사가 있었다는 사실을 알지 못하고는 결코 바르게 해석될 수가 없다.

'사무라이'는 '수메르 인'이다.

일본의 전통 어휘들을 한국어와 영어로 해석해 보면, 그 뜻들이 자연스럽게 상통하며 알알 문명이란 하나의 고리로 연결된다. 이것을 우연이나 억지라고 하기는 어렵다. 고대 한국인이었던 수메르 인과 아리아 인의 일부가 일본으로 이동하여 일본의 전통 어휘들을 남겼기 때문에 이런 특성이 있다고 보지 않을 수가 없다. 그러므로 일본의 전통 어휘들은 수메르 인과 아리아 인의 일부가 일본으로 이주하여 신화 시대를 지배했다는 증거이자, 세계 고대 문명들의 기원이 되는 알알 문명의 역사적 실체와 이동의 역사를 증명하는 언어 자료다.

사무라이 [侍]

'사무라이[侍]'의 '사무라'는 '수메르'와 어원이 같고, '이'는 한국어에서 사람을 뜻하는 접미사다. 그러므로 '사무라이'는 '수메르 인'이란 뜻이다. '사무라이[侍]'는 주군을 모시는 사람이어서 한자로 모실 시(侍)자가 쓰였다고 볼 수 있지만, '사무라이' 즉 '수메라이'의 원 뜻이 '수미산의 위대한 태양신을 모시는 사람'이었기 때문에 시(侍)자가 쓰였다고 보는 것이 옳을 것이다.

철기 문명을 갖고 일본으로 이주한 수메르 인들이 일본을 통치하던 시절, 수메르 인의 성인 남자들만이 칼을 소지할 수 있었던 시절이 있었다고 볼 수 있다. 수메르 인의 성인 남자들은 칼을 소지한 무사가 됨으로써, 수메르 인이라는 말인 '사무라이'는 '무사'란 뜻으로 전의되었다고 볼 수 있다.

수메르 인과 아리아 인의 이동 역사가 잊혀짐으로써, 한국이 아리랑의 뜻을 잃어버리고 있었듯이, 일본은 '사무라이'의 원 뜻을 잃어버리고 있었다.

가타나 [刀]

일본어로 '가타나[刀]'는 '칼', '외날의 칼'이다.

'가타나[刀]'를 비롯하여 칼과 연관된 일본어 어휘들 중에는 표기된 한자를 음독하지 않고 훈독하는 것들이 몇 개 있다. 그 까닭은 이 어휘들은 일본에서 한자를 사용하여 기록을 남기기 시작하기 이전부터 사용되었던 말들이어서 전해져 내려오는 그대로 말하는 것이 편했기 때문에, 이 어휘들의 뜻에 적합한 한자로 표기하고도, 음독하지 않고 훈독하게 되었다고 볼 수 있다. 일본은 지금도 이 전통을 유지하고 있다.

'가타나[刀]'의 어원은 무엇일까? 일본은 기원전 3~2세기경부터 철기 시대가 시작되었다. 일본에 철기 문명을 처음 갖고 이주한 사람들은 고대 한국인이었던 수메르 인이었다. 신석기 시대에서 갑자기 철기 시대로 접어든 시절에, 쇠로 만든 칼을 처음 본 사람들은 호기심이 생겨, 만져 보고 싶고 사용해 보고 싶었을 것이다. 칼의 주인은 애지중지하는 물건이어서, 칼을 누가 만지거나 사용하는 것을 보면 당장 제자리에 갖다 놓으라고 한국어로 "가따 놔!"라고 벼락 소리를 질렀을 것이다. 이런 일이 자주 반복되면서 '가따놔!'란 소리에 정이 담겨지며 '가따놔'가 칼의 애칭이 되었고, 이것이 인연이 되어 '가따놔'가 일본어로 칼이란 말인 '가타나'가 되었다고 볼 수 있다. 지나친 억측일까? 요즘도 한국에서는 '가따 놔!'라는 말을 흔히 들을 수 있다. '가따놔'는 원래 한국에서부터 사용되었던 칼의 애칭이었는지도 모른다. 애칭이 이렇게 중요한 말로 둔갑되기는 힘든 일이지만, '가타나'의 어원은 고대 한국어일 것이므로 가능성은 충분히 있다.

'칼날'은 영어로 칼이라는 말인 '나이프(knife)'와 어원이 같다고 볼 수 있다. 근거는 'knife'의 옛날 발음에 있다. 아랄 시절은 석기 시대였지만 돌칼이 사용되었을 것이므로 '칼'이란 말이 있었을 것이다. 옛날에 'knife'의 발음은, 'k'를 발음하였을 것이므로, '크나이프'이었을 것이다. 그러므로 '크나이프'와 '칼날'은 어원이 같고, 아랄 시절부터 사용된 어휘였다고 볼 수 있다. 어쩌면 '칼날'이 '가따놔!'와 결합되어 '가타나'가 되었다고도 볼 수 있다.

옛날에 'k'를 발음했다고 볼 수 있는 증거를 '크낙새'란 새의 이름에서도 찾을 수가 있다. 딱따구리과에 속하는 크낙새는 한국에서 천연 기념물로 지정되었지만 지금은 멸종(?)되어, 그 크고 빼어난 모습을 볼 수 없게 되었다. '크낙새'의 '크낙'은 영어로 '두드리다'라는 말인 '노크(knock)'의 옛날 발음이라고 할 수 있는 '크노크'와 어원이 같다고 볼 수 있다. 부리로 나무 가지를 딱딱 두들겨 소리를 내는 새라는 뜻인 '크노크(knock)하는 새'가 '크낙새'로 되었다고 볼 수 있다.

칼과 연관된 일본어의 어휘들 중에는 한국어에서 기원한 것으로 볼 수 있는 것들이 있다.

'쓰루기[劍]'는 양날의 칼이다. 한국어의 '쓸다'·'찌르다'가 어원이다.

'사야[鞘]'는 칼집이다. 한국어의 '싸다'가 어원이다.

'쟌바라(ちゃんばら)'는 영화·연극에서 사무라이[侍] 등의 칼싸움, 또는 사무라이 등의 칼싸움을 주제로 한 영화·연극, 즉 검극(劍劇)이라는 뜻이다. '쟌바라'의 어원은 한국어로 "잡아라!"이다. 저 놈 "잡아라!"가 '쟌바라'로 되었다. '쟌바라'의 원형인 '쟌쟌바라바라(ちゃんちゃんばらばら)'는 "잡아라! 잡아라!"라는 말을 극화시킨 것이다

'가타나'·'쓰루기'·'사야'·'쟌바라' 등과 『일본서기』에 있는 고대 한국어의 어휘들은 한국의 삼한 시대에 사용되었던 어휘들이라고 할 수 있다. 2천여 년이라는 세월이 흘렀지만 오늘의 한국어와 별 차이가 없다.

간나즈키 [神無月]와 가미아리즈키 [神有月]

일본에서는 옛날에 음력 10월을 신이 없는 달이라는 뜻으로 '간나즈키[神無月]'라고 불렀으나, 시마네현[島根縣] 이즈모[出雲] 지방에서만은 신이 있는 달이라는 뜻으로 '가미아리즈키[神有月]'라 불렀다고 한다. 음력 10월을 다른 지방에서는 신이 없

는 달이라고 했는데, 이즈모 지방에서만은 신이 있는 달이라고 한 것은 음력 10월에 각처의 신들이 시마네 현의 이즈모다이샤 [出雲大社]에 모여 회의를 했다는 전설 때문이라고 한다.

'神無月(신무월)'을 '간나즈키' 또는 '가미나즈키'라고 말했다는 것은 '신'을 '간' 또는 '가미'라고도 말했다는 뜻이다.

'간'은 임금을 뜻하는 '칸' 또는 신을 뜻하는 '갓(god)'과 어원이 같고, '가미'는 '곰'과 어원이 같다고 볼 수 있다. 따라서 가미나즈키[神無月]와 가미아리즈키[神有月]는 수메르 어라고 할 수 있고, 간나즈키[神無月]는 아리아 어라고 할 수 있다.

이즈모 지방에서만 음력 10월을 가미아리즈키[神有月]라고 불렀다는 것은 이즈모 지방이 한국에서 일본으로 이주한 수메르 인의 중심지였다는 뜻이다.

수메르 인들은 이주해 간 어디에서도 통일 국가를 이룩하지 못하고, 도시 국가 형태의 소국들로 이루어진 일종의 연합체를 형성하고 있었다. 수메르 인들이 중앙 집권적인 국가 형태에 익숙하지 못했던 것은 점성술이 발달되면서 태양신보다 달을 중심으로 하는 다신교적인 신앙을 가지고 있었기 때문이었다고 볼 수 있다.

일본어에 신을 뜻하는 말에 '가미'와 '간'이 있다는 것은 수메르 인과 아리아 인이 일본으로 이주했다는 증거의 하나다.

사쿠라 [櫻]

'사쿠라[櫻]'라는 말에는 벚나무・벚꽃이라는 뜻 이외에, 연분

홍색[櫻色]·말고기[櫻肉]라는 뜻이 있다.

한자의 표기가 없는 '사쿠라(さくら)'란 말은 '박수꾼', '바람잡이'란 뜻이다.

'벚꽃'과 '말고기'를 한자로 똑같이 '櫻(앵)'이라 표기하고, 똑같이 '사쿠라'로 읽는 것은 두 단어의 어원이 같다는 뜻으로 볼 수 있다. 어떤 연유로 앵두나무 앵(櫻)자에 말고기란 뜻이 있게 되었을까?

일본어 사전에는 말고기의 색이 벚꽃과 같은 연분홍색이어서, 말고기를 '사쿠라니쿠[櫻肉]'라 하게 되었고, 약칭하여 '사쿠라[櫻]'라 한다고 어원을 밝혔다. 그러나 이것은 알알 문명을 잃어버린 현대인의 생각이다.

독일어의 '사크라(sakra)'와 '자크라멘트(sakrament)'는 '제기랄·빌어먹을·아차'라는 뜻이고, '자크라멘트(Sakrament)'는 '성사·새크러먼트'라는 뜻이다.

영어의 '새크러먼트(sacrament)'는 '성례·성사·맹세'라는 뜻이고, '새크리파이스(sacrifice)'는 '산제물·희생'이라는 뜻이다.

독일어 '사크라(sakra)'와 영어 '사크라(sacra…)'는 일본어의 '사쿠라[櫻]'와 어원이 같다고 볼 수 있다.

말은 처음에 식용으로 사육되었으나, 수레를 끌고, 타고 다니고, 전투에 이용되면서, 차츰 가치가 상승하여 제사를 지낼 때 신에게 바치는 최고의 값진 희생의 제물이 되었다. 이후부터 말고기는 신에게 제물을 바치는 공희의 의식이었던 '사쿠라'의 상징이 됨으로써, 말고기를 '사쿠라를 위한 고기' 즉 '사쿠라니쿠[櫻肉]'라고 부르게 되었다고 볼 수 있다.

일본의 국화 '사쿠라[櫻]'가 바람잡이라는 말인 '사쿠라'와 발음이 똑같은 까닭은 어원이 같기 때문이다.

일본에서는 벚꽃[櫻]이 만개한 봄날에 그 해의 만복을 기원하며 신에게 공희의 제물을 바치던 희생 의식인 사쿠라가 연례적으로 행해지면서, 벚꽃은 사쿠라를 상징하는 꽃이 되었고, 이로부터 벚꽃을 '사쿠라'라 하게 된 것이다. 일본이 사쿠라[櫻]를 국화로 정한 그 이면에는 이러한 잊혀진 사쿠라 의식의 역사가 잠재해 있다고 볼 수 있다.

옛날에 희생을 요구하는 사쿠라 의식이 남용되면서 사쿠라 의식에 불신과 원성이 쌓이게 되었기 때문에, 사쿠라 의식에서 결정된 사항들을 찬성하며 선동하기 위하여 박수꾼과 바람잡이가 군중 속에 몰래 동원되었다고 볼 수 있다. 그래서 '사쿠라'라는 말에 '박수꾼'·'바람잡이'라는 뜻이 생긴 것이다.

불교의 전래와 더불어 사쿠라 의식이 사라지게 되었고, 이후 희생이라는 말을 사용해야 할 경우에는 바람잡이라는 말로 오염된 '사쿠라'대신 한자의 '희생(犧牲)'이라는 말을 사용하게 되면서, '사쿠라'라는 말에서 희생·맹세라는 뜻은 잊혀지게 되었다고 볼 수 있다.

불교의 전래와 더불어 일본어 '사쿠라'가 박수꾼·바람잡이라는 뜻으로 사용된 것과 같은 맥락으로, 기독교의 전래와 더불어 독일어 사크라(sakra)는 '제기랄·빌어먹을'이라는 뜻으로 사용되었다고 볼 수 있다.

'사크라(sakra)'는 '지구라트(Ziggurat)'의 '지구라'와 어원이 같다고 볼 수 있다. '지구라'는 '군신 지오(Zio) 태양신'이라는 뜻이다.

스메라미코토 [天皇]

'스메라미코토[天皇]'의 '스메라'는 수메르 문명의 '수메르(Sumer)'와 어원이 같다고 볼 수 있다.

일본에서는 천황을 덴노우(てんのう), 스메라미코토(すめらみこと), 스메라기(すめらぎ), 스메로기(すめろぎ), 스베라기(すべらぎ) 등으로 호칭한다. 덴노우는 한자음이지만, 다른 이름들은 한자의 음과는 거리가 멀다. 그러므로 다른 이름들의 어원은 수메르 어나 아리아 어일 것이다.

'스메라미코토'의 '스메라'는 수메르 어, '미코토'는 아리아 어라고 할 수 있다. 그러므로 '스메라미코토'는 수메르 인과 아리아 인의 화합을 상징하는 이름이었다고 볼 수 있다.

'스메라기'의 '스메라'는 '수메르 인'의 '수메르', '기'는 임금을 뜻하는 '칸'의 축소형으로 볼 수 있다. 따라서 '스메라기'의 뜻은 수메르 인의 임금이라고 할 수 있다.

'스베라기'의 '스'는 '새로운'이란 뜻이고, '베'는 영어로 곰이라는 말인 '베어(bear)', '라'는 태양신 '라(Ra)'와 같다고 볼 수 있다. 따라서, '스베라'의 뜻은 '새로운 백곰 태양신'이라고 할 수 있다. '스베라'의 '스베'는 '시베리아(Siberia)'의 '시베'와도 어원이 같다고 볼 수 있다. 그러므로 시베리아(Siberia)라는 지명은 아리아 인들이 그들의 원주지 아랄 지역을 '스베라(아리아 어의 원형은 아니지만 유사했을 것이다.)'라고 불렀던 데서 유래되었다고 볼 수 있다.

아스카 [明日香 · 飛鳥]

'아스카'는 일본 고대 문화의 중심지였다. 일본에서는 '아스카'를 한자로 '飛鳥(비조)' 또는 '明日香(명일향)'으로 표기하고, 둘 다 '아스카'라고 읽는다.

'明日香(명일향)'의 일본식 훈독은 '아스[明日] 카[香]'가 되지만, '飛鳥(비조)'의 일본식 훈독은 '아스카'가 될 수 없다. 그런데도 일본은 '飛鳥(비조)'를 '아스카'라고 읽는다. '飛鳥(비조)'를 '아스카'라고 읽는 이유를 알기 위해서는 '아스카'의 뜻을 알아야 할 것이다.

비가 많이 내렸던 홍수 시대에 비교적 건조한 초원 지대였던 아랄 지역으로 초식 동물들을 비롯하여 철새들이 사방에서 많이 모여들었다. 철새들이 산란기에 모여들어 알[卵]을 많이 낳았고, 알에서 태어나는 생명의 세계를 주시하면서, 수메르 인과 아리아 인은 알을 모든 생명의 기원으로 보는 난생 신앙을 갖게 되었다. 난생 신앙과 더불어 '알[卵, Ar]'이란 말은 '위대한'·'고귀한'이라는 뜻을 갖게 되었고, 아랄 지역과 아리아 인을 상징하는 뜻으로도 쓰이게 되었다. 특히, 기원전 2000년경에 이동한 아리아 인들은 이주지에서 '알(Ar)'이라는 말을 국명이나 지명으로 잘 사용하였다.

'아스카'의 '아'는 '알'과 어원이 같고, '카'는 한국어로 장소를 뜻하는 말인 '곳', 영어로 장소를 뜻하는 말인 '코트(court)'와 어원이 같다고 볼 수 있다. 그러므로 '아스카'를 영어로 표기하면

'알스코트(Ar's court)'가 되고, 그 뜻은 '아리아 인의 땅'·'위대한 땅'이다.

 '아스카'와 '아메리카(America)'는 기원이 같다. '아메리카'라는 말은 아메리카 대륙을 탐험한 이탈리아의 탐험가 '아메리고 베스푸치(Amerigo Vespucci)'의 이름에서 유래되었다고 한다. 그의 이름이 채택된 원인은, 그의 업적도 업적이지만, 무엇보다 그가 '아메리고(Amerigo)'라는 매력적인 이름을 가지고 있었기 때문이었다고 볼 수 있다. '아메리고(Amerigo)'라는 말에는 '알[卵]이 많은 곳'·'아리아 인들이 많이 사는 곳'·'위대함이 많은 곳'이라는 뜻이 담겨 있었기 때문에 '아메리카(America)'라고 이름지은 것이다. 만일 '아메리고 베스푸치'의 이름이 '디에르고 베스푸치'이었다면, 신대륙을 '디에르카'라고 이름지었다고 보기는 어렵다.

 일본으로 이주한 아리아 인들은 새로운 땅을 아리아 인의 땅이라는 뜻인 '아스카'라 이름짓고 '明日香(명일향)'으로 표기했다고 볼 수 있다. 처음부터 '아스카'를 '飛鳥(비조)'로 표기했다고 보기는 어렵다. 129쪽에서 설명하였듯이, 飛鳥(비조)의 원래 소리라고 할 수 있는 베어즈(Bears)는 국명이었고, 아스카는 수도이었다고 볼 수 있기 때문이다. 이것은 '조선'은 국명이었고 '아사달'은 수도이었던 것과 뿌리가 같다.

 '아스카'는 기원전 2000년경 아랄에서 유럽으로 이동한 아리아 인들이 이주지에서 잘 사용한 '아'로 시작되는 이름들과 같은 계열의 지명으로 볼 수 있다. 그러므로 '아스카'는 한반도에 아사달이란 이름을 남긴 고조선계 아리아 인들의 일부가 일본으로 이동하여 남긴 언어 자취라고 할 수 있다.

사마일국(邪馬臺國)과 야마토 조선[大和朝廷]

중국의 『위지왜인전(魏志倭人傳・三國志魏書東夷傳倭)』에 【일본에는 여왕이 통치하는 '邪馬壹國(사마일국)'이라는 나라가 있다. … 이 나라도 본래는 남자가 왕이었으나, 칠팔십년 만에 내란이 발생하여, 여러 해 동안 서로 싸우다가, 공동으로 한 여자를 왕으로 세우고 나서야 안정이 되었다. 이 여왕의 이름이 '히미코[卑彌呼]'다.】

『삼국사기』'신라 아달라니사금'조에 "20년 5월, 왜국의 여왕 비미호[卑彌乎]가 사신을 보내 왔다."라는 기록이 있다.

'비미호(卑彌乎)'와 '히미코[卑彌呼]'는 한자의 표기가 거의 같은 것으로 보아 동일인이라고 할 수 있다.

문제는 『위지왜인전』에는 히미코가 통치한 나라의 이름이 '邪馬壹國'으로 기록되어 있는데, 일본의 사학계가 '邪馬壹國'의 '壹(일)'자를 잘못된 기록으로 보고, '壹(일)'자를 '臺(대)'자로 바꾸어 '야마타이국[邪馬臺國]'이라고 주장하는 것이다. 서기 720년에 편찬된 『일본서기』에 '히미코'에 관한 기록이 없다는 것은 일본이 '히미코'의 역사를 철저히 은폐시켰다는 뜻이다. 이러한 일본이 지금은 다른 나라에 있는 기록까지 고치며 히미코의 역사를 왜곡시키고 있다. 이유는 일본은 숨겨야 할 고대사를 갖고 있기 때문이다.

'邪馬壹國'에서 '邪'의 음은 '야' 또는 '사'이다. 따라서 '邪馬壹國'을 한국식으로 읽으면, '야마일국' 또는 '사마일국'이 된다.

'邪馬壹國'은 '사마일국'으로 읽어야 원 뜻이 살아난다. '사마일국'은 '수메르 인의 나라'라는 뜻이다. '일(壹)'자를 의도적으로 해석하면, '사마일국'은 '수메르 인의 통일 국가'라는 뜻이다.

기원전 3~2세기경부터 북부 규슈를 중심으로 일어난 야요이 문화[彌生文化]는 수메르 인이 이주하여 일으킨 문화다. 북부 규슈로 이주한 수메르 인들은 2세기초까지 통일 국가를 이룩하지 못하고 여러 소국들로 갈라져 있었다. 그러나 수메르 인들보다 뒤에 규슈의 휴가[日向]로 이주한 아리아 인들은 동쪽으로 진출하여 혼슈[本州]의 야마토[大和]를 중심으로 강력한 중앙집권적인 야마토 조정[大和朝廷]을 세웠다. 팽창하는 야마토 조정의 위세에 위기를 느끼기 시작한 수메르 인의 소국들이 야마토 조정에 대항하기 위하여 통일 국가를 형성한 것이 '사마일국(邪馬壹國)'이었다고 볼 수 있다.

'邪馬壹國'은 2~3세기경 북부 규슈[北部九州], 혼슈[本州] 서부의 이즈모[出雲] 지방을 중심으로 있었던 지역적인 통일 국가였다고 추정된다. 하지만 일본의 사서에는 히미코의 역사가 없어, 사마일국의 역사적 실체를 자세히 밝히기는 어렵다. 통일의 주체인 야마토 조정[大和朝廷]에 의해 히미코의 역사는 인정을 받지 못하고 역사의 기록에서 삭제되었다. 수메르 인의 역사인 히미코의 활동을 들추기 시작하면, 천손 강림 신화가 무너지고, 일본 신화 속의 신들은 한국에서 이주한 고대 한국인이라는 사실이 드러나게 되기 때문이었다.

'야마토[大和]'는 '아마테라스오오미카미[天照大神]'의 '아마테'와 어원이 같고, 이 말의 뜻은 '아리아 인의 땅'이다. '야마토'를 한자로 '大和(대화)'라고 표기한 것은 원주민과 이주민의 대화합을 뜻했다고 볼 수 있다. 일본에서 수메르 인과 아리아 인의 대립은 아리아 인이 주축이었던 야마토 조정[大和朝廷]의 판정승으로 끝났지만, '스메라미코토'라는 호칭이 사용된 것으로 볼 때, 두 종족은 동화되었다고 볼 수 있다.

'大和朝廷(대화조정)'의 원래 소리는 '야마토 조선'이었다고 볼 수 있는 몇 가지 이유가 있다.

(1) 일본의 전통 어휘들 중에는 영어와 친근한 것들이 많다. 이것은 고조선의 유민들이 일본 신화 시대의 주축이었다는 뜻이다. 그러므로 고조선의 유민들이 '야마토'로 이주하여 동족들을 불러모으기 위해 나라의 이름을 한국에서와 같이 '조선'이라고 하였던 것이, 뒤에 한자를 쓰기 시작하면서, '朝廷(조정)'으로 표기되었다고 볼 수 있다.

일본을 통일한 야마토 세력을 '야마토 조정[大和朝廷]'으로 표기했다는 것은 '야마토'는 국호가 아니었고 지명이었다는 뜻이다. 일본으로 이주한 수메르 인들이 '邪馬壹國(사마일국)'이란 국호를 사용한 것으로 볼 때, 고조선의 유민들이 국호를 사용하지 않았을 리가 없다. 그러므로 '朝廷(조정)'의 원래 소리와 뜻은 조정(朝廷)이란 단어와는 상관없는 '조선(joy sun)'에서 유래되었다고 볼 수 있다.

(2) 아사달(阿斯達)과 조선(朝鮮), 야마토(大和)와 조정(朝廷), 아스카(明日香)와 비조(飛鳥)가 각각 짝을 이루고, 도읍지 이름은 도읍지 이름끼리, 나라 이름은 나라 이름끼리 뜻이 상통한다. 그러므로 '朝廷(조정)'만이 국호가 아니었다고 보기는 어렵다. 따라서, '大和朝廷(대화조정)'이란 표기는 '야마토 조선'에 뿌리가 있다고 할 수 있다.

스모 경기 용어는 아리아 어다.

 스모[相撲(상박)]에 관한 기록이 일본에서 가장 오래된 역사책인 서기 712년에 편찬된 『고사기(古史記)』와 서기 720년에 편찬된 『일본서기(日本書紀)』에 있다. 이 기록으로 볼 때, 스모는 오랜 역사를 갖고 있는 운동 경기다.
 일본의 '스모', 한국의 '씨름', 러시아의 '삼보(sambo)' 이 셋은 비슷한 유형의 운동이고, 이름도 비슷하다. 이 친근성은 스모가 씨름·삼보와 기원이 같고, 일본에 전래되었다는 것을 뜻한다. 그러므로 스모의 유래를 알기 위해서는 스모 경기 용어는 옛날의 소리를 그대로 지니고 있다고 전제하고, 그 소리의 뿌리를 밝혀야 한다.
 스모 경기 용어에 쓰인 한자의 뜻과 경기 용어의 뜻 사이에는 어색한 점이 많다. 이것은 옛날부터 전해져 오는 스모 경기 용어를 한자로 처음 표기할 때, 소리와 뜻을 둘 다 살려 표기하기가 어려웠기 때문에 생겼다고 볼 수 있다.
 일본의 전통 어휘들은 대부분, 표기에 쓰인 한자의 뜻보다, 일본식으로 읽는 소리에 원래의 뜻이 있다. 스모 경기 용어의 경우도 현재의 소리들은 원래의 소리이므로, 이 소리들 속에 원래의 뜻이 있다고 보아야 한다. 따라서, 용어에 쓰인 한자의 뜻은 원래의 뜻을 찾는데 참고가 될 뿐이지, 결정적인 자료가 될 수 없다. 한자의 뜻에 구애받지 말고 소리의 뿌리를 찾아서 그 뜻을 해석해야 한다.

일본에서 한자를 사용하여 기록을 남기기 시작한 것은 6세기 이후로 보고 있다. 한자의 뜻보다 소리에 원래의 뜻이 있다면, 스모는 6세기 이전에 일본에 전래되었을 가능성이 높다. 6세기 이전에 스모가 일본에 전래된 방식은 일반적인 문화의 전파가 아니라, 집단적인 종족의 이주와 더불어 전래된 문화의 파종으로 볼 수 있다.

한반도의 수메르 인과 아리아 인이 일본으로 이주했으므로, 스모는 이들에 의해 전승되었다고 볼 수 있다. 스모의 경기 용어가 수메르 어라면 한국어와 잘 통할 것이고, 아리아 어라면 영어와 잘 통할 것이다.

경기 용어들이 현대 한국어로 잘 해석되지 않는 것으로 볼 때, 스모는 아리아 인이 파종한 운동 경기였다고 할 수 있다. 따라서, 현재 스모 경기 용어들의 소리는 아리아 어에서 유래되었다고 보고, 경기 용어의 뜻을 영어에서 찾아보았다.

리키시 [力士]

리키시는 스모를 하는 사람, 씨름꾼이라는 뜻이다.

'리키시'는 영어의 '리거(Leaguer)'와 어원이 같고, 그 뜻은 '스모 리그에 참가하는 선수'라고 할 수 있다. 따라서, '리키시'라는 말은 스모가 일본에 처음 들어올 때 함께 전래된 원래의 소리라고 할 수 있다. 한자를 쓰게 되면서, 옛날부터 사용되었던,

'리키시'라는 말이 '力士(역사)'로 표기된 것이다. '리키시'의 뜻과 소리에 '力士'란 표기가 가장 잘 어울렸기 때문이다.

도효 [土俵]

도효[土俵]는 스모 경기를 하는 장소다.

'土俵(토표)'의 '토(土)'는 시합 장소를, '표(俵)'는 선수들의 대진 관계를 나타내는 표식을 뜻했다고 볼 수 있다. '도효'의 어원을 영어에서 찾기는 어렵다. 하지만, 선수권 쟁탈전이란 말인 '토너먼트(tournament)'란 말에 '중세 기사의 마상 시합 대회'란 뜻이 있는 것으로 보아, '도효'는 '토너먼트'와 뿌리가 같다고 볼 수 있다.

도효이리 [土俵入り]

도효이리는 선수들이 씨름판에 등장하는 의식이다.

옛날에도 스모 경기를 진행하기에 앞서 선수들의 대진 추첨, 경기 방식의 설명, 선수 선서 등과 같은 행사가 있었고, 이러한 행사를 '도효이리'라고 했다고 볼 수 있다. '도효이리'는 '도효'에 입장하는 의식이므로, '도효이리'도 '토너먼트(tournament)'와 뿌리가 같다고 볼 수 있다.

경기 용어에 리키시와 도효라는 말이 있는 것으로 보아, 경기 방식은 리그전이나 토너먼트로 진행되었다고 볼 수 있다.

시코 [四股]

한자로 네 개의 넓적다리라는 뜻인 시코[四股(사고)]는 씨름판에 나온 두 선수가 대결하기 전에 각자 자신의 좌우 양다리를 서로 번갈아 들어 올렸다가 힘껏 내려딛는 등의 독특한 동작을 취하는 것을 뜻한다.

시코는 선수들의 준비 운동이자, 상대에게 자신의 힘을 과시하며 상대의 기를 꺾는 전초전이자, 상대의 능력을 탐색하는 일종의 탐색전이다. 동시에 관중들에게 볼거리를 제공하여 경기의 흥을 돋우기 위한 행위다.

'시코'는 영어로 '조사하다·찾다'라는 말인 '시크(seek)'와 어원이 같다고 볼 수 있다.

교지 [行司]

교지[行司(행사)]는 스모 경기의 심판이다.

'교지'는 영어로 '심판·재판관, 심판하다·판결하다'라는 말인 '저지(judge)'와 어원이 같다고 볼 수 있다. '교지[judge]'는 한국의 민요 '닐리리야'에 나오는 '짜증을 내어서 무엇하나'의 '짜증[judging]'과 어원이 같다고 볼 수 있고, '시코[seek]'는 '얼씨구 좋다'의 '씨구[seek]'와 어원이 같다고 볼 수 있다. 이 말들이 이렇게 전해지는 것으로 볼 때, 'judge'와 'seek'는 당시 일상 생활에서 자주 사용되었던 어휘들이었다고 볼 수 있다.

핫케요이 (はっけよい)

'핫케요이'의 뜻은 일본어 사전에 "씨름꾼이 서로 수를 쓰지 않고 있을 때 심판이 지르는 소리"라고 쓰여 있다. 다른 용어와는 달리, '핫케요이'에 한자의 표기가 없는 것이 특이하다. 한자의 표기가 없다는 것은 핫케요이는 정식 경기 용어가 아니었다는 뜻이다. 지금은 핫케요이의 뜻을 잊어버렸지만, 당시 사람들에게 핫케요이는 한자로 표기할 필요가 없었던 일상적인 말이었다는 뜻이다. 다른 용어들은 영어와 그런 대로 뜻이 통하지만, 이 말은 전혀 통하지 않는다. 이것은 핫케요이는 아리아 어가 아니고, 수메르 어이기 때문으로 볼 수 있다.

'핫케요이'는 '할께요이', '…을 할께요', 즉 '…을 하겠다'라는 의사 표시를 뜻하는 2천여 년 전의 한국어다. 선수들이 시합을 적극적으로 하지 않을 경우, 심판이 어떤 제재를 하겠다는 뜻이 담겨 있다고 할 수 있다.

노콧타 (殘った, のこった)

'노콧타'의 뜻은 일본어 사전에 "씨름판 가장자리까지 아직 여유가 있다는 뜻으로, 심판이 겨루고 있는 두 씨름꾼에게 결판이 나지 않았음을 알리며 지르는 소리"라고 쓰여 있다.

이 해석은 노콧타(殘った)의 원 뜻을 완전히 잃어버리고, 어쩔 수 없이 '殘(잔)'자를 '남을 잔'으로 해석하고, '노콧타'란 말을 사용하는 경우의 상황에 어울리게, 원 뜻을 추리한 현대인의 일방적인 생각이다. 여기서 '노콧타(殘った)'의 '殘'은 '상하게 할 잔', '해칠 잔'으로 쓰였다고 보면, '노콧타'와 어원이 같은 영어 어휘를 찾을 수 있다.

오늘의 스모 경기 용어들은 본래의 소리와 뜻을 그런 대로 유지하고 있다고 볼 수 있다. 그러나 '노콧타'의 원 뜻은 완전히 잊혀졌다. 하지만, '노콧타'의 소리는 온전히 보존되었다. '노콧타'는 '노 쿼터(no quota)'와 어원이 같다고 볼 수 있기 때문이다. '노 쿼터(no quota)'는 선수에게 '할당[quota]된 자격이 없다' 즉 '실격'이라는 뜻이다. 따라서, "핫케요이 노콧타."의 원형은 "할께요이 노 쿼터."이고, 이 말의 뜻은 선수들이 시합을 활기 있게 진행하지 않을 때는 심판이 시합을 몰수하여 선수들을 실격시켜서 퇴장시키고 선수들의 자격을 정지시키겠다는 것이다. 그러므로 "핫케요이 노콧타."는 심판이 선수들에게 주는 일종의 경고다.

실격시키겠다는 경고인 "핫케요이 노콧타."를 "자, 아직 남았어."로 해석하는 것은 본래의 뜻과 차이가 너무 크다. 모른다고 말할 수 없는 것이 전문가의 본성이기 때문에 흔히 일어나는 '전문가적 망상'이지만, "자, 아직 남았어."라는 해석도 전문가가 아니었으면 어려웠다고 보아야 할 것이다.

"핫케요이 노콧타."의 어원과 뜻은 '한반도로 이동하여 살았던 수메르 인과 아리아 인의 일부가 일본으로 이주했다'라는 시각을 갖지 않고는 결코 밝혀질 수 없다.

요코즈나 (横綱, よこづな)

요코즈나[横綱(횡강)]는 스모의 최고 지위에 오른 선수나 그 지위를 뜻하는 말이다. 또, 요코즈나의 지위에 오른 선수인 요코즈나가 씨름장 의식에 참가할 때 허리에 매는, 금줄 등에 종이나 솜 오리를 드리워 장식한, 굵은 줄을 요코즈나라고 한다. 요코즈나는 비유적으로 제일인자라는 뜻이다.

'요코즈나'는 영어로 멍에라는 말인 '요크(yoke)'와 줄이라는 말인 '라인(line)'을 합한 '요크스 라인(yoke's line)'과 어원이 같다고 볼 수 있다. 스모의 최고 지위에 오른 선수에게 멍에를 허리에 매게 한 이유는 무엇이었을까?

요크(yoke) 즉 멍에는 소나 말을 부리기 위해 목에 가로 얹는 나무다. 그래서 '멍에를 쓰다·멍에를 메다'라는 말은 자유로이 활동할 수 없게 어떤 일에 '얽매이다'란 뜻이다.

고대 로마 시대에는 멍에 모양의 표지물이나 창 세 개를 세워 만든 문(門) 밑을 포로에게 기어 나아가게 하여 복종의 뜻을 표시하도록 하였는데, 이 문을 '요크(yoke)'라 했다.

이런 뜻들이 있는 것으로 볼 때, '멍에'·'요크'에는 복종을 뜻하는 상징성이 있었다고 볼 수 있다.

스모 경기의 최고 지위에 오른 선수에게 멍에를 허리에 매게 한 것은 소나 말에다 멍에를 씌우고 고삐를 맨 것과 같다. 그러므로 요코즈나가 허리에 매는 '멍에와 고삐'는 '우승자는 자만심을 버리고, 관중의 환호에 흔들리지 말고, 어디까지나 왕의 신하로서 왕에게 충성과 복종을 해야 된다'라는 뜻을 상징하는 표식이었다고 볼 수 있다.

'요코즈나'의 뜻은 비록 '멍에와 줄'·'멍에와 고삐'이지만 최후의 승자는 이 징표의 착용을 자랑으로 여겼고, 사람들은 이것을 환호하게 되었다.

요코즈나의 아래 지위인 '오오제키[大關], 세키와케[關脇], 고무스비[小結]'의 뜻은 창 세 개를 세워서 만든 멍에의 문(門)과 연관을 지어 생각해 볼 필요가 있다.

이들보다 하위급의 우두머리를 이르는 호칭인 '마에가시라 힛토[前頭 筆頭]'는 스모의 고유 용어이므로 스모와 더불어 전래된 아리아 어일 것이다. 그러므로 '마에가시라힛토'의 어원은 '마스터 헤드(master head)'와 같다고 볼 수 있다. 왜냐 하면, '마에가시라'의 어원은 달인(達人)이라는 말인 '마스터(master)'와 같고, '힛토'의 어원은 머리라는 말인 '헤드(head)'와 같다고 볼 수 있기 때문이다.

스모의 전통은 경기 용어들의 원형을, 완전하지는 못하나 그런 대로 그 기원을 찾을 수 있을 만큼, 잘 유지하고 있다. 이로써, 스모의 경기 용어들은 스모를 전한 선조의 유래를 밝힐 수 있는 귀중한 자료가 되었다.

스모 경기 용어들이 인도유럽 어족의 어떤 언어보다 영어와 더 친근하다는 것은 일본에 스모를 전한 것은 고조선계 아리아인이었다는 뜻이다.

아이누는 아프리카 인의 후예다.

 일본의 아이누(Ainu)는 지금은 대부분 일본인에 동화되었고 극소수의 혼혈 아이누만이 간신히 명맥을 유지하고 있는 소수 민족이지만, 전성기에는 아무르 강 하류·사하린·쿠릴열도·홋카이도·혼슈 중부까지 세력을 뻗쳤었다.
 아이누의 특징으로 알려진 것들은 다음과 같다.
(1) 아이누는 유럽 인종과 몽고 인종의 혼혈로 보이고, 피부색은 누런빛이 적고 검은빛[brunet]이 많으며, 털이 많아 모인(毛人)이라고 기록되기도 했다.
(2) 아이누의 언어는 포합어(抱合語)다.
(3) 아이누는 자신들의 조상이 '엔주(Enju, エンジュ)'라는 곳에서 왔다고 전해져 온다고 말한다.
 아이누의 언어가 포합어란 점으로 볼 때, 그들은 수메르 인·아리아 인·알타이 인·중국인은 아니었다. 수메르 어와 알타이 어는 교착어, 아리아 어는 굴절어, 중국어는 고립어이기 때문이다. (주 4-1)
 그러므로 언어학적으로, 아이누의 선조는 아시아 인이 아니었다. 자신들의 조상이 '엔주'라는 곳에서 왔다고 전해지는 것으로 볼 때, 그들은 일본의 원주민이 아니었고, 외부에서 일본으로 이주한 종족이었다.

아이누의 특징에 유럽 인종의 티가 있다는 것으로 볼 때, 아이누의 선조는 중앙 아시아 넘어 서쪽에 있는 어딘가에서 일본으로 이주해 왔다고 볼 수 있다.

아이누의 피부색은 누런빛이 적고 검은빛[brunet]이 많았다는 것으로 볼 때, 아시아계와 혼혈되기 이전에는 더 검었을 것이다. 그러므로 아이누의 선조는 피부색으로 볼 때, 유럽에서 중앙 아시아를 거쳐 동쪽으로 이주해 온 백인계였다고 보기는 어렵다. 따라서, 아이누의 선조는 아프리카에서 지중해 동쪽 연안을 따라 북상하다가 흑해를 지나 중앙 아시아의 초원 지대를 거쳐 일본으로 이주한 흑인계였다고 볼 수 있다.

아이누의 선조가 흑인계였다는 사실을 입증할 수 있는 증거가 있다. 조몬식 토기의 기원, 흑해와 흑룡강이란 이름의 유래, 『성경』「창세기4:8」에 나오는 가인에게 죽임을 당한 아벨의 이야기, 일본 남성의 40%가 갖고 있는 YAP 유전자의 유래 등을 종합하여 추리하면 그 증거가 나온다.

일본의 나쓰시마 패총[夏島貝塚, 神奈川縣 橫須賀市]에서 나온 토기의 제작 연대는 9천여 년 전으로 추정되고 있다. 이 측정치를 사실로 받아들일 때, 이렇게 오래 전부터 토기의 제작 기술이 일본에서 자연 발생했다고 보기는 어렵다. 당시 일본은 토기를 만들어 낼 수 있을 만큼 인구가 집중된 문명 지역이 아니었기 때문이다. (주 4-2)

그러므로 나쓰시마 패총에서 나온 토기는 지금으로부터 9천여 년 전에 이미 토기를 만들어 사용할 줄 알았던 문명 지역에서 그 기술을 갖고 있었던 어떤 종족이 일본으로 이주하여 일본의 신석기 시대인 조몬[繩文] 시대의 주역이 되었다는 증거로 볼 수 있다. 일본의 고대사에서 이런 역할을 했다고 볼 수 있는 종족은 아이누다.

지금으로부터 9천여 년 전에 토기를 만들어 사용할 줄 알았던 문명 지역들 중에서 아이누의 원주지로 볼 수 있는 곳은 이집트의 나일 강 유역이다. 왜냐 하면, 다음과 같은 추리가 가능하기 때문이다.

빙하기가 지금으로부터 1만여 년 전에 끝나고, 지구의 기온이 상승하면서 북쪽에 형성된 초원 지대로 많은 동물들이 이동하게 되었고, 그 뒤를 따라 많은 종족들이 북상했다. 아프리카의 북쪽 끝은 지중해이므로, 이집트의 나일 강 유역으로 인구가 집중되면서, 식량 부족으로 큰 혼란이 일어나게 되었다. 이 혼란 속에서 토기를 만들어 음식을 끓여 먹는 방법이 발명되었다고 볼 수 있다. 인구가 계속 증가하면서, 일부는 아시아로 이동하게 되었다. 이집트를 출발한 그들은 끓인 음식에 익숙해 소금이 필요했기 때문에 바다를 멀리할 수 없었다. 그들은 지중해 연안을 따라 흑해 남부 연안으로 이동하여 오랫동안 살았었다고 볼 수 있다. '흑해[Black Sea]'란 이름은 과거에 이 일대에서 흑인들이 살았던 데서 유래되었다는 기록이 있는 것으로 볼 때, 빙하기가 끝나고 아프리카 인들이 소아시아 일대로 북상한 역사가 있었음을 알 수 있다. (178쪽 참고)

인구가 증가하면서 그들의 일부는 아랄 해 일대의 초원 지대로 이동을 하게 되었고, 그곳에서 아리아 인과 충돌하게 되었다. 아리아 인의 힘에 밀린 그들의 일부는 동쪽으로 이동하게 되었다.

아시아의 동서를 연결하는 초원의 길을 따라 그들은 새로운

아이누는 아프리카 인의 후예다. 281

세계를 찾아 태양이 떠오르는 곳을 향해 계속 동쪽으로 이동했을 것이다. 북쪽은 추운 시베리아에 막히고 남쪽은 험준한 산맥의 연속이기 때문이었다. 그들은 아무르(Amur, 흑룡강) 강 일대로 이주하게 되었고, 그 일부가 아무르 강 하구에 인접되어 있는 사하린을 경유하여 일본으로 이주하였다고 볼 수 있다. '아무르 강'의 중국식 명칭인 '흑룡강(黑龍江)'은 흑인계 아이누가 이 일대에서 살았기 때문에 생겼다고 볼 수 있다.

그들이 어렵고 긴 이동에 성공할 수 있었던 것은 토기를 만들어 사용할 줄 알았기 때문이다. 만일 그들에게 이러한 기술이 없었다면 땅에 대한 애착이 강해져, 식량이 풍부한 곳에서 다른 종족들과 지역 다툼을 할 때, 피하지 않고 싸우다 힘에 부쳐 중도에서 사라져 버렸을 것이다. 그들이 땅에 대한 미련을 버리고 싸움을 피하며 이동했다는 것은, 그들은 토기를 이용하여 식품의 이용률을 높일 줄 알고 있었기 때문에, 어디서라도 살아갈 수 있다는 자신감을 갖고 있었다는 증거다.

아이누의 언어는 그들의 원주지로 볼 수 있는 이집트 일대의 언어가 셈 어로 변하여 언어학적으로 뿌리를 찾기가 어렵게 되었다. 아이누의 선조들이 '흑해'·'흑룡강'이란 이름들을 남길 만큼 활발하게 활동을 했던 것으로 볼 때, 포합어로 분류되는 현존하는 언어들 중에 아이누 어와 기원이 같다고 볼 수 있는 언어가 있지 않을까?

아이누의 원주지로 전해지고 있는 '엔주'는 어디였을까? '엔주'는 '알즈(Ar's)' 즉 '아랄(Aral)'을 뜻했다고 볼 수 있다. 아랄 지역에서 그들이 아리아 인의 힘에 밀려 이동했다고 볼 수 있는 증거가 있다. 『성경』「창세기4:8」에 나오는 가인(Cain)에게 죽임을 당한 아벨(Abel)의 이야기는, 124쪽에서 이야기하였듯이, 백인계 가인(Cain) 족이 흑인계 아벨 족을 아랄 지역에서 밀어낸 역사였다. 아담과 이브의 장남 가인(Cain)이 백인계, 삼남 셋(Seth)은 황인계, 차남 아벨(Abel)은 흑인계였다고 볼 수 있기 때문이다. 그러므로 아이누가 흑인계였다면, 아이누의 선조는 아랄에서 밀려난 아벨 족이었다고 볼 수 있다.

아이누가 아프리카에서 기원했다는 주장을 뒷받침할 수 있는 유전학적 증거가 있다.

일본과 미국 학자들의 연구에 의하면, 일본인은 아시아인이면서도, 아시아인에게는 거의 없는 YAP 유전자를 일본 남성의 약 40% 정도가 보유하고 있다.

YAP 유전자는 성염색체인 Y염색체의 특정 부위에만 존재하는 남성 특유의 유전자다. 이 유전자는 종족에 띠리서 보유율에 차이가 큰 것이 특징이다. 아프리카 인의 경우는 종족에 따라서 대략 50~90%의 보유율을 보이며, 유럽인은 약 7~10%, 중국을 위시한 동남아시아인은 지금까지 조사에 따르면 보유자가 거의 없는 것으로 알려졌다. 한국인의 경우, 단국대 김욱(金彧) 교수팀의 연구에 의하면 조사 대상 한국 남성 3백1명중 3사람(1%)이 YAP 유전자를 보유한 것으로 나타났다. (주 4-3)

일본 남성의 약 40% 정도가 YAP 유전자를 갖게된 원인을 설명할 수 있는 현실적으로 가능한 유일한 길은 아이누의 아프리카 기원설이다.

아이누는 이제 역사의 막을 내리게 되었지만, 선조가 아프리카에서 흑해와 흑룡강을 거쳐 일본으로 이주했다는 역사를 찾게 되었다. 그러므로 아이누의 역사가 주는 의미는 크다.

아이누는 아프리카 인의 후예다. 283

왕따 당한 아이누(Ainu)

일본의 고대사는 일반적으로 일본의 생활 문화가 변천하는 과정에 따라서 무토기 시대(無土器時代), 조몬 시대[繩文時代], 야요이 시대[彌生時代], 고분 시대(古墳時代), 아스카 시대[飛鳥時代]로 구분된다.

일본의 고대 사회에서 생활 문화가 변천하게 된 가장 큰 원인은, 자체적인 발전에 의해서가 아니고, 외부에서 이주한 아이누·수메르 인·아리아 인이 가져온 생활 문화의 영향이었다. 그러므로 일본의 고대사는 제일 먼저 이주한 원일본인과 뒤에 이주한 아이누·수메르 인·아리아 인 사이의 경쟁 과정이었다고 할 수 있다. 특이한 것은 아스카 시대 이후에는 천황을 중심으로 '원일본인·수메르 인·아리아 인'이 연합하여 아이누를 왕따 즉 이지메(いじめ)하기 시작한 드러나지 않은 물밑 역사가 있었다는 것이다.

무토기 시대 (無土器時代) = 원일본인이 이주한 시대

무토기 시대는 생활 용구로 토기(土器)를 만들어 사용하기 이전의 시대다.

원시 시대에 사람들이 일본으로 이주한 경로는 남쪽의 해양보다는 북쪽의 사할린을 경유하는 것이 더 쉬웠을 것이다. 그러므로 빙하기가 끝난 이후, 동북아시아로 북상하였던 아시아계 종족들 중의 일부가 사할린을 경유하여 일본으로 이주했을 것이다. 일본으로 이주한 종족들 중에는 남방계 SVO형 언어를 사용한 종족도 있었을 것이지만, 북방계 SOV형 언어를 사용한 종족이 주류를 이루었기 때문에 일본어의 어순이 SOV형이라고 할 수 있다. 이들이 원일본인(原日本人)이다.

조몬 시대 [縄文時代] = 아이누가 이주한 시대

조몬 시대에 토기(土器)가 처음 사용되기 시작했다. 이 시대의 토기들에는 새끼줄 모양의 무늬가 있어 조몬식 토기라고 한다. 무토기 시대에서 조몬 시대로의 전환은 토기를 이용하여 음식을 끓여 먹는 식생활이 시작되었다는 뜻이다.

나쓰시마 패총에서 9000여 년 전의 것으로 추정되는 토기가 출토된 것이 사실이라면, 일본은 주변 국가들보다 훨씬 먼저 토기를 만들어 사용했다. 이렇게 일찍 일본에서 토기를 만드는 기술이 자체적으로 개발되었다고 보기는 어렵다.

조몬식 토기의 형태가 비동양적인 점이 강한 것으로 보아, 이 기술은 일찍부터 토기를 만들어 쓸 줄 알았던 비동양권의 문명 지역에서 이동한 종족이 갖고 일본으로 이주한 것으로 볼 수 있다. 그렇다면, 토기를 만드는 기술을 갖고 이주한 종족은 어떤 종족이었고, 그들은 왜・언제・어디서・어떤 경로로 일본으로 이주하게 되었을까? 이 물음에 대한 대답은 '아이누(Ainu)'다. 아이누가 이주한 조몬 시대는 원일본인과 아이누가 공존 대립한 시대였다.

야요이 시대 [彌生時代] = 고대 한국인이 이주한 시대

조몬식 토기보다 기술적으로 월등히 앞선, 기원전 3~2세기경부터 만들어진, 새로운 양식의 토기들이 북부 규슈[九州]에서 발굴되었다. 이 토기가 야요이식 토기이고, 기원전 3~2세기경부터를 야요이 시대라고 한다.

조몬식 토기는 불에 그슬려 구워 만든 토기이지만, 야요이식 토기는 고온에서 충분히 산화시켜 질이 단단하고 표면이 부드럽게 된, 양질의 새로운 토기다. 이러한 토기와 더불어 청동 및 철제 기구들이 출토되었다. 이것은 석기 시대에서 갑자기 청동기 및 철기 시대로 동시에 전환되었다는 뜻이다. 이러한 야요이식 토기와 금속 제품들이 북부 규슈에서 점차적으로 동쪽으로 전파되었다는 것이 고고학적으로 증명되었다.

일본 역사학계는 야요이식 토기를 만드는 기술은 재래 기술의 자연스런 발전이 아니라 해외로부터 도입된 것이라고 인정을 한다. 그러면서도, 종족 이동에 의한 결과로 이 새로운 기술이 생겼다고는 보지 않는다. 그러나 이것은 일본 역사학계의 폐쇄성을 의미할 뿐이다. 왜냐 하면, 일본의 신화 시대는 새로운 종족이 일본으로 이주한 역사의 시작이었고, 철기 시대인 야요이 시대는 신화 시대의 시작이었다고 볼 수 있기 때문이다.

청동기 및 철기와 야요이식 토기의 제작 기술을 갖고 일본으로 이주한 종족은 고대 한국인이었던 수메르 인과 아리아 인이었고, 이들이 일본 신화 시대의 주역이었다.

기원전 3세기 말경 중국에서 진(秦)을 뒤이어 한(漢)이 통일 국가를 이룩하게 되면서 그 여파로 고조선이 망하고, 고조선계 아리아 인들이 한반도 남쪽으로 이동하게 되었다. 이 파동으로 한반도 남부 지방의 수메르 인들이 밀리면서, 그 일부가 기원전 3~2세기경에 바다를 건너 규슈[九州]의 북부 지방으로 이주하여 야요이 시대[彌生時代]의 주역이 됐다. 이들이 북부 규슈 지방에 남방형 고인돌을 남겼다.

중국의 춘추 전국 시대에 연(燕)·제(齊)·진(秦)나라에서 살다가, 한(漢)의 남방 세력에 밀린 아리아 인들이 만주와 한반도로 이동하여 고구려(高句麗)·백제(百濟)·신라(新羅)를 건국했다. 한반도 남쪽으로 이주했던 고조선계 아리아 인의 일부가 이 새로운 아리아 인들의 힘에 밀려 일본 규슈의 휴가[日向]로 이주했다. 이들은 동정(東征)하여 야마토[大和]를 중심으로 야마토 조정[大和朝廷]을 건설했다. 야마토 조정은 일본으로 이주해 오는 아리아 인을 규합하며 동시에 원주민과도 손을 잡는 대화합 정책을 펴서 강력한 세력으로 성장했다.

성장하는 야마토 조정에 대항하기 위하여 규슈를 중심으로 수메르 인의 소국들이 히미코[卑彌呼]라는 여왕을 받들고 연합 국가를 형성했던 것이 사마일국(邪馬壹國)이었다.

히미코가 3세기 중반경에 사망하자, 규슈의 소국들은 힘을 규합하지 못하고 야마토 조정[大和朝廷]에 흡수되었다. 이러한 과정을 거쳐 일본에 최초의 통일 국가가 형성되었다.

고분 시대 (古墳時代) = 일본이 통일된 시대

일본의 거대 고분(古墳)들은 통일 이후에 야마토[大和] 지방에서부터 발생하여 점차 주변으로 파급되었다.

야마토 조정[大和朝廷]에 의하여 일본에 최초의 통일 국가가 형성되면서, 중앙 정부는 지방 세력을 약화시키고 통제를 강화하기 위한 수단의 일환으로써, 지방의 인력을 동원하여 거대한 분묘를 만들기 시작했다. 이런 거대한 분묘의 축조는 이전까지 일본에 없었던 일이다. 이것은 새로 이주해 온 아리아 인의 영향을 받은 것으로 볼 수 있다. 이런 고분들이 나타나는 3세기 말 경부터를 고분 시대(古墳時代)라고 한다.

야마토 조정의 처음 출발지인 규슈[九州]의 휴가[日向]에 있는 고분들이 연대적으로 야마토의 고분들 보다 뒤에 발생했다. 그 원인은 휴가[日向]로 이주한 초기 고조선계 아리아 인은 수메르 인보다 뒤에 이주했기 때문에 거대한 분묘의 축조에 힘을 쓸 만큼 정신적으로나 경제적으로 여유를 갖지 못했고, 수메르 인들과 마찬가지로 커다란 분묘를 만드는 풍습을 갖지 않았기 때문이었다고 볼 수 있다. 그래서, 야마토에서 거대한 분묘가 축조되기 시작한 것은 통일 이후였다. 이후 휴가[日向]에서도 분묘를 크게 축조하기 시작했다고 볼 수 있다. 크게 개축하기도 했을 것이다. 휴가[日向]에서부터 거대한 분묘를 축조하며 국력을 낭비하고 백성을 혹사시켰다면, 고조선계 아리아 인들은 동정(東征)에 성공할 수 없었을 것이다.

『일본서기』에 나오는 신무 동정(神武東征)은 꾸며낸 이야기가 아니고, 실재했던 역사다. 그 당시 야마토[大和] 지역은, 수메르 인과 아리아 인의 세력이 뻗치지 못했던, 원주민 지역이었다. 야요이 문화가 점진적으로 규슈에서 동쪽으로 전파되었다는 것이 고고학적으로 증명되는데, 이것은 동쪽 지역을 장악하고 있었던 원주민의 저항이 커서 동쪽으로 진출하기가 쉽지 않았다는 뜻이다.

고조선계 아리아 인들은 규슈[九州]에서 수메르 인들과 충돌하며 힘을 소비하는 것보다 동쪽의 원주민 지역으로 진출하여 세력을 확장하는 것이 장래성이 있다고 판단하고 동정(東征)이라는 모험을 시도했다고 볼 수 있다. 고조선계 아리아 인은 동정에 성공하고 야마토 조정[大和朝廷]을 수립하면서 원주민과 화합을 통하여 수메르 인을 능가할 수 있는 세력으로 성장할 수 있었다. 야마토 조정이 대화합의 정책을 펴서 원주민을 끌어들였다는 것을 확인할 수 있는 언어 증거가 아스카 시대의 세도가였던 '소가노 에미시[蘇我蝦夷(소아하이)]'의 이름에 있다.

아스카 시대 [飛鳥時代] = 불교가 전래된 시대

6세기 말에서 7세기 초, 쇼토쿠 태자[聖德太子]의 섭정 시기를 전후하여, 주로 아스카[飛鳥] 지방에서 일어난 대륙적이고 불교적인 색채가 짙은 문화를 아스카 문화라고 한다.

아스카 문화는, 한반도에서 일본으로 이주한 수메르 인과 고조선계 아리아 인의 문화적인 바탕 위에, 한(漢)이 중국을 통일한 이후에, 일본으로 이주한 새로운 아리아 인들의 대륙적이고 불교적인 문화가 이식되어 일어난 새로운 형태의 문화였다. 이 문화가 피었던 기간이 아스카 시대다.

아이누에 대한 이지메의 시작

7세기 중반 이후 일본에서는 여러 가지 제도적인 큰 변화들이 일어나기 시작했다. 이러한 큰 변화들 중에는 수메르 인·아리아 인·원일본인이 3자 연합하여 아이누(Ainu)를 이지메하기 시작한 드러나지 않은 역사가 있다.

6세기 초반에 소가노 이나메[蘇我稻目]가 당시의 최고 관직인 오오미[大臣] 자리를 장악한 이후, 오오미[大臣]의 자리는 이나메[稻目]의 아들 우마코[馬子], 우마코[馬子]의 아들 에미시[蝦夷]로 대를 이어 계승되면서, 소가[蘇我] 오오미[大臣] 가(家)의 세력이 팽창했다. 쇼토쿠 태자[聖德太子]가 죽은 이후에는 천황의 후사를 좌우하는 등 소가[蘇我] 오오미[大臣] 가(家)의 세도가 더욱 기승하여 에미시[蝦夷]의 아들 이루카[入鹿]에 이르러 극에 달했다. 이에 위기를 느낀 일부 황족들의 세력에 의하여 이루카[入鹿]는 암살되었고, 에미시[蝦夷]는 자택에 불을 놓고 자살했다. 이로써 소가[蘇我] 오오미[大臣] 가(家)가 멸망한 것이다. 서기 645년의 일이다.

여기서 하나의 의문이 생긴다. 왜 『일본서기』는 '소가노 에미시[蘇我蝦夷]'의 '에미시[蝦夷]'와 당시 동북 지역에서 큰 세력을 이루고 있었던 종족인 '에조[蝦夷]'를 똑같이 '蝦夷(하이)'라고 표기했을까? 우연의 일치라고 보기는 어렵다. 똑같은 한자로 표기한 까닭이 있을 것이다.

소가[蘇我] 오오미[大臣] 가(家)가 멸망한 뒤에 사람들이 그 일족을, 자살한 '소가노 에미시[蘇我蝦夷]'의 이름을 따서, '에미시'라고 부르게 되었다고 볼 수 있다. 그리고 '소가노 에미시'는 '에조'의 일족이었기 때문에, 『일본서기』가 편찬된 8세기초에는 '에미시'와 '에조'는 동의어로 사용되고 있었다고 볼 수 있다. 그래서 『일본서기』의 편자는 한자로 '에미시'와 '에조'를 똑같이 '蝦夷(하이)'로 표기했다고 볼 수 있다. '蝦夷(하이)'에 '오랑캐 이(夷)'자가 있는 것으로 볼 때, '소가노 에미시[蘇我蝦夷]'가 활동했을 당시에는 한자로 표기된 이름이 있었다고 하더라도 그것이 '蝦夷(하이)'였다고 보기는 어렵다.

『일본서기』에 기록되어 있는 '에조'는 당시에 동북 지역에서 큰 세력을 이루고 있었던 '아이누'였다. '에조'라는 말은 아이누가 그들의 원주지를 '엔주(Enju, エンジュ)'라고 한 것에서 유래된 것으로 보는 것이 정설이다. 일본어 사전에 '에미시'는 '에조(蝦夷)'의 옛 일컬음으로 되어 있다. 그러므로 '에조·에미시·아이누'는 하나의 종족이다.

소가[蘇我] 오오미[大臣] 가(家)는 아이누의 일족으로서, 일찍부터 야마토 조정[大和朝廷]에 협조하여 통일 정권 수립에 일조를 함으로써 권력의 중심에 등장할 수 있었고, 아이누의 세력을 발판으로 강자로 부상할 수 있었다고 볼 수 있다. 야마토 조정[大和朝廷]은 아이누와 원일본인을 다 포용하는 정책을 폈기 때문에 통일 과업을 이룩할 수 있었다고 보아야 한다. 통일 이후에는 수메르 인과도 화합을 이룩했다. 그러나 아이누의 일족인 소가[蘇我] 오오미[大臣] 가(家)의 세력이 급부상하자 위기를 느낀 황족과 호족 세력이 이들을 멸망시킨 것이다. 이후부터 아리아 인·수메르 인·원일본인은 손을 잡고, 천황을 중심으로 하는 절대 체제 속에서 하나가 되어, 일본 동북 지역에서 큰 세력을 이루고 있었던 아이누를 배척하기 시작했다.

일본어와 한국어는 SOV형의 알타이 어계에 속하지만, 기초 어휘에 차이점이 많다. 이것은 한반도에서 일본으로 이주한 수메르 인과 아리아 인은 일본을 통치하였지만, 원일본인의 수가 많았기 때문에, 고대 한국어가 원일본인의 언어에 흡수되었다는 뜻이다. 또, 이것은 원일본인의 언어가 알타이 어계의 SOV형이었다는 것을 간접 증명한다. 왜냐 하면, 원일본인의 언어가 SVO형이었는데 고대 한국어의 영향으로 SOV형으로 바뀌었다면, 일본어의 기초 어휘에는 한국어가 많이 포함되어 있어야 할 것이다. 그런데 그렇지가 않다. 그러므로 오늘의 일본어는 원일본인이 사용한 SOV형 어순의 언어에 기원전 3세기경부터 이주한 한국계 수메르 인과 아리아 인의 언어가 융화되어 새롭게 형성되었다고 볼 수 있다.

아이누의 언어는 포합어이므로, 아이누 어가 현대 일본어의 골격이 되었다고 볼 수는 없다.

아이누는 철저하게 이지메를 당했고, 지금은 소수 혼혈 아이누만이 남아 간신히 명맥을 유지하고 있지만, 전성기 때는 그 세력이 대단히 컸었다는 것이 YAP 유전자를 통해서 확인된다. 283쪽에서 이야기하였듯이, YAP 유전자는 아시아인에게는 거의 없는 유전자이기 때문에 아이누에게서 유전되었다고 볼 수 있다. 이 YAP 유전자를 일본 남성의 약 40%가 보유하고 있다. 그러므로 일본 남성의 약 40%는 아이누의 유전자를 갖고 있다고 할 수 있다. 철저하게 이지메 당한 아이누의 유전자를 갖고 있는 인구 비율이 현재에 이렇게 높다는 것은 고대 사회에서 아이누의 인구 비율은 40%를 훨씬 넘었었다는 뜻이다. 이것은 아이누가 지금은 사라지기 직전의 소수 민족이지만, 조몬 시대에는 일본의 중심 세력이었다는 뜻이다. 만일, 고대 한국에서 쓰리랑과 아리랑의 일부가 일본으로 이주하지 않았다면, 일본은 아이누의 나라가 되었을 것이다.

중국의 『위지왜인전(魏志倭人傳·三國志魏書東夷傳倭)』과 한국의 『삼국사기』에 기록되어 있는 '히미코'의 활발했던 활동이 일본의 사서에 기록되지 않았다는 것은 일본 역사의 수수께끼다. 하지만, 일본 신화 시대의 주역은 한국에서 이동한 고대 한국인이었던 수메르 인과 아리아 인이었고, 일본 신화 시대는 야요이 시대의 역사였다는 사실이 밝혀짐으로써, 히미코를 비롯하여 일본의 고대사가 갖고 있던 의문들 중의 많은 부분들이 풀리게 되었다. 부분적으로는 이의가 있겠지만, 알알 문명이 수메르 인과 아리아 인의 이동과 더불어 일본에도 파종되었다는 역사적 사실을 일본 역사학계가 부정하기는 어려울 것이다.

앞으로 일본 역사학계가 일본의 신화 시대와 고대사를 어떻게 풀어 갈 것인지에 관심이 가지 않을 수가 없다.

맺음말

　너무 의외의 이야기들이고, 진위를 가릴 수 있는 명확한 기준이 없어 선뜻 받아들이기가 어려운 주장들이다. 그래도 인정하지 않을 수 없는 것은 "아리 아리랑 쓰리 쓰리랑 아랄이가 났네."의 뜻은 "아리아 인과 수메르 인은 중앙 아시아의 아랄 해 일대에서 태어났다."이고, 알파벳 'A'는 중앙 아시아의 아랄 해 일대를 그린 그림 문자란 사실이다. 여기에 이의는 없을 것이다. 왜냐 하면, 세계의 고대 문명들이 남긴 어휘들을 한국어와 영어로 해석하여 얻은 자료들을 기존 역사 자료들에 접합시켜 보면, 아랄 해 일대에서 수메르 인과 아리아 인이 탄생했고, 이들이 세계로 이동하여 거의 모든 고대 문명들을 탄생시킨 주체가 되었다는 사실이 밝혀지기 때문이다. 그러므로 '아리랑'과 '알파벳'은 반드시 짚고 넘어야 할 '역사의 화두'다.
　세계의 고대사를 지금까지 이렇게 보지 못했던 까닭은 역사시대 이전인 태고 시대에 대한 이해 부족이었다. 당시는 수렵채취에 주로 의존했던 시기여서, 안정적으로 식량 확보가 어려워, 거의 모든 고대 문명들의 근원이 될 만한 큰 규모의 집단 문명이 어디에서도 발생했었다고 보기가 어려웠던 것이다. 그러나, 68쪽에서 이야기하였듯이, 홍수 시대의 시각으로 아랄 해로 흐르는 아무 다리아와 시르 다리아 두 강 일대를 보게되면 생각이 바뀌지 않을 수가 없게 된다. 홍수 시대에 두 강 유역의 충적 지대에서 농사가 대규모적으로 이루어졌다. 봄에는 두 강 상류의 산악 지대에 겨우내 쌓였던 많은 눈이 녹아 흘러 큰 홍수가 나고, 여름에는 강우량이 적은 지역이라 큰 홍수가 나지 않아, 봄에 홍수로 비옥해진 충적 지대에 씨를 심어 놓으면 여름에 홍수 피해 없이 가을에 곡식을 수확했다고 볼 수 있기 때문이다. 그러므로 농경이 수렵 채취를 보완함으로써 인구가 증가하게 되었고, 더불어 두 강을 각각 차지하고 대립한 동서의 종족들 사이에 긴장이 증가하게 되었다. 이 긴장 속에서 큰 집단을 위한, 큰 집단에 의한 새로운 문명이 탄생되었다.

추리에 불과하다고 반박할 수 있겠지만, 한국어와 영어로 고대 문명들이 남긴 전통 어휘들을 해석하여 얻은 언어 자료들이 이미 밝혀진 여러 분야의 자료들과 부합된다는 사실을 간과해서는 안 될 것이다. 뿐만 아니라 다른 언어들이 이런 흉내를 낼 수 없다는 것은 한국어와 영어의 이 같은 역할은 역사에 기초되었다는 뜻이다. 그러므로 역사 시대의 시작을 전후한 기간에 있었던 세계의 고대사에 관한 새로운 사실들이 많이 밝혀질수록 이 책의 주장들은 더욱 분명해질 것이다.

인류 문명의 모태인 알알 문명에 대한 연구는 이제 시작에 불과하므로, 해결해야 할 문제가 많이 있다.

언어학적으로 해결해야 할 문제는 메소포타미아의 수메르 어, 한국어, 인도의 드라비다 어, 영어가 상호 어떤 관계를 갖고 있는지를 확인하는 일이다. 메소포타미아의 수메르 어와 한국어가 같은 계통이라는 연구 결과가 나오고 있지만, 확신을 주지는 못하고 있다. 수메르 어가 설형 문자로 기록되어 있어 원래의 소리를 확인하기가 어렵기 때문일 것이다. 드라비다 어와 한국어의 관계를 좀더 밝히는 일은 그리 어렵지가 않을 것이다. 이 4언어의 상호 관계에 대한 연구가 활발하게 진행될 때, 수메르 인들과 아리아 인들의 이동을 확인할 수 있는 새로운 자료들이 많이 나올 것이다.

고고학적으로 해결해야 할 문제는 아랄 해의 두 강 유역 일대에서 기원전 3천년 이전에 거대한 집단 문명이 있었음을 확인할 수 있는 유물·유적들을 찾아 발굴하는 일이다. 시르 다리아 강 유역에서는 수메르 인들의 '테베' 즉 '텃밭'이었다고 볼 수 있는 유적들을, 아무 다리아 강 유역에서는 아리아 인들의 '솔즈베리' 즉 '서울'이었다고 볼 수 있는 유적들을 찾는 것이 무엇보다 중요할 것이다. 알알 문명은 태고 시대에 아랄 해 일대에 존재했던 실체였고 오랜 기간 지속되었다고 볼 수 있으므로, 유적들의 규모는 크지 않더라도, 여러 곳에서 찾을 수가 있을 것이다. 문제는 유적들을 찾는다 하더라도 그것들이 현재 이 지역을 장악하고 있는 종족들의 것이 아니고, 수메르 인과 아리아 인의 것이라고 어떻게 입증할 수 있느냐는 것이다. 쉬운 문제는 아니지만, 장례 방식에 차이가 있었다고 볼 수 있으므로, 불가능한 문제는 아닐 것이다.

알알 문명이 탄생·성장·이동·소멸하는 과정의 큰 줄기는 인류의 의지보다는 자연 환경에 적응해야 되는 인류가 걸어야 했던 필연적인 사건들의 연속이었다고 볼 수 있다. 그러나 고비 때마다 인류는 많은 문제들을 스스로 해결해야 했다. 인류는 지금도 해결해야 할 많은 문제들을 갖고 있다. 문제 해결의 길을 역사 속에서 찾을 수 있을 지는 의문이다. 미래는 과거에 없던 새로운 것을 요구하기 때문이다. 역사를 통해 그래도 짐작해 볼 수 있는 것은 흐름의 방향이다.

고대 문명들이 남긴 전통 어휘들 중에는 당시의 종교와 관련된 것들이 많다. 이 사실로 미루어 볼 때, 종교가 고대 사회에서 일상 생활과 밀접한 관계를 갖고 있었다는 것을 알 수 있다.

인류는 신을 창조함으로써 씨족 사회를 벗어나 집단 문명을 일굴 수 있었다. 신은 사랑과 자비를 행하는 인간의 미래에 희망을 주는 힘이 됨으로써, 큰 집단의 형성과 유지에 기여한 긍정적인 면이 크기 때문이다.

신은 현대와 미래 문명에도 유효하다. 신을 부정하는 사람은 무한 자유를 누리기 때문에 신뢰성에 문제가 있다. 그러므로 신을 부정하는 무신론에 기초된 사상으로는 상호 신뢰성에 기초된 현대 문명을 유지 발전시킬 수가 없다. 그렇다고 절대적 유신론이 유일한 대안은 아니다. 무신론에서 유신론이 나왔으므로 둘은 인류 문명이 존재하는 한 공존 대립할, 이중성에 기초된, 영원한 대립쌍이기 때문이다.

과거에는 신들의 수가 많았고, 이기적인 성향이 강했던 것이 특징이다. 그러나 역사는 "신은 다양해도 그 실체는 하나고 모두에게 공정하다."라는 결론을 향해 흐르고 있다. 그래서 21세기는 새로운 패러다임을 필요로 하고 있는 것이다.

새로운 패러다임은 '기존의 모든 것을 인정하며 포용할 수 있는 보편성'과 '자연 과학을 지배할 수 있는 절대성'을 갖고 있어야 합리적인 힘을 발휘할 수 있을 것이다.

주 해

제1장 아리랑과 알파벳의 뜻

(주 1-1) 13쪽 : "아리랑은 쌀이다." 이 글은 헐버트 (H.B. Hulbert) 박사가, 1896년에 발간된, Korea Repository라는 선교 잡지에 기고한 Korean Vocal Music에 있는 것이다.(『팔도아리랑 기행1』 291쪽 참고) 헐버트 박사는 한국어와 인도 드라비다 어가 기원이 같다고 최초로 주장한 분이다.

(주 1-2) 13쪽 : 아리랑에 관한 기록이 있는 현존하는 문헌 가운데, 지금까지 확인된, 가장 오래된 것은 서기 1823년에 청석거사가 쓴 『불설명당경』의 아리랑이다. 이승훈의 『만천유고』 라는 설도 있다. (사)한민족아리랑연합회 홈페이지 참고.

(주 1-3) 16쪽 :
　아랄 해(Aral Sea) : 중앙 아시아에 있는 염호(鹽湖)다. 남쪽에서는 아무 다리아 강이, 동쪽에서는 시르 다리아 강이 유입된다. 하지만 물이 밖으로 흘러 나가는 강이 없는 무구호(無口湖)다. 이 지역은 연간 강수량이 100mm 내외의 건조 지대다. 강수량은 적고, 두 강의 물을 농공업 및 생활 용수로 끌어쓰는 양이 해가 갈수록 증가하기 때문에 아랄 해로 유입되는 물의 양이 부족하여 아랄 해의 면적이 계속 줄어들고 있고, 이로 인해 염도가 높아져 아랄 해는 생물이 살 수 없는 죽음의 바다로 되어 가고 있다.

아무 다리아(Amu Darya) : 고대 그리스에서는 이 강을 옥서스(Oxus)라고 불렀다. 파미르 고원에서 기원하여 아랄 해의 남쪽으로 흘러 들어간다. 길이는 2620km이다. 한국의 '압록강(鴨綠江 Yalu)'이란 이름은 '아무 다리아'에서, 영국의 '옥스퍼드(Oxford)'란 이름은 '옥서스(Oxus)'에서 유래되었다고 볼 수 있다.

시르 다리아(Syr Darya) : 고대 그리스에서는 이 강을 야크사르테스(Jaxartes)라 불렀다. 텐산 산맥에서 기원하여 아랄 해의 동쪽으로 흘러 들어간다. 길이는 2210km이다. 한국의 '살수(薩水)'란 이름은 '시르 다리아'에서, 영국의 '요크셔(Yorkshire)'란 이름은 '야크사르테스(Jaxartes)'에서 유래되었다고 볼 수 있다.

(주 1-4) 18쪽 : 영국인 존즈(Jones, Sir William)가 1786년에 인도의 산스크리트 어(Sanskrit, 범어)와 그리스 어의 공동 기원설을 발표한 이후, 인도유럽 어족이란 개념이 생겼고, 인도유럽 어족의 발생을 설명하는 원주지설과 연합설이 나오게 되었다.

인도유럽 어족(Indo-European) :
* 그리스 어계 : 그리스 어.
* 라틴 어계 :
    서로망스 어파 ; 포르투칼 어, 스페인 어, 프랑스 어,
        이탈리아 어.

    동로망스 어파 ; 루마니아 어.
* 켈트 어계 : 아일랜드 어, 웨일즈 어.
* 알바니아 어계 : 알바니아 어.
* 게르만 어계 :
    북게르만 어파 ; 스웨덴 어, 덴마크 어, 노르웨이 어,
        아이슬란드 어.

서게르만 어파 ; 영어, 네덜란드 어, 독일어.
* 인도 이란 어계 :
  인도어파 ; 편잡 어, 벵골 어, 신디 어, 힌디 어, 신할리 어.
  이란 어파 ; 이란 어, 우르두 어, 아프가니스탄 어.
* 슬라브 어계 :
  동슬라브 어파 ; 러시아 어, 백러시아 어. 우크라이나 어.
  서슬라브 어파 ; 체코 어, 슬로바키아 어, 폴란드 어.
  남슬라브 어파 ; 불가리아 어, 세르보크로아티아 어,
  　　　　　　　　슬로베니아 어, 마케도니아 어.
* 발틱 어계 : 리투아니아 어, 라트비아 어.
* 아르메니아 어계 : 아르메니아 어.

유럽에서 현재 사용되는 언어들 중에서 인도유럽 어족에 속하지 않는 언어들은, 알타이 어족(Altaic)과 비슷한 점이 많은 우랄 어족(Uralic)에 속하는 헝가리 어・핀란드 어・에스토니아 어 등과, 족보가 알려지지 않은 바스크 어(Basque)다.

원주지설과 연합설 : 이 두 설은 인도유럽 어족의 발생에 관한 대표적인 설이다.
원주지설 : 이 설은 상고 시대에 어느 한 지역에서 하나의 언어권을 형성하고 살았던 아리아 인들이 인도와 유럽 등으로 이동하여 그들의 언어를 파종하였기 때문에 인도유럽 어족에 속하는 여러 언어들이 생겼다는 주장이다. 원주지설의 문제점은 원주지를 찾지 못하고 있는 것이다.
연합설 : 이 설에 의하면, 인도유럽 어족에 속하는 여러 언어들이 현재와 같은 친근성을 갖게 된 것은 각각의 언어들이 현재의 지역에서 각각 발생하여 상호 발전하는 과정 중에 주위의 여러 언어들과

서로 접촉하며 동화되었기 때문이라는 것이다. 연합설의 문제점은 인도유럽 어족에 속하는 여러 언어들이 지역에 따라 차이는 있지만 서로 떨어져 있는 거리에 크게 관계없이 서로 비슷한 수준의 친근성을 가지게 된 원인을 설명할 수 없는 것이다.

(주 1-5) 22쪽 :『한국상고사』 박병식 지음 최병렬 옮김 교보문고 1994년, 98쪽)

(주 1-6) 32쪽 : 한자의 음에 영향을 준 아리아 어

　기원전 2000년경부터 황하 유역으로 이주하였던 아리아 인들은 기원전 202년 한나라가 중국을 통일하면서 남방계의 힘에 밀려 그 일부가 한반도로 이주하여 삼국의 주체가 되었다. 당시 한반도로 이주한 아리아 인들은 알알 문명의 전통을 유지하고 있었다. 이것은 그들이 집단을 이루고 황하 일대에서 살았었다는 뜻이다. 따라서 그들은 황하 문명의 형성에 어떤 역할을 했을 것이다. 그러므로, 아리아 인이 이주한 이후에 만들어진 한자에 아리아 어의 흔적이 있다고 보는 것은 당연하다. 한자에는 그 한자의 뜻과 같은 아리아 어의 낱말 소리가 그 한자의 읽는 소리와 같다고 볼 수 있는 것들이 많다. 한자의 뜻과 한국식 음이 영어 단어의 소리와 뜻에 둘 다 비슷한 것들은 아리아 어와 관련된 것으로 보고, 이러한 한자들을 모아 보았다. 하나하나는 우연이나 억지로 볼 수 있지만, 전체는 잃어버린 역사의 실체를 밝힐 수 있는 자료가 될 것이다.

　　　거(去) : 가다라는 말인 '고(go)'와 어원이 같다.
　　　거(車) : '거'와 '차'는 '카(car)'와 어원이 같다.
　　　골(骨) : '칼시움(calcium)'의 '칼'과 어원이 같다.
　　　공(貢) : '공물(貢物)'의 '공(貢)'은 '콘(corn)'과 어원이 같다.

관(官) : 임금이라는 말이 있는 '칸(kan)'과 어원이 같다. '칸'이 '관(官)'이라는 뜻으로 전의되었다고 볼 수 있다.

구(龜) : 신(神)을 뜻하는 '갓(God)'과 어원이 같다고 볼 수 있다. 점친 내용을 거북 딱지에 기록하여 놓거나, 거북점을 쳤던 데서 유래되어, '구(龜)'자가 있는 지명들 중에는 신과 관련된 것들이 있다.

금(金) : '골드(gold)'의 첫소리와 비슷하다.

노(櫓) : 배를 젓다라는 말인 '로(row)'와 어원이 같다.

다(茶) : '다'와 '차'는 '티(tea)'와 어원이 같다.

동(東) : 새벽이라는 말인 '돈(dawn)'과 어원이 같다.

두(頭) : 머리라는 말인 '헤드(head)'의 '드'와 어원이 같다.

마(馬) : 암말이라는 말인 '메어(mare)'와 어원이 같다.

만(萬) : 많다라는 말인 '메니(many)'와 어원이 같다.

모(母) : 엄마라는 말인 '마머(mamma)'와 어원이 같다.

배(輩) : 한 쌍이라는 말인 '페어(pair)'와 어원이 같다.

벽(甓) : 벽돌이라는 말인 '브록(block)'과 어원이 같다.

병(瓶) : 병이라는 말인 '보틀(bottle)'의 첫 음과 같다.

부(父) : 아버지라는 말인 '파파(papa)'와 어원이 같다.

부(浮) : 부표(浮漂)라는 말인 '부이(buoy)'와 어원이 같다.

사(思) : 생각하다라는 말인 '싱크(think)'와 어원이 같다.

사(寺) : 영혼이라는 말인 '솔(soul)'과 어원이 같다.

사(沙) : 모래라는 말인 '샌드(sand)'와 어원이 같다.

산(算) : 합계, 계산하다라는 말인 '섬(sum)'과 어원이 같다.

삽(鍤) : 삽이라는 말인 '셔블(shovel)'과 어원이 같다.

상(像) : 형상이라는 말인 '쉐이프(shape)'와 어원이 같다.

상(想) : 생각하다라는 말인 '싱크(think)'와 어원이 같다.

서(西) : (해와 달이)지다라는 말인 '셋(set)'과 어원이 같다.

설(雪) : 눈이라는 말인 '스노우(snow)'의 첫소리와 같다.

설(說) : 말씀이라는 말인 '스피치(speech)'와 어원이 같다.
성(性) : '섹스(sex)'와 어원이 같다.
성(聖) : 성스러운이라는 말인 '세인트(saint)'와 어원이 같다.
성(城) : 성인(聖人) 즉 임금이나 귀인이 있는 곳이라는 뜻에서 '세인트(saint)'와 어원이 같다고 볼 수 있다.
성(星) : 별이라는 말인 '스타(star)'와 어원이 같다.
성(聲) : 소리라는 말인 '사운드(sound)'와 어원이 같다.
성(省) : 나라라는 말인 '스테이트(state)'와 어원이 같다.
송(頌) : 노래라는 말인 '송(song)'과 어원이 같다.
시(示) : 보다라는 말인 '시(see)'와 어원이 같다.
시(市) : 도시라는 말인 '시티(city)'와 어원이 같다.
시(屎) : 똥이라는 말인 '싯(shit)'과 어원이 같다.
식(識) : 알다라는 말인 '시크(seek)'와 어원이 같다.
신(神) : 수메르 신화의 달[月] 신(神)인 '신(Sin)'과 이원이 같다.
씨(氏) : 님이라는 말인 '서(sir)'와 어원이 같다.
아(我) : 나라는 말인 '아이(I)'와 어원이 같다.
액(液) : 액체라는 말인 '애쿼(aqua)'와 어원이 같다.
야(野) : 들이라는 말인 '야드(yard)'와 어원이 같다.
약(弱) : 약하다라는 말인 '위크(week)'와 어원이 같다.
여(汝) : 너라는 말인 '유(you)'와 어원이 같다.
욕(辱) : 멍에라는 말인 '욕(yoke)'과 어원이 같다. '치욕'이란 뜻은 로마 시대에 포로에게 멍에 모양의 문 밑을 기어 나오게 하여 복종을 표시하게 한 것과 맥이 통한다고 볼 수 있다.
우(牛) : '카우(cow)'의 끝소리와 같다.
이(耳) : 귀라는 말인 '이어(ear)'와 어원이 같다,
익(翼) : 날개라는 말인 '윙(wing)'과 어원이 같다.
제(帝) : '제우스(Zeus)'와 어원이 같다.

즙(汁) : '쥬스(juice)'와 어원이 같다.

촌(寸) : '인치(inch)'와 어원이 같다.

촌(村) : 도시라는 말인 '타운(town)'과 어원이 같다.

치(齒) : '투스(tooth)'의 복수형 '티스(teeth)'와 어원이 같다.

평(平) : 평화라는 말인 '피스(peace)'와 어원이 같다.

풍(風) : 바람을 일으키다라는 말인 '팬(fan)'과 어원이 같다.

필(筆) : '펜(pen)'과 어원이 같다.

화(火) : 불이라는 말인 '파이어(fire)'와 어원이 같다.

황(皇) : 흰곰[白,bear]의 왕(王) 즉 아리아 인의 왕이라는 뜻이다. '하(Ha, 위대한)왕(王)'이 '황(皇)'자의 소리가 된 것은 아닐까?

회(回) : 빙빙 돌다라는 말인 '휠(whirl)'과 어원이 같다.

(주 1-7) 33쪽 : 고려말 행촌 이암(杏村 李嵒 1296~1364)은 다음과 같은 말을 했다고 한다. "불상을 처음 한국에 들여와 절을 짓고 대웅전(大雄殿)이라 하였다. 이는 스님들이 전례를 답습하여 옛날 그대로 빌어 쓴 말이요, 본래 승가의 말이 아니다."(『단군기행』 41쪽) 이 기록을 통해, 불교가 들어오기 이전에도 재래 종교의 신전이 있었고, 신전의 이름이 大熊殿(대웅전)이었다고 유추해 볼 수 있다.

(주 1-8) 34쪽 : "잘 가시오."의 '잘'은 'ㅈ(Zeus, 主)+알'이 어원이고, 그 뜻은 '위대한 알[卵]'이라고 할 수 있다. '잘'은 영어로 '좋은'이란 말인 '굿(good)'과 맥이 통한다. '굿(good)'은 신(神)이라는 말인 '갓(God)'과 어원이 같다고 볼 수 있다. '굿모닝(good morning)'의 원뜻은 '갓 모닝(God morning)' 즉 '신께서 이 아침을 도와주십시오'라고 할 수 있다. '굿바이(goodbye)'의 원 뜻은 '신께서 당신과 같이하여 주시기를 비옵니다.(God be with you.)'이기 때문이다.

한국인들이 '안녕(安寧)'이라는 인사말을 즐겨 사용하는 것은 일상 생활이 항상 불안해서였다고 보는 것은 잘못이다. 한자가 쓰이기 이전에 사용되던 '아리랑(아리아 인)'이라는 인사말이 安寧(안녕)으로 음역되었다고 볼 수 있기 때문이다. 한국인들은 '아리랑' 족이라는 사실을 잊지 말자는 뜻에서, 여러 가지 인사말을 제쳐두고 '아리랑'을 즐겨 사용한 것이다. 일종의 구호였다. 安寧(안녕)이란 인사말은 한국 고유어란 사실이 이 주장의 근거다.

(주 1-9) 41쪽 : '진또배기'는 풍년을 기원하는 제사와 연계됨으로써 존재할 수 있었고, 솟대의 원형을 유지하고 있다고 볼 수 있다. 암서낭과 숫서낭 중간 지점에 세워져 있는 것으로 볼 때, 상단 Y자 모양은 하늘의 여신을, 기둥은 땅의 남신(I)을 상징했다고 볼 수 있다. 새들이 바라보는 서북쪽은 아랄 지역과 일치한다. 솟대는 중심지 즉 '서벌'·'소 울'을 뜻하는 표시에서 시작되었다고 볼 수 있다.

(주 1-10) 71쪽 : 'Aral Sea'를 '아랄 해'로 표기하는 관례에 따라 '아라리요'는 '아랄이요'로, '아라리가'는 '아랄이가'로 표기했지만, 알이 많다는 뜻인 '알알'이가 어원이란 것을 강조하기 위하여, '알알 문명'이란 표기를 고집했다.

제2장 수메르 인과 아리아 인의 탄생과 이동

(주 2-1) 87쪽 : 호루스 신화의 내용이 책마다 조금씩 다르다. 여기에서는 신화 사전에 있는 내용을 요약한 것이다.

(주 2-2) 89쪽 : 셋은 기원전 17세기경에 이집트를 지배한 '외지의 지배자'인 힉소스(Hyksos) 족에 의해 그들의 신으로 채택됨으로서

잠시나마 최고의 지위에 오른 적이 있다. 힉소스 족은 그들보다 훨씬 먼저 이집트를 지배했던 수메르 인들이 셋을 숭배했었던 연고로 공감대를 느껴 그들도 셋을 숭배했다고 추리해 볼 수 있다.

힉소스 족은 기원전 17세기를 전후하여 약 150여 년 간 이집트의 나일 강 하류 지역을 지배했던 종족이다. 힉소스 족이 셋을 숭배한 것은 그들의 신인 바알과 많은 공통성을 가졌기 때문으로 역사학계에서는 보고 있다. 힉소스 족이 어떤 종족이었고 어디에서 이집트로 이동했는지는 확실하지 않다.

'힉소스(Hyksos)'의 어원을 해석한 기록이 있다. 1세기경 활동하였던 유대의 역사가 요세프스(Josephus)는 그의 저서에서 【기원전 3세기경에 이집트의 역사가 마네토(Manetho)는 이집트의 역사에 관한 그의 저서에서, '힉소스'의 '힉'은 성어(聖語)로 '왕'이고, '소스'는 속어로 '목자(牧者)'라고 어원을 기록하고, '힉소스'는 '목자들의 왕(king shepherds)' 또는 'captive shepherds'라고 해석하였다.】라는 기록을 남겼다. 그러나 마네토가 남긴 이 기록은 신빙성을 얻지 못해, '힉소스'의 어원은 이집트 어로 '외지의 지배자(heqa-khase)'라는 주장이 더 유력하다.

요세프스는 힉소스의 왕들 중에 『성경』에 나오는 '야곱(Jacob)'이란 이름이 있는 것으로 보아, 힉소스 족은 유대인이라고 주장했다. 아프리카 남쪽의 짐바브웨에 있는 고대 유적 '그레이트 짐바브웨'에 알알 문명의 티가 있는 것으로 볼 때, 이집트에서 밀려난 힉소스 족이 이곳으로 이동했다고 볼 수 있다. 힉소스 족은, 셋을 숭배했고 야곱이란 왕명이 있었던 것으로 볼 때, 지중해 일대에서 아리아 인들에 밀려 이동한 수메르 인으로 볼 수 있다. (160쪽 참고)

(주 2-3) 91쪽 : 카노의 전설은 Britannica 백과 사전 Kano의 내용을 참고한 것이다.

제3장 한국으로 이동한 수메르 인과 아리아 인

(주 3-1) 122쪽 : 일연(一然 1206~1289)이 『삼국유사』를 편찬한 시기는 서기 1280년경이고, 김부식(金富軾 1075~1151)이 왕명을 받들어 『삼국사기』를 찬진한 것은 서기 1145년이다. 『삼국사기』보다 약 140년 뒤에 나온 『삼국유사』는 『삼국사기』에 기록되지 않은 고조선에서 낙랑국에 이르기까지의 역사를 기록함으로써 『삼국사기』를 보완한 측면이 있다.

(주 3-2) 123쪽 : 「창세기」 4장 1절과 2절에 "아담이 그 아내 하와와 동침하매 하와가 잉태하여 가인을 낳고 이르되 내가 여호와로 말미암아 득남하였다 하니라, 그가 또 가인의 아우 아벨을 낳았는데 아벨은 양치는 자이었고 가인은 농사하는 자이었더라", 8절에 "그후 그들이 들에 있을 때에 가인이 그 아우 아벨을 쳐 죽이니라", 25절에 "아담이 다시 아내와 동침하매 그가 아들을 낳아 그 이름을 셋이라 하였으니 이는 하나님이 내게 가인의 죽인 아벨 대신에 다른 씨를 주셨다 함이며"라는 기록이 있다.

　이 기록에서 아담(Adam)과 하와(Hawwa는 히브리 어, Eve는 영어)의 장남 가인(Cain)은 서방계의 아리아 인으로, 차남 아벨(Abel)은 남방계로, 삼남 셋(Seth)은 동방계의 수메르 인으로 가정하고, 성경의 기록을 간단히 의역하면, 농경민이었던 가인(Cain)은 유목민이었던 아벨(Abel)을 쫓아냈고, 동방계의 셋(Seth)이 새로 등장했다는 역사가 된다. 역사적으로 보면 가인(Cain)에 의하여 셋(Seth)도 쫓겨나 이동했다. 그 일부가 이집트로도 이동했다고 볼 수 있다. 이집트 신화에 나오는 '셋(Seth)'은 아담과 하와의 셋째 아들 '셋(Seth)'

307

과 기원이 같고, '셋'은 수메르 인이라고 할 수 있기 때문이다. 단군 신화에 나오는 '환인(桓因)'은 아리아 인이므로 '환인'은 '카인(Cain)'과 어원이 같다고 볼 수 있다.

『성경』에 나오는 지명과 인명 등을 해석해 보면, 메소포타미아에 있는 갈대아(Chaldea) 우르(Ur)(「창세기」 11 : 31)에서 떠나 가나안 땅으로 이주한 아브라함(Abraham)의 자손은 수메르 문명을 일으킨 수메르 인의 후손이라고 할 수 있다.

* 가나안(Canaan) : "하나님이 아브라함에게 약속한 땅"이다. '가야'와 어원이 같다고 볼 수 있다.
* 갈릴리(Galilee) : 이스라엘의 갈릴리 호(湖) 주변 지역이다. '갈릴리'의 '갈'은 '고을', '릴리'는 백합이란 말인 '릴리(lily)'와 어원이 같다고 볼 수 있다. 그러므로 '갈릴리'의 뜻은 '백합 고을'이다.
* 겟세마네(Gethsemane) : '갓이 많은(God's many)' 즉, 신(神)에게 제사를 지내던 장소가 많은 동산이었다고 볼 수 있다.
* 골고다(Golgotha) : '골(骨, Gol)이 가(go)는 터(tha)' 즉, 뼈가 가는 곳이니 공동 묘지라는 뜻이다. '골고다'는 라틴 어로 '갈보리(Calvary)'이다. '갈보리'의 뜻은 '갈(calcium과 어원이 같다) 즉 골(骨)을 묻는 곳'이라는 뜻이라고 할 수 있다.
* 바알(Baal) : 큰 알, 위대한 알이라는 뜻이다. '바알'은 난생 신앙을 가졌던 아랄 인의 신(神)이었다.
* 비손(Pishon)과 기혼(Gihon) : 『성경』「창세기 2 : 10」에 "강이 에덴에서 발원하여 동산을 적시고 거기서부터 갈라져 네 근원이 되었으니 첫째의 이름은 비손이라 … 둘째 강의 이름은 기혼이라…"라는 기록이 있다. '비손(Pishon)'과 '기혼(Gihon)'의 영문 표기에 공통으로 '혼(hon)'이 있다. '혼'은 '한강'의 '한'과 어원이 같다고 볼 수 있다. 한강 상류인 춘천 지역에는 수메르 인들의 자취가 있고, 하류인 강화 지역에는 고인돌이 많다. 이것은 수메르 인들이 한강 유역

에서 초기부터 활동을 했다는 뜻이므로, '한강'의 '한'은 수메르 어에서 기원했다고 볼 수 있다. 수메르 인들이 한강을 '한'이라고만 부르던 것을 '한강'으로 표기하게 되었다고 볼 수 있다. '혼'과 '한'의 어원은 '크다'는 뜻인 '한'과 같다고 볼 수 있다.

* 사마리아(Samaria) : '수메르 인이 사는 곳'이라는 뜻이다.
* 소돔(Sodom)과 고모라(Gomorrah) : 주민들의 죄악으로 하나님으로부터 불의 심판을 받아 멸망한 도시들의 이름이다. '소돔'은 삼한 시대의 '소도(蘇塗)'와 어원이 같고, '고모라'는 '가미라' 즉 '곰신'이라는 뜻이라고 할 수 있다.
* 아마겟돈(Armageddon) : 세계의 종말에 선(善)과 악(惡)이 싸우는 대(大) 결전장이다. '아리아 인들이 많이 사는 곳', '위대함이 많은 곳'이라는 뜻인 'Ar many garden'과 어원이 같다고 볼 수 있다.
* 아브라함(Abraham) : 아브라함의 애칭(愛稱)은 아비(Abie), 아베(Abe)이다. 아비(Abie)와 아베(Abe)는 아버지, 아비, 아바이와 어원이 같다고 볼 수 있다.
* 요르단(Jordan) 강 : '요르단'은 '위대한 땅'이란 뜻인 '알 땅'과 어원이 같다고 볼 수 있다.
* 이삭(Isaac) : '이삭'은 한국어 '이삭'과 어원이 같고, 『일본서기』에 나오는 신의 이름인 '오시호미미[忍穗耳]'를 이두음(吏讀音)으로 풀이한 '참이삭귀'의 '이삭귀'와도 어원이 같다고 볼 수 있다.
* 이스라엘(Israel) : 이스라엘의 어원은 '아랄의 태양신 엘'이라는 뜻인 '알스라엘(Ar's Ra El)'이라고 할 수 있다.
* 임마누엘(Immanuel) : '임마누엘'은 '엄마가 낳은 엘(El)'이라는 뜻이다. '엘(El)'은 '셈 족'의 주신(主神)이었다.
* 히브리(Hebrew) : '히브리(헤브루)'의 어원은 한국어의 '해를 부르다'와 같다고 볼 수 있다. 따라서 '히브리'의 원 뜻은 '태양신을 부르는 종족', '태양신의 부름을 받은 종족'이라고 할 수 있다.

(주 3-3) 140쪽 : 『한국언론사』정진석 1992 나남, 248쪽 참고

(주 3-4) 141쪽 : 면천면에 '아삽들'이란 이름의 작은 들이 있다. 이 이름은 옛날에 삽교천 일대를 '아삽들'이라고 불렸던 데서 유래되었다고 볼 수 있다. '아삽들'의 뜻은 '아산만'에서부터 삽교천을 따라 올라가 '삽교'에 이르는 일대의 '들'이라고 볼 수 있고, 옛날에 면천은 이 일대의 중심이었으나 밀려나면서, 아삽들이란 이름도 밀려 지금의 위치로 되었다고 볼 수 있기 때문이다. '아삽들'의 어원은 '아사달'로 볼 수 있다. 고조선이 망하자 그 유민들이 지금의 삽교천 일대로 이동하여 재기를 기도하면서 이 일대를 '아사달'이라 하게 되었고, 이 '아사달'이 한자화되며 '아삽들'로 되었다고 볼 수 있다. 이러한 연유로 면천은 '밋내'와 '아삽들'이란 이름들을 버리지 않고 지켰다고 볼 수 있다. '밋내'와 '아삽들'을 비롯하여 이 지역 일대에 있는 지명들인 '아산[Ar山]', '골정제언[Gaul 井堤堰]', '순성[Sun 城]' 등은 아리아 어에서 유래되었다고 볼 수 있다. "충청도 밋내 솔매"는 『唐나루의 脈絡(第IX輯 地名編)』당진문화원, 255쪽 참고.

(주 3-5) 147쪽 : 『삼국유사』'남부여 전백제'조에 "後以來時百姓樂悅 改號百濟"라는 기록이 있다. 『삼국사기』에도 같은 기록이 있다.

(주 3-6) 179쪽 : 한글의 뿌리는 가림토 문자다. 한글을 언문(諺文)이라고 한 까닭을 '언(諺)'자에서 찾을 수 있다. '상말 언(諺)'은 '선비 언(彦)'자에 '말씀 언(言)'변이 붙었으므로, 언문(諺文)은 선비[彦]들이 사용한 문자다. 일본으로 이주한 고대 한국인들은 '언(彦)'을 '태양신의 아들[히코, 日子]'이란 뜻으로 사용했다. 따라서 '언(彦)'은 '아리아 인의 선비'를 이르는 한자였고, '언문(諺文)'은 그들이 사용한 문자였다고 볼 수 있다. '이두(吏讀)'를 '이도(吏道)·이토(吏吐)

・이두(吏䛬)・향찰(鄕札)'이라고도 말한 것으로 볼 때, '이두'는 아리아 어의 어휘일 것이므로 'educate(교육하다)'의 'edu'와 어원이 같다고 할 수 있다. 일본의 신대 문자와 인도의 구자라트 문자는 한글과 비슷한 점이 많은 것으로 볼 때, 신대 문자는 일본으로 이주한 고조선계 아리아 인들이, 구자라트 문자는 아랄 지역에서 인도로 이주한 아리아 인들이 전했다고 볼 수 있다. 그러므로 한글의 기원인 가림토 문자의 출발지는 아랄이었다고 할 수 있다.

·ㅣㅏㅓㅗㅜㅑㅕㅛㅠㅡㅣ X ㅋ
ㅇㄱㄴㄷㄹㅁㅈㅊㅇㅎㆁㅇ ∧ ㅅ
ㅂㄹㅐㅒㄹㄱㆆㅉㅆㄱㅍㅍ

(주 3-7) 181쪽 : 인도의 산스크리트 어와 고대 그리스 어가 인도유럽 어족의 기원이 되는 언어의 원형에 가장 가깝다고 보기는 어렵다. 왜냐 하면, 산스크리트 어와 고대 그리스 어는 둘 다 아리아 인이 이동한 이후 1천여 년이 지난 기원전 5세기경의 언어들로서, 그 동안 원주민계의 여러 언어들과 동화될 기회가 많아 아리아 어의 원형을 잘 유지하고 있었다고 보기가 어렵다. 오히려 영어가 섬이라는 격리된 지리적인 영향으로 원주민의 수가 적어 원주민어와 동화가 덜 되었고, 다른 언어들과 접촉의 기회가 적었기 때문에, 아리아 어의 원형을 어느 언어보다도 더 잘 유지하고 있다고 볼 수 있다.

(주 3-8) 181쪽 : 바빌로니아에서 대양의 신인 에아(Ea)를 섬기던 신전의 이름은 '에 아프스(Apsu, Abzu)'였다. '아프스'의 뜻은 '원시

의 대해(大海)'라고 전해진다. '아프스'는 '아랄 해(Aral Sea)'를 뜻했다고 볼 수 있고, '아프스(Apus)', '알프스(Alps)', '아폴로(Apollo)', 신라의 '알평(關平)' 등과 어원이 같다고 볼 수 있다. 그러므로, 바빌로니아의 신화에 나오는 수신(水神) '에아'와 강의 여신 '니나'는 아랄의 신화에서 기원했다고 볼 수 있다.

'에아'는 뱃사공이 노를 저으며 부르는 "에아디야 어기여차"의 '에아'와 어원이 같다고 볼 수 있다. '에아'는 광명을 지배하는 태양신 '라(Ra)'에 대립되는, 어둠을 지배하는 신이었다고 볼 수 있다.

"에아디야 어기여차"의 '어기여'는 태양신 '라'에 대항하여 비를 내리는 신이었다고 볼 수 있다. 그래서 영어로 물·액체라는 말인 애쿼(aqua)는 '어기아'와 어원이 같다고 볼 수 있다.

제4장 고대 한국어의 보고·『일본서기』

(주 4-1) 279쪽 : 포합어는 동사를 중심으로 그 앞뒤에 인칭이나 목적을 나타내는 말이 결합 또는 삽입되어, 한 말로서 한 문장과 같은 형태를 가지는 말이다. 아이누 어, 아메리카 인디안 어, 에스키모 어, 바스크 어 등이 여기에 속한다.

(주 4-2) 280쪽 : 나쓰시마식 토기의 제작 연대를 9000여 년 전으로 보는 것은 나쓰시마 패총에서 토기와 함께 출토된 굴 껍데기와 목탄 조각의 생성 연대를 측정한 결과 약 9000년 전 것으로 판명되었기 때문이다. 주위 다른 나라의 토기 제작 연대보다 훨씬 앞질러 의문점이 있다.(日本史槪說 東京大編 9쪽 第三節 繩文文化)

(주 4-3) 283쪽 : 중앙일보 96.10.15 과학 기사에서

참고 도서

『檀君紀行』 朴成壽 著　　　　　　　　　　　教文社 1988
『唐나루의 脈絡(第Ⅸ輯:地名篇)』　최무웅・김추윤 편저
　　　　　　　　　　　　　　　　　　　：唐津文化院 1990
『大世界史』　펴낸이 박정수　　　　　　　：마당 1982
『沔川郡誌 唐津縣誌 譯本』 編輯人 이상현・황의철　：1994
『발해사』 사회과학원역사연구소 편, 북한연구자료선10
　　　　　　　　　　　　　　　　　　　：한마당 1993
『三國史記』　金富軾　　　李丙燾 譯註 ：乙酉文化社 1994
『세계 신화 사전』　아서 코트렐　　　　　：까치 1995
『新編三國遺事』　一然　　　리상호 옮김：신서원 1994
『언어와 역사』　金芳漢　　　：서울대학교 출판부 1994
『日本史槪說』 東京大學 敎養學部 日本史硏究室 編：　1996
『日本書紀』　成殷九 譯註　　　　　　　：정음사 1987
『日本書紀』　井上光貞 監譯　　　　：中央公論社 1993
『팔도아리랑 기행1』 김연갑 지음　　　：집문당 1994
『韓國古代史資料集』 한국고대사연구회 편：지식산업사 1995
『韓國上古史』朴炳植 지음 崔鳳烈 옮김　：敎保文庫 1994
『한단고기』 임승국 번역・주해　　：정신세계사 1995
『한국언론사』정진석 저　　　　　　　　：나만 1992

찾아보기

[ㄱ]

가나안(Canaan) 89, 123, 308
가난뱅이 200
가림토(加臨土) 179, 310
가야(加耶) 90, 113, 162
가야산(伽倻山) 218
가야족 90
가인(Cain) 123, 307
가타나[刀] 259
갈대아(Chaldea) 89, 123
갈리아(Gallia) 113
갈릴리(Galilee) 90, 308
갈보리(Calvary) 308
갈피(Calf) 202
잣 198
거미쉬(Gemisch) 196
거서간(居西干) 153
거슬감(居瑟邯) 153
겟세마네(Gethsemane) 308
경순왕 152
고구려(高句麗) 146
고모라(Gomorrah) 309
고사기(古史記) 271
고인돌(dolmen) 74
고조선(古朝鮮) 104, 126
골(Gaul) 90, 113
골고다(Golgotha) 308
골정제언(骨井堤堰) 310
공주(公州) 113, 214
교지[行司] 274
구다라 148
구례마(俱禮馬) 135

구수하다 53
구월산(九月山) 215
굿 203
궁홀산(弓忽山) 131
규슈[九州] 286
그리스(Greece) 25, 153
금강(錦江) 214
금강산(金剛山) 216
금미달(今彌達) 131
금성(金城) 137
김대건(金大建) 141
김대문(金大問) 157, 173
김부(金傅) 152
김알지(金閼智) 166
김치 193

[ㄴ]

나쓰시마 패총(夏鳥貝塚) 280
나이저(Niger) 강 89
나이지리아(Nigeria) 89
나이키(Nike) 239
나일(Nile) 강 89, 204
낙동강(洛東江) 162
낙랑(樂浪) 152
난생설화(卵生說話) 79
남해차차웅(南解次次雄) 154
내[川] 89
노래(lore) 203
노콧타 275
눈(Nun) 38, 94
니나(Nina) 181
닐리리야 180

[ㄷ]
다곤 127
단군신화(檀君神話) 121, 172
단군왕검(檀君王儉) 122
단오(端午) 205
닭 79, 206
대가야(大伽倻) 248
대마초(大麻草) 200
대문구(大汶口) 문화 103
대전제 18
덕(duck) 80, 206, 251
두시언해(杜詩諺解) 168, 196
드라비다 어(Dravidian) 22, 105

[ㄹ]
라(Ra) 80, 93
라인(Rhein) 강 89, 204
로렐라이(Lorelei) 203

[ㅁ]
마곡사(麻谷寺) 113
마니산(摩尼山) 113
마르고(Margo) 사막 106
마르스(Mars) 155, 238
마리화나(marihuana) 200
마립간(麻立干) 153, 155
마사카 238
마셜(marshal) 155
마수간(麻袖干) 155, 238
마수걸이 155
마한(馬韓) 149
말갈(靺鞨) 111
매미 201
매어(mare) 31
매장(埋葬) 81

멍에 277
면천(沔川) 141
모니(muni) 111
모로코(Morocco) 113
모헨조다로(Mohenjo-dalo) 106, 170
몽골[蒙古] 113
몽블랑(Mont Blanc) 216
몽촌 토성(蒙村土城) 113
묘향산(妙香山) 214
문둥이 113, 163
물길(勿吉) 111
미추홀(彌鄒忽) 147
미코토 232
밋내 141

[ㅂ]
바벨(Babel)탑 100
바알(Baal) 308
박혁거세(朴赫居世) 153
반고(盤古) 96
발랄 197
발해(渤海) 151
방홀산(方忽山) 132
배달 민족 220
백강(白江) 214
백두산(白頭山) 213
백악산(白岳山) 131
백제(百濟) 147
별꼴이야 158
보라매 96
복희씨(伏羲氏) 101
봉황(鳳凰) 96
부드가야(Buddh-Gaya) 106, 113,
부드럽다 202
부여(扶餘) 144

315

불구내왕(弗矩內王) 154
불사조(不死鳥) 95
불설명당경 298
비로봉(毘盧峰) 216
비열홀(比列忽) 146
비조(飛鳥) 129, 266
빈대떡 207

[ㅅ]
사기(史記) 81, 96, 101, 128
사리 138
사마리아(Samaria) 90, 111
사마일국(邪馬壹國) 268
사무라이(侍) 111, 258
사랑(舍廊) 197
사백력(斯白力) 175
사비(泗沘) 138
사쿠라 262
사템 어(Satem) 118
산동성(山東省) 103
산스크리트(Sanskrit) 어 118, 125
살벌(殺伐) 170, 197
살수(薩水) 299
살짝 208
삼국사기(三國史記) 133, 137
삼국유사(三國遺事) 122, 133, 137
삼보(sambo) 271
삼성밀기(三聖密記) 173
삼한(三韓) 232
삼황(三皇) 101
상투 199
서경(西京) 140
서경별곡(西京別曲) 139, 184
서닝데일(Sunningdale) 171
서라벌(徐羅伐) 118, 137, 150

서벌(徐伐) 137
서울(Seoul) 137
석가모니 111
석제환인다라(釋帝桓因陀羅) 125
설 209
설(契) 81
설악산(雪嶽山) 217
세네갈(Senegal) 89
세느(Seine) 강 89
셈 어(Semitic) 282
셋(Seth) 87, 123
소금 208
소도(蘇塗) 134
소돔(Sodom) 309
소말리아(Somalia) 90, 111
소벌도리(蘇伐都利) 134
소부리(所夫里) 134
소울 137, 141
속말말갈(粟末靺鞨) 111
솔매 141
솔즈베리(Salisbury) 134, 138
솟대 41, 160, 305
수메르 어 71
수메르 인 18, 71
수미산(須彌山) 104, 111
수밀이국(須密爾國) 175
수인씨(燧人氏) 101
스메라미코토 111, 265
스모 271
스키타이 족(Scythian) 117
스톤헨지(Stonehenge) 138, 167
스핑크스(Sphinx) 97
슬라브(Slav) 117
시가렛(cigarette) 200
시르 다리아 강 16, 299

신단수(神檀樹) 122
신라(新羅) 149
십제(十濟) 147
쓰루기[劍] 261
쓰리랑 15
씨름 271

[O]

아고요 252, 256
아귀도(餓鬼道) 312
아담(Adam) 123
아랄 해(Aral Sea) 16, 66, 71
아레스(Ares) 156
아리랑 13, 183
아리아 어 71
아리아 인 18, 70
아마테라스오오미카미 236
아메리카(America) 267
아멘(Amen) 238
아무 다리아 16, 299
아무르(Amur) 강 282
아벨(Abel) 124, 177
아부이아지두(Abuyazidu) 90
아브라함(Abraham) 89, 123, 309
아사달(阿斯達) 122, 127
아삽들 310
아스라한 73
아스카(飛鳥) 128, 266
아슬라주(阿瑟羅州) 217
아이누(Ainu) 124, 279
아이사타(阿耳斯它) 176
아일란트(Eiland) 72
아일랜드(Ireland) 72
아타라시 73
아프가니스탄(Afghanistan) 175

아프스(Apsu) 130
악장가사(樂章歌詞) 184
악학궤범(樂學軌範) 184
안(An) 210
안녕(安寧) 305
안시성(安市城) 146
안압지(雁鴨池) 80, 207
안파견(安巴堅) 175
알 72, 131
알스코트(Ar's court) 129
알알 문명(Aral文明) 71
알지거서간 153
알크메네 157
알타이 어계 종족 109
알파(Alpha) 26, 130
알평(閼平) 133
알프스(Alps) 130
압록강(Yalu) 299
앵그로 색슨(Anglo-Saxon) 73
야누스(Janus) 156, 189
야마타이 국(邪馬壹國) 268
야마토 조정[大和朝廷] 128, 249, 268
야요이 시대(彌生時代) 286
야크사르테스(Jaxartes) 116, 142
에덴(Eden) 177
에미시 291
SVO형 221, 292
SOV형 221, 292
에아(Ea) 130, 181
엔주(Enju) 279
엔키(Enki) 210
엘부르스(El brus) 178
여와씨 102
여호와 102
연합설(聯合說) 301

317

오메가(omega) 43
오시리스(Osiris) 87
옥서스(Oxus) 116, 142
YAP 283, 293
온조(溫祚) 111, 147
요코즈나[橫綱] 277
요크셔(Yorkshire) 116
우두망찰하다 83, 211
우두머리 211
우두커니 83, 211
우랄 어족(Uraric) 300
우르(Ur) 89, 123
우수주(牛首州) 110
울 142
원주지설(原住地說) 300
위례성(慰禮城) 147
위지왜인전 268
유전자(遺傳子) 283
윤회(輪廻) 81
은(殷)나라 81
이사금(尼師今) 154
이삭(Isaac) 238, 309
이스라엘(Israel) 102, 309
이시스(Isis) 87
이중성(二重性) 189
이지메 284
이집트(Egypt) 91
인도 유럽 어족 18, 299
일본서기(日本書紀) 230, 271
일연(一然) 122
임마누엘(Immanuel) 309
잉글랜드(England) 73

[ㅈ]
자충(慈充) 154

잠비아(Zambia) 160
장당경(藏唐京) 179
장백산(長白山) 146, 214
쟌바라 261
정석가(鄭石歌) 189
제우스(Zeus) 34
조로아스터교 82, 233
조선(朝鮮) 121, 127
조선유민(朝鮮遺民) 136
조장(鳥葬) 79
존즈(Jones, Sir William) 299
졸본(卒本) 138, 146
주피터(Jupiter) 34
지구라트(Ziggurat) 100
지리산(智異山) 219
지백호(智伯虎) 135
지오(Zio) 100, 257
지증마립간(智證痳立干) 149
지타 136
진또배기 41, 305
진한(辰韓) 149
진화론(進化論) 174
짐바브웨(Zimbabwe) 159

[ㅊ]
차차웅(次次雄) 154
참(charm) 159
참성단(塹星壇) 158
창조론(創造論) 174
챔피온(champion) 159
천손 설화(天孫說話) 79
천해(天海) 177
첨성대(瞻星臺) 158
청구(靑邱) 179
체임버(chamber) 159

최치원(崔致遠) 149, 157
치타(cheetah) 136
침채(沈菜) 193, 197

[ㅋ]
카노(Kano) 90, 162
카니발(carnival) 212
카스피 해(Caspian Sea) 177
카이버 고개(Khyber Pass) 117
카인(Cain) 123
캐너비스(cannabis) 200
켄툼 어(Kentum) 116
켈트 어(Celtic) 116, 204
콘(corn) 208
콩 207
크낙새 260

[ㅌ]
타이산[泰山] 95, 114
태백산(太白山) 95, 131, 217
태양신(神) 93
테베(Thebes) 94
토르(Thor) 134
토카라 어(Tocharian) 116
티베트(Tibet) 82, 95

[ㅍ]
파나류(波奈留) 176
파라과이(Paraguay) 179
파라오(Pharaoh) 92
파란 색 92
파랑새 96
파르테논(Parthenon) 신전 92
파미르(Pamirs) 고원 176
팔공산(八公山) 218

평양성(平壤城) 122, 130
포합어(抱合語) 131, 279
푸른 92
프랑스(France) 96
피닉스(Phoenix) 95, 206
피라미드(Pyramid) 91
피큘리어(peculiar) 158

[ㅎ]
하라파(Harappa) 106
한가위 212
한라산(漢拏山) 219
해모수(解慕漱) 145
해부루(解扶婁) 145
행주산성(幸州山城) 167
행주치마 168
헐버트(H.B. Hulbert) 13, 22, 298
헤라클레스(Heracles) 153
혁거세(赫居世) 153
현조(玄鳥) 81, 96
호루스(Horus) 87
홀(忽) 146
홍수 시대 68
환단고기(桓檀古記) 172
환웅(桓雄) 122
환인(桓因) 122
황하 문명(黃河文明) 101
훈몽자회(訓蒙字會) 197
흑룡강(黑龍江)) 178, 282
흑해(黑海) 178, 281
흘승골성(訖升骨城) 145
히미코[卑彌呼] 268, 293
히브리(Hebrew) 145, 309
히타이트 어(Hittite) 116
힉소스(Hyksos) 160, 306

319

씨알 스티커

역사의 키워드 아리랑과 알파벳

지은이 오 광 길
2002년 8월 22일 초판 인쇄
2002년 8월 26일 초판 발행
펴낸곳 도서출판 씨와알
펴낸이 오 홍 석
주소 151-860 서울 관악구 신림9동 1546-1
전화 : (02) 883-9251   팩스 : (02) 883-9252
등록 1997. 4. 14. 제15-310호
http://www.ssiar.co.kr   E-mail : ssiar@ssiar.co.kr

값 9000원

ISBN 89-87517-02-0 03900
잘못 만들어진 책은 바꾸어 드립니다.